カリスマフード

肉・乳・米と日本人

MIOKO HATANAKA
畑中三応子

春秋社

はじめに

今日のお昼はパスタにしようか、それともカレー？　夕飯は焼き肉か寄せ鍋で、明日の朝はグラノーラ。こんなに幅がある選択がちっとも不思議でない現代の日本では、食生活だけは多文化共生が達成されているように思える。

いまの日本は世界中の食べ物が集まるグルメ大国だ。多様性のある食事は重要な観光資源だし、ミシュラン三つ星店の数の多さは世界屈指。世界でいちばんコストパフォーマンスがよい最高級フレンチを食べるんだったら、東京だという声も聞く。逆に、どんなに安くても不味い食べ物はめったになく、バラエティーは高級食を上回るほど。デパ地下の食品売場を歩くと、食材や食品のあまりの種類豊富さに頭がクラクラする。

明治維新から、二〇一七年の今年でおよそ一五〇年。長いようで短かったこの一五〇年で、日本ほど食生活を激変させた国は世界でも例を見ない。人間は食に対して、本来は保守的で頑固な生き物のはずだが、どうしてこれほど変えられたのだろうか。

なにより目立つのは、江戸時代までの正規な食習慣から排除されていた肉を食べ、牛乳を飲むようになったことだ。とくに第二次大戦後の消費増大は、めざましい。私たちの体が、私たちの食べるものでできているとしたら、現代人の体は昔の日本人とはまったく違ったものになっているだろう。

この変化は、自然にもたらされたわけではない。遠い古代から、日本は外国の食を数多く取り入れてきた。米がそうだったように、最初は中国と朝鮮半島から、近世になると東南アジアや遠くヨーロッパからも新しい食べ物が渡来し、はやりすたりを繰り返しては、ゆるやかに定着していった。

しかし、近現代の変化は、それ以前とはまったく違う。

健康・健脳イデオロギーを引っ提げて登場

明治維新で、新政府は日本の「遅れた文明」と日本人の「貧弱な体」から一刻も早く脱け出し、西洋料理を通して欧米諸国の「進んだ文明」に追いつき、日本人の体格と体力を向上させようと、食の西洋化を国策にした。ここから、官民挙げての「牛肉を食べよう」「牛乳を飲もう」のキャンペーンが張られた。

欧米列強の脅威という外圧と、それに対抗するための国策で推進された食の欧化運動のすごいところは、肉食をして牛乳を飲めば、体が元気になるばかりでなく、精神の働きまで活発になって、不治の病が治り、不老長寿が得られると、まるで「奇跡の妙薬」のように宣伝されたことだ。西洋の近代科学と医学が全面的に採り入れられた結果、福澤諭吉ら欧化論者の主張する肉食と牛乳の効能を、あらたに得られた栄養学的な情報が補強した。

私たちはものを食べるとき、一緒に頭でその食べ物がまとった情報を食べている。ときとして、情報が味や質を凌駕《りょうが》することもある。食の情報化が世界でも突出した日本で、ファッションとして消費されるようになった流行の食べ物を「ファッションフード」と名づけ、変遷をたどってみると、これを食べれば（飲めば）万病が治って健康になるとうたわれ、ブームになった食べ物は驚くほど多い。日本人はいつでも健康食に目がないのである。

冷静に考えれば、食べ物にそれほどずば抜けた効果があるはずはない。だが、健康情報を前にするとつい理性が後退し、飛びついてしまう。それで揶揄的に私はこれらを「栄養神話系」、あるいは「不老長寿系」のファッションフードと呼んでいるが、初期の牛肉と牛乳は、たんなる流行食を超えた存在。特別なパワーを持ったカリスマ的な食べ物として、国家がその効能を保証した結果、急速に普及して日本の食を劇的に変えていった。

肉食と牛乳は、富国強兵と脱亜入欧をスローガンに、健康・健脳イデオロギーを引っ提げて、まさに超人的な効力をもたらす「カリスマフード」として登場したのである。

上から押しつけられた国策とはいうものの、もともと外来ものに弱く、新しいものが大好きという日本人の国民性にとって、肉食と牛乳の受容はそれほど難しくはなかった。むしろ率先して国策に乗り、牛鍋をはじめ下からの庶民的なファッションフードを花開かせていったのである。

受容と浸透がスムーズだった背景には、古代から江戸時代まで、獣肉と牛乳がひそかに用いられ続けてきたことがある。文明開化で肉食が解禁され、本格的な畜産と酪農がはじまったのは事実だが、第1章と第2章では歴史を遡ってその連続性をたどり、肉と牛乳がカリスマ性を帯びる伏線を明らかにしている。

また、一般的に食の西洋化が進み、動物性たんぱく質の摂取量が増えたのは、第二次大戦後だと考えられている。しかし、実際には大正後期から戦前までのとくに都市部では、西洋料理はかなりのレベルまで浸透し、肉や乳製品を多用する洋食が発達していた。この時点ではカリスマフードとしての威力は薄れていたが、おしゃれで滋養のつくファッションフードとして、日本人は日常的に肉を食べ、牛乳を飲むようになっていたのである。

西洋化の善し悪しや功罪は脇に置き、明治維新から営々と築き上げてきた豊かな食文化を、戦争は破壊した。この事実も、肉と牛乳を通して明らかにしたかったことのひとつ。戦後、国民の健康増進を目標に、食を西洋化し、動物性たんぱく質と脂質の摂取を増やそうという栄養改善運動が、再び官民挙げて推し進められた。歴史が二度繰り返された結果、現在の多様化した食生活が実現しているのである。

ダイエットの敵でも、病気になっても食べたい、元祖カリスマフード

いうまでもなく、私たちの主食はお米である。いま世界人口の約半分が米を主食として食べているが、日本人の米に対する思いは特別だ。

稲作が伝来し、「豊葦原の瑞穂の国」であることを選んだときから、米は神聖で霊的な存在になった。江戸時代には、「石高制」という米を中心にした経済システムまで確立した。米は食生活の基本であると同時に、国家形成の基盤だった。

実際のところ、米を、それも精白した米を炊いたふっくらと甘いご飯を享受できたのは特権階級に限られ、庶民は雑穀を主食にしていたが、それだけに憧憬の対象として、米は日本の元祖カリスマフードとして食文化の頂点に君臨してきた。

一方、近現代日本の主食は、それ以前の雑穀中心から抜け出して「白米主義」をひた走った。江戸時代には都市部だけで行われていた白米食が、近代以降は精米法の発達と生産力の増大によって、広く浸透していったのである。

念願の白いご飯を食べられるようになったのは喜ばしいが、不幸なことに、白米には栄養的な欠陥があった。肉と牛乳が普及しても、食事全体の比率からいえば、昔の食生活は圧倒的に主食依存型だったために、ビタミンB[1]の欠乏を招き、脚気が国民病として蔓延《まんえん》したのである。

カリスマフードが生まれる背景

原因が判明する前から、脚気は「白米病」と呼ばれていた。うすうす白米が体に悪いと気づいていても、日本人は愛着を捨てるどころか深め続けた。しかも、白米の過食によるビタミンB_1欠乏症であることが解明されても、主食を変えようとしなかったのである。

脚気に悩まされた第二次大戦前まで、そして主食の米中心の食生活から副食主体への転換を目指し、栄養改善運動が推進された戦後も、国の健康政策によって、つねに米はカリスマ性を失う危険にさらされた。「米を食べるとバカになる」という恐ろしい話が盛んに語られたこともある。脚気にかわり、糖尿病が国民病になった現代では、糖質過多の主食自体を否定する健康言説まで現れているほどだ。

近年、とみに日本人の米離れが懸念され、実際に一人当たりの年間消費量は、戦後ピークだった一九六二年の一一八キロに対し、いまは半分以下に減ってしまっている。二〇一一年に総務省の家計調査でパンの消費額が史上はじめて米を上回ったときは、「ついに日本人はパン食民族になった」と話題を集めた。

だが、いまだに私たちの主食は米だ。栄養的にどんな欠陥があろうと、ダイエットの敵だとわかっていても、最後の晩餐には炊きたての白いご飯を食べたいという日本人は多い。

肉と牛乳がそうであるように、米も毀誉褒貶《きよほうへん》の激しい食べ物だ。もろてを挙げて礼賛されるが、いったん叩かれだすと徹底的にバッシングされ、権威が失墜するのがカリスマフードのカリスマたる宿命かもしれない。

これから本書がたどるように、国の政策に左右され、時代によって移り変わる栄養情報や健康言説にも翻弄されながら、肉と牛乳と米の未来はどうなるのか。

二〇〇三年、国民は「健康な生活習慣の重要性に対する関心と理解を深め、生涯にわたって、自らの健康状態を自覚するとともに、健康の増進に努めなければならない」と規定する「健康増進法」が施行された。その二年後の〇五年には、国民の責務を「社会のあらゆる分野において、基本理念にのっとり、生涯にわたり健全な食生活の実現に自ら努めるとともに、食育の推進に寄与するよう努めるものとする」と定めた「食育基本法」が施行されている。いまや日本人は法律によって、自己責任のもと、生涯にわたって健康管理に努め、健全で正しい食生活を営むことが義務になったのである。

また、食育基本法は前文に「豊かな緑と水に恵まれた自然の下で先人からはぐくまれてきた、地域の多様性と豊かな味覚や文化の香りあふれる日本の『食』が失われる危機にある」とあるように、伝統食の保護と食料自給率向上を目標に掲げている。和食がユネスコ無形文化遺産に登録された背景には、伝統食の衰退があることは、だれも否定できない事実だろう。

だが、登録をきっかけに和食文化継承に向けての国民運動が展開されている今日、主食の米の地位は確保されたように思える。なにしろ、登録時に挙げられた和食の四つの特徴のひとつが、「一汁三菜を基本とする日本の食事スタイルは理想的な栄養バランス」なのである。一汁三菜の前提がご飯であることは、いうまでもない。

二〇一七年現在、肉はますます人気で消費量も増加傾向にある。その理由のひとつは、高齢者の健康長寿を伸ばす重要なたんぱく源と認識されてきたことにあるらしい。逆に牛乳離れは顕著で、消費量は減少の一途にある。

国が健康の旗を激しく振るほど、健康食ビジネスはますます繁栄し、私たちの関心はいやおうなしに健康へと向かっていく。本書がたどる長い物語のように、食べるという私的で個人的な行為が、かなりの部分まで国や企業のコントロール下にあることは、忘れてはならない事実だ。

これからまた、新しいカリスマフードが出現するとしたら、それがなんであれ、これまでの日本人がそうだったように、自由に楽しんで工夫に勤《いそ》しめる環境であってほしい。強制や抑圧ではなく、食べたいものを食べられる社会がいちばんだ。

カリスマフード　目次

はじめに

第1章　肉

第3章 米

カリスマフード

肉・乳・米と日本人

第1章

肉

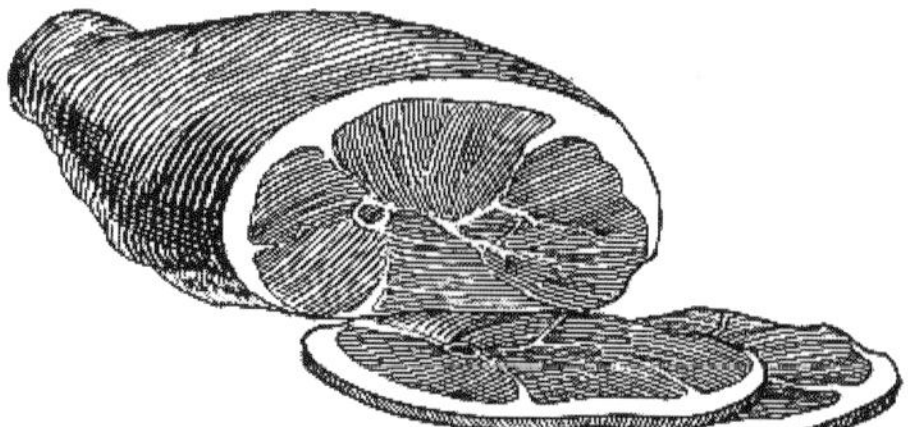

フランスの宮廷料理だったジビエがにわかにブーム

この数年で、「ジビエ」という言葉の認知度が急速に高まった。もともとはフランス料理用語で、その意味は「狩猟で得られる野生鳥獣類」である。

と、ここまではよく知られるようになったが、その下部には属性による分類があって、キジやウズラなどの野鳥類を「ジビエ・ア・プルム（羽根を持つジビエ）」、カモ類などの水禽類を「ジビエ・ドー（水のジビエ）」、野獣類を「ジビエ・ア・ポワル（毛皮を持つジビエ）」と呼び分け、ジビエ・ア・ポワルはさらにイノシシ、シカなどの大型哺乳類の「グロ・ジビエ（大きなジビエ）」、ウサギなどの小型哺乳類の「プティ・ジビエ（小さなジビエ）」に分けられる。さすがにフランスの肉食文化は長い歴史を誇るだけあって、日本とはちょっと違うと感心させられる細かさだ。

狩猟採集期の人類にとって野生動物は日々の糧にすぎなかったが、農耕と牧畜が発達するにつれて、狩猟はレジャーに変わり、ジビエはご馳走になっていった。

古代ローマで一般人の食生活はパンとチーズ、野菜とドライフルーツ中心と質素だったのに対し、権力者や大商人、軍人はイノシシ、クマ、シカなどの野獣を愛好してはるばるアフリカや中東から取り寄せたりし、ツル、フラミンゴ、ハクチョウ、クジャクなどの大型で美麗な野鳥を珍重したりしたそうだ。

アジア原産のコウライキジが今日、ヨーロッパに広く分布しているのは、ローマ時代に狩猟用に移入され、野生化したのがはじまりである。このコウライキジは日本の国鳥のキジとは違って首に白い輪があるのが目印で、日本でも大正時代に狩猟目的で全国に放鳥された結果、帰化した地域もあり、いまでは「日本の侵略的外来種ワースト100」にランクインしている。

　元来は軍事訓練の一環でもあった狩猟だが、馬に乗って猟犬で獲物を追い立てるシカ狩り、イノシシ狩りは、近世のフランスで王侯貴族が社交と娯楽のために行うゲームスポーツと化した。小鳥獣を獲って食べることは庶民にも許されたが、豪華なジビエの饗宴は特権階級に独占された。近代以降、お金を出しさえすればだれもが食べられる民主的食材になったとはいえ、このような歴史的背景を持つジビエは、いまだにフランス料理における最高級食材の地位を守り続けている。

　現在、ヨーロッパ一の狩猟人口を抱えるフランスでは、秋から冬にかけてジビエが食卓の花形になる。市場や精肉店には毛つき、羽つきの姿のまま吊されて売られ、全国各地のレストランとビストロでは、野獣の煮込みや野鳥のローストがメニューを飾る。

日本とはかけ離れたジビエの隆盛ぶりは、料理の修業のため「本場」に渡った日本の料理人たちにとって、衝撃的だったことだろう。

　フランスへ料理修業に出かける日本人が増えたのは、一九六〇年代後半からである。帰国した彼らがシェフになり、続々と街場にレストランを開いたため、八〇年代の前半には第一次フランス料理ブームが起こった。

それまでは、一九世紀以来の古典の系譜を受け継いだ形式的なホテル料理が中心で、メニューは型にはまり、オードヴルはエスカルゴの殻焼き、魚料理はシタビラメのムニエル、肉料理はカモのオレンジソース、デザートはクレープ・シュゼットくらいを知っていれば、かなりの上級者扱いをしてもらえた日本のフランス料理のメニューが、急速に刷新された。

「本場の味」の再現を目指したフランス帰りのシェフたちは、人工的に飼育した家畜と家禽では味わえない野性的なおいしさと、フランス料理食材の最高峰としての価値観を伝えようと、自店でジビエ料理を盛んに作り、雑誌や料理書でも積極的に紹介した結果、一部のグルメ層には「一度は食べたい憧れの味」に祭り上げられた。

八〇年代から九〇年代にかけて、私は一冊丸ごと一人のシェフの芸術的な料理で埋めつくしたムックを隔月で作っていたので、頻繁に野生動物の肉を試食することができた。一度など撮影の翌日、医師に前日食べたものを申告する必要に迫られて、「コジュケイ、マガモ、ノウサギ、ヤマシギ、シカ、キジ……」と渋々答えたところ、「あなたはマタギか」と驚かれたこともある。

当時、レストランで利用するのは、おもにヨーロッパから空輸されたジビエで、値段は非常に高かった。

だが、一般的な知名度が上がったのは二〇〇〇年代になってから。それも、野生鳥獣による農林業被害の深刻化という、一見するとグルメとは遠い話題から、すっかり有名になってしまったのである。

ジビエを食べて環境保全に貢献

近年、自然環境のさまざまな変化が原因で、シカとイノシシが全国で異常繁殖し、田畑の作物や森林の樹木を食い荒らすなどの鳥獣による被害額は、一九九九年以降なんと毎年二〇〇億円前後にものぼる。しかし、害獣として駆除しても、大部分が廃棄処分されているのが実情だ。捨てるなんて、だれが聞いても、もったいない話だ。そこで、せっかく奪った命を無駄にしないで食肉として有効利用しようと、フランス料理だけでなく、和洋中の全ジャンルでジビエを出す料理店が急増しているのである。

目下、害獣を資源に転じ、地方活性化につなげようとする取り組みが各地の自治体で広がり、ジビエを使った地域特産料理のレシピ開発などが盛んに行われている。

大きな流れになるきっかけのひとつは、「ジビエ料理の普及拡大によって増え続ける鳥獣被害を減らし、地域の活性化や社会貢献を目指す」をスローガンに、全国組織のＮＰＯ法人「日本ジビエ振興協議会」が二〇一二年に設立され、捕獲、食肉加工、調理、販売に携わる関係機関のネットワーク作りが本格化したことだ。長野県蓼科高原でオーベルジュを営むフランス料理シェフの藤木徳彦理事長は、いまや料理講習会や講演会にひっぱりだこの「ジビエの伝道師」である。

続いて一五年二月には、自民党有志が「捕獲鳥獣食肉利活用推進議員連盟」、通称「ジビエ議連」を立ち上げた。「捕獲した鳥獣食肉の利活用を推進する事で、鳥獣捕獲を促進し、現在の深刻な農林産物被害の軽減を図る」のが、ジビエ議連の設立目的だった。

ジビエの普及を旗振りし、地域ごとの食材を使ったオリジナルなジビエ料理を観光の目玉にして、地方活性化につなげようと、石破茂会長と議連メンバーたちはジビエ料理試食会を開催し、シカソーセージやイノシシカレーに舌鼓を打っている姿を見せてアピールしている。

議連の働きかけで、一六年の伊勢志摩サミットに合わせて開催されたＧ７農業大臣会合のレセプションでは、鹿児島県阿久根市産シカ肉のロースト、千葉県君津市産イノシシのすき煮など四品が振る舞われた。こうして与党議員たちが本腰を入れたことによって、ジビエ振興の動きは今後さらに活発化しそうだ。

著しい高齢化によるハンターの減少を食い止めようと、環境省は「狩猟の魅力まるわかりフォーラム」を全国で開催して若手ハンターの育成に励んでいるし、大日本猟友会は、「目指せ！狩りガール」というウェブサイトで、若い女性を狩猟の世界へ勧誘している。

狩りに興味を持った都会育ちの女の子が、ハンターとして成長していく様子を描きながら免許取得から実践のノウハウを細かく解説するという内容で、実際、狩猟免許を取得した「狩りガール」の数は、この一〇年で倍増しているそうだ。

彼女たちの多くは、ハンターの高齢化と減少の問題が野生動物による農作物の被害拡大につながっているという事実を知り、社会貢献を動機に狩りをはじめるのだという。ハンターが減ったことが野生動物が増えて里に出現するようになった唯一の原因ではないし、殺せば問題が解決するわけではないが、少なくともこれまで語られることの少なかった日本の狩猟文化を見直す、絶好の機会だといえるだろう。

しかし、いまのところ消費の主役は、やっぱり新しいものと食べ歩きが好きな都市生活者たちだ。ジビエは美味な食材と誉れ高いうえに、脂肪分が少なく、カロリーはシカが和牛リブロース肉の五分の一、イノシシ肉は半分しかない。たんぱく質と鉄分が豊富な「太りづらい肉」だから、現代人のダイエット指向にマッチしている。飼料を食べて育つ家畜とは違って肉にアレルゲンを含まないため、アトピーなどのアレルギー対応食の材料にもなる。しかも、食べることで「命をいただいている感動」や「自然への感謝」を持て、環境保全に貢献した気分になれる。

にわかに注目の人気食材になり、ジビエ専門の焼き肉屋や、みずから狩猟免許を持つシェフの専門店などが注目を集め、ついにはファストフード店にシカ肉バーガーやシカカレーまで登場している。

食のポータルサイトでジビエの検索数が急増したことを受けて、ぐるなび総研は二〇一四年の「今年の一皿」にジビエ料理を選んだ。この年を「コンビニエンスストアやファストフードなどの大きな流通チャネルでもシカなどが食材として使用され、急速に一般消費者の間に浸透した『ジビエ元年』」とし、今後さらに普及していくだろう「新たな日本の食文化の誕生」と評価したのが選定の理由だった。

たしかに出版物だけ見ても、この年からジビエと狩猟に関する本や雑誌が目立って増えている。猟師になるためのノウハウ本やエッセイ、狩猟や猟銃のマニュアル本が次から次へと出て、猟師マンガも人気だ。

その一方で、E型肝炎患者の急増が表面化している。国立感染症研究所がまとめた患者報告によると、七月の時点で一六年の患者数は二一五人に達し、年間で過去最高を記録した一五年の二一二人をもう追い越してしまった。都道府県別では北海道が七〇人でもっとも多く、東京（二六人）、神奈川（一六人）、群馬（一一人）、埼玉と千葉（ともに一〇人）、茨城と新潟（ともに六人）が続く。

E型肝炎はウイルスに汚染された食物や水を摂取することで感染し、一五〜五〇日の潜伏期間後に腹痛や食欲不振といった消化器症状を伴う急性肝炎を発症する。感染源として疑われているのが、ウイルスに汚染されたイノシシやシカの生肉、加熱が不十分な家畜の肉と内臓である。北海道の患者が飛び抜けて多いのは、もしかしたらエゾシカ肉の普及度の高さによるものかもしれない。北海道ではエゾシカ肉の有効活用を広めるために、シカと四の「シ」と火曜の「カ」を引っかけて毎月第四火曜日を「シカの日」にするなど、飲食店と家庭への普及を推進し、スーパーにもエゾシカの生肉や加工食品が並ぶというジビエ先進地なのである。

厚生労働省は一四年に「野生鳥獣肉の衛生管理に関する指針（ガイドライン）」を作成し、生または加熱不十分なシカ肉やイノシシ肉にはE型肝炎や腸管出血性大腸菌感染症、寄生虫感染のリスクがあるため、中心部までしっかり加熱して食べること、肉が接触した器具の扱いには十分に注意して消毒すること、飲食店が提供する場合は、食肉処理業の許可施設で解体されたものを仕入れ、十分な加熱調理（中心部の温度が摂氏七五度で一分間以上又はこれと同等以上の効力を有する方法）を行い、生食の提供は決して行わないことを呼びかけている。

啓発のかいもなく、刺身やカルパッチョなどで提供し、加熱するとしても半生のレアで出す飲食店が少なくない。最近、肉汁の損失を防ぎ、より柔らかく仕上げるため、たんぱく質凝固温度ぎりぎりの六〇度前後か、それ以下で加熱する低温調理法が流行し、グルメな人ほど生っぽい肉料理を好む傾向があるのも気になる。加熱殺菌は調理の基本、作る人も食べる人も衛生意識を高めないと危険だ。牛レバー刺し食中毒事件のように死人が出たら、ジビエ振興どころの話ではなくなる。

第一次フランス料理ブーム以来、ジビエがテーマの本を何冊か作ったことがあるが、以前は本格的なプロ仕様しか需要がなかったジビエのレシピが、最近では家庭料理にまで広がっている。作りやすいカレーや鍋物、炒め物、煮物と、ぐっと親近感のわくメニューが増えているし、仕留めた獲物をどうやって処理解体するのか、その方法まで詳細に解説されていたりする。

ひと昔前までは、「シカを食べるなんてかわいそう」「野生の動物なんて、気持ちが悪い」と顰《ひん》蹙《しゅく》を買うことが多かったのに、いまではためらわず、生でも食べる人が多く現れているのだから、驚くべき意識の変化だ。日本人の肉食に異変が起こっているということだろうか。

日本人はずっと肉を食べていた

だが、ジビエはけっして「新たな日本の食文化」ではない。

「伝統的な和食は米と野菜と海産物が主体」というのが日本人の共通認識で、「江戸時代までは肉を食べなかった」と考えている人は多い。「肉食の西洋人に対し、植物食の日本人は腸が長いため胴長短足になってしまった」とか「狩猟民族の西洋人は攻撃的で押しが強いのに対し、農耕民族の日本人はおとなしくて自己主張が弱い」など、日本人の体形や性格の特質（たいがいネガティブ）の原因を、非肉食に求める言説はとてもポピュラーだし、「日本人のDNAは肉食に適応していない」といった、まことしやかな科学的言説もしばしば語られる。本当なのだろうか。

たしかに肉食が一般に普及したのは明治以降だったことは一般論としては間違ってはいないが、まったく食べていなかったわけではなく、実はけっこう食べていたらしいのである。縄文時代がはじまった一万六五〇〇年前（から一万二〇〇〇年前まで、いろいろな説がある）からのスパンで考えれば、食べていた期間のほうが長いので、DNA説は疑わしい気がする。

縄文時代の貝塚からは、魚介類に比べると少ないが、獣肉の骨も豊富に発掘されている。約八割がイノシシとシカで、その比率は一対一。弓矢のほか、落とし穴や罠、柵への追い込みで獲ったらしい。

一万年以上続いた縄文時代から弥生時代になると、シカは神の使いとして信仰の対象に昇格し、鹿茸《ろくじょう》（成長途上の柔らかい角）が薬として珍重されるようになった。また、水田稲作と一緒にブタが渡来し、飼育されていたことが、動物考古学者の西本豊広によって明らかにされている。

西本によると、縄文人はイヌを狩猟犬として大事に扱い、家族の一員として手厚く埋葬していたが、弥生時代はほとんど埋葬されなくなり、食用にしていた。古墳時代の五世紀頃にはウシとウマが渡来し、専門職の牛飼部、馬飼部、猪飼部《いかいべ》が設けられた。食用犬の飼育も含めて、畜産もかなり定着していたと見られている。

といった具合に、古代人は普通に野生動物の肉を食べ、天皇も鷹狩りなどで狩猟を楽しんでいたが、殺生を禁じる仏教の戒律を受けて六七五年、天武天皇によって最初の肉食禁止令が発布された。禁じられたということは、食べていた証拠である。

日本人が肉食から離れるきっかけを作ったことで名高い法令だが、実は稲作期間にあたる四月から九月にウシ、ウマ、イヌ、ニワトリ、サルの食用を禁じるだけのゆるいルールだった。しかもシカとイノシシなどの野生動物や野鳥は除外されている。

耕作と運搬に重要なウシとウマ、なにかと役立つイヌ、時を告げるニワトリを食べてはいけない理由はわかりやすいが、イノシシとシカと同様、田んぼを荒らす害獣のサルが入っているのは、姿が人間に似ているためだったと考えられている。

これ以降、平安時代まで殺生禁断・肉食禁止令が繰り返し出された。ということは、禁止令の効力は絶大とはいえず、食べやめなかった者が多かったのだろう。

仏教思想が浸透したと考えられている奈良時代だが、平城京跡の官庁街にあったトイレ遺跡の調査から、ウシやブタを食べると感染する寄生虫の卵が確認されている。率先して非肉食を実践すべき立場の役人が食べていたのだから、庶民は推して知るべしだ。だが、役人だったからこそ、希少価値がきわめて高い家畜の肉を享受できたとも考えられる。肉は膾《なます》（生肉を細く切ったもの）で食べるのが一般的だったという。

膾といえば、二〇一二年に牛レバーの生食が禁止されたあとに、牛レバー刺し需要をカバーするために豚レバーを刺身で提供する店が急増したため、二〇一五年六月に豚肉と内臓類を生食用として販売・提供することも禁止された。

寄生虫と食中毒菌を持っている豚肉はよく加熱する必要があるのは、かつては一般常識だったはずだ。ましてや豚レバーを生食する危険度が、提供する側も想像できなかったのだろうか。食中毒と寄生虫のリスクに鈍感になった現代人の衛生観念は、古代人なみのレベルに落ちたのかもしれない。

一一八八年（文治四）の後鳥羽天皇による「諸国殺生禁断」を最後に、鎌倉時代以降は殺生禁止の法律は出されていない。武士の必需品である武器や武具作りには動物の皮革や鳥類の羽が不可欠だったし、ヨーロッパと同様、武家の権力と勇壮さのアピールとしての巻狩が盛んに行われた。その一方で、肉食を穢《けが》れとする思想が高まり、狩猟者や動物の皮革と肉の処理に携わる人々への差別の意識が醸成され、やがて身分制度の中に組み込まれることになる。

南蛮文化が流入した戦国・安土桃山時代、京都では牛肉を「わか」と称してもてはやし、牛肉食、豚肉食が流行した。切支丹大名の高山右近が常に肉食し、蒲生氏郷と細川忠興を牛肉で饗応した話は有名だ。また、一五九六年（慶長元）、土佐海岸に漂着したスペインの商船サン・フェリペ号に対して豊臣秀吉がブタ二〇〇頭、ニワトリ二〇〇〇羽を提供した史実からは、その当時、これらの肉が食用として利用されていたことが推察される。しかし、徳川幕府の切支丹弾圧によって、肉食の興隆は断たれてしまった。

「薬喰い」の抜け道があった

江戸時代は、肉食禁忌の意識がもっとも高まった時代だったとされる。殺生禁止令としては、五代将軍徳川綱吉の「生類憐みの令」があまりにも有名だ。綱吉は「犬公方」と呼ばれ、イヌへの偏愛ばかり知られているが、狩猟がらみのお触れも多々出している。

そのうちの「諸国鉄砲改め」では、全国の百姓が所持している鉄砲を管理下に置き、認可したもの以外は没収した。安土桃山時代に豊臣秀吉の出した「刀狩令」は有名だが、これで百姓は必ずしも武装解除されたわけではなく、実は領主の保有している数の数倍もの鉄砲が農村に存在し、その使用目的は田畑を荒らす害獣と害鳥の駆除だったという。仕留めた鳥獣は、食べていたと考えるのが自然だろう。

農民の狩猟が禁じられた結果、鳥獣の数が増えて田畑の害も増し、幕府が野獣退治のための鉄砲隊を組織するなどの対策で凌いだという。

後世に語りつがれるように、生類憐みの令の効力は絶大で、獣肉を食べる人は少なくなったが、禁制から魚介類、鳥類、ウサギは鳥の一種と見なされて除外された。ウサギを一羽、二羽と数える習慣はこのときはじまったといわれる。理由には「後ろ足二本で立つから」とか、「長い耳を羽に見立てた」、「ウ（鵜）＋サギ（鷺）で鳥」など、いろいろな説がある。

ちなみに、フランス料理のメニューでもウサギは家禽料理のカテゴリーに入っている。家禽のウサギは鶏肉とよく似た淡白な白身なので、肉質からいっても納得できる分類だが、日本の在来種のノウサギは味の濃い赤身肉である。野鳥でも、キジは白身肉でカモは赤身肉。江戸時代には鴨料理が好まれたそうなので、赤身肉への嗜好が根底にあったのかもしれない。

禁制には抜け道がつきもので、「薬喰い」と称して肉食はひそかに続けられた。薬と呼ぶくらいだから、体にいいことはよく認識されていたのである。

有名なのは、彦根藩が寒中御見舞の「御養生肉」として、美味で滋養に富むと評判が高かった彦根牛の肉を、藩主井伊家から将軍家への献上品や諸侯への贈答品に使っていたことだ。また、牛肉味噌漬けを「反本丸《へんぽんがん》」という名で滋養強壮薬として市販もしていた。

肉食禁忌のなかでも、農耕や運搬に欠かせない益獣だった牛馬を殺して食べることは厳しい御法度だったが、陣太鼓に使う牛皮を毎年幕府に献上するのが慣例の彦根藩は、公式に屠畜が認められていた。彦根藩のある近江国は七世紀に百済からの渡来人が住みついて以来、牛肉食の文化とともに皮革生産技術が受け継がれた地域。現在、「松阪牛」「神戸牛」と並び君臨する和牛ブランド牛、「近江牛」のルーツが彦根牛である。

それにしても、人民には穢れるからと禁止していながら、支配層の特権階級は肉のなかでも最高の美味である牛肉を薬として公然と賞味する。あきれたダブル・スタンダードである。

江戸のジビエ料理

一方、江戸の庶民や下級武士は野生獣の肉をひそかに嗜んでいた。

江戸初期の一六四三年（寛永二〇）に刊行された、日本で最初の本格的な料理書とされる『料理物語』には獣肉料理の章が設けられ、「鹿、狸、猪、兎、川うそ、熊、犬」七種の料理が掲載されている。毛皮が防寒・防水に非常にすぐれていたため、明治以降に乱獲されて生息数が激減し、絶滅したとされるニホンカワウソは、吸い物と貝焼き（アワビの貝殻を使って焼く一種の鍋料理）で紹介されている。上品な料理のようだから、その肉は繊細で美味だったのかもしれない。

また、江戸中期の一七一二年（正徳二）に刊行された貝原益軒の『養生訓』では、同食（食い合わせ）禁忌の項で、筆頭に「猪（註：ブタ）肉に生薑《しょうが》、蕎麦《そば》、胡すい（註：コリアンダー）、炒豆、梅、牛肉、鹿肉、鼈《すっぽん》、鶴、鶉《うずら》」が挙げられ、次に「牛肉に黍《きび》、韮《にら》、生薑、栗子」、「兎肉に生薑、橘皮、芥子、鶏、鹿、獺《かわうそ》」、「鹿に生菜、鶏、雉、鰕《えび》」と続く。獣肉の名前がたくさん挙がっているのにも驚くが、肉の臭みを取り、殺菌効果も高いショウガが豚肉と牛肉に禁じられていることにも驚かされる。別の項では、胃が弱い人は、鶏か野猪《やちょ》を煮て食べるとよいとも書いてある。

江戸中期に、日本人は肉食をしないから虚弱だ、肉を食べれば長生きできると説いた儒医（儒学者兼医者）もいれば、食物の効能を解説した本草書『本朝食鑑』では「牛肉は気を補い、血を益し、筋骨を壮にし、腰脚を強くし、人を肥健にする」としつつも、日本人の体質に肉は合わず、体に悪影響が出て早死にしないように、神が肉食を禁じたと述べている。栄養面からの肉食論がすでに見られることに注目したい。

江戸後期に書かれた風俗書の『江戸繁昌記』には、「ももんじ屋」や「けだもの屋」と呼ばれる獣肉店の賑わいが描かれている。イノシシ、シカ、キツネ、ウサギ、カワウソ、オオカミ、クマ、カモシカ、サルまで扱い、料理はもっぱら鍋物で、臭み消しに葱が使われた。クジラは魚に分類されていたため、獣肉全般を「山鯨」、肉の色合いからイノシシは「牡丹」、シカは「紅葉」と呼び換えることで禁忌の意識をできるだけ薄め、嗜んでいた。

大名の行列が獣肉店の前を通るときは、不浄を嫌って駕籠《かご》を宙に差し上げ、お供の者は袴の裾をはしょって、爪先歩きをしたという。

一般的にジビエがおいしくなる旬は、皮下脂肪を蓄える晩秋から冬の期間。大多数は「穢れる」と畏れて手を出さなかったなかで、寒中に獣肉料理を食べて、たんぱく質と脂肪分をたっぷり摂った勇敢な人たちは、さぞや体が温まったに違いない。ましてや白米食が普及した江戸時代は、「江戸患い」「大阪腫れ」と呼ばれた脚気が都市生活者に急増した時期だから、ビタミンBを豊富に含む獣肉は、まるで薬を飲んだような効果を発揮しただろう。

いま国産ジビエとして流通するのはもっぱらシカとイノシシで、ノウサギは狩猟が許されているものの、国産は滅多にお目にかかれず、レストランで食べられるノウサギ肉は大概がヨーロッパからの輸入品。キツネも狩猟が許されているが、寄生虫の心配があるので食用には向かない。カワウソとオオカミは絶滅してしまったし、カモシカは天然記念物だ。ヒグマとツキノワグマは、ごく少数のレストランで食べられるが、ニホンザルを出しているレストランの話は一度も聞いたことがない。

ところが、江戸ではサルの肉が好まれていたらしい。一八六〇年（万延元）に来日したスコットランド出身の植物学者、ロバート・フォーチュンは『幕末日本探訪記』で、「通りすがりに肉屋も目にとまった。（中略）ある店では猿が目についた。猿が肉屋の店先に吊下げられているのを見たときに、刻みつけられた印象を忘れることはできない。猿は皮を剥ぎ取られていたが、人間の種族に類似しているだけに、非常に気持が悪かった。おそらく日本人は、猿の肉をうまいと思っているのだろう」と、衝撃を記している。

現在、ニホンザルの狩猟は許されていないが、有害鳥獣として駆除したサル肉を試食したことのある知人の感想では、キジとそっくりの味がしたという。古来より食肉として珍重され、現在も宮中で元旦の祝い膳に使われるというキジの肉は、独特の豊かな風味を持つ白身だ。野鳥のなかでも最上位のキジ肉と酷似しているなら、相当な美味なのかもしれない。

ジビエから家畜へ、牛肉食の出現

仏教の「殺生戒」と神道の「穢れ」の両方から禁じられていたにもかかわらず、江戸後期から獣肉食が流行して「山奥屋」（麹町平河町、別名「甲州屋」）、「ももんじ屋」（銀座数寄屋橋）、「豊田

歌川広重『名所江戸百景』
「びくにはし雪中」に描かれた「尾張屋」
1858 年

屋」（東両国）、「湊屋」（神田錦町）、「尾張屋」（京橋西紺屋町）などの獣肉店が次々にできて賑わった。流行の背景には、肉が衛生上すぐれていることを説くオランダ医学（蘭方医学）の影響があった。

大の肉食反対論者だった国学者、小山田与清《ともきよ》は随筆『松屋筆記』のなかで「文化文政年間から江戸に獣肉を商う店が多くなり、身分の高い侍にまで食べる者が現れた。猪肉を山鯨と、鹿肉を紅葉と称している。狼、狐、狸、兎、鼬鼠《いたち》、鼯鼠《ももんが》、猿などの類もたくさん扱っており、店の前を通るのも耐えられないほどだ。また、蝦蟆《がまがえる》を食べる者もいて、いずれも蘭学者の悪風が原因だ。おかげで江戸の町に不浄が充満し、火事を引き起こしている」と憤っている。火事の原因が肉食と決めつけるとは、なんとも極端な論である。

だが、肉食流行の勢いは止まらない。そして黒船が来航した幕末、ついに牛肉商売をはじめる者が現れた。勇躍飛びついたのは、やはり蘭学生たちだった。

一八五六、七年（安政三、四）頃に大阪の適塾（蘭方医、緒方洪庵が開いた私塾で、大阪大学医学部の前身とされる）で学んでいた福澤諭吉の肉食談が、あまりに過激で読むたび笑ってしまう。

「或るとき難波橋の吾々得意の牛鍋屋の親爺が豚を買出して来て、牛肉商売であるが気の弱い奴で自分に殺すことが出来ぬからと云て緒方の書生が目指された。夫れから親爺に逢って『殺して遣るが殺す代りに何を呉れるか』——『左様ですな』——『頭を呉れるか』——『頭なら上げませう』夫れから殺しに行た。此方は流石に生理学者で動物を殺すに窒息させれば訳けはないと云ふことを知て居る。幸い其牛屋は河岸端であるから其処に連れて行て四足を縛て水に突込んで直ぐ殺した。そこでお礼として豚の頭を貰って来て奥から鉈を借りて来て先づ解剖的に脳だの目だのを能くよく調べて散々いぢくった跡を煮て喰たことがある」（福澤諭吉『福翁自伝』より）

頭部を解剖し、各部を観察したあげくに食べたとは、当時の日本人としては例外中の例外の大胆不敵さである。適塾の教授方針は、オランダ語の文法を学び、原書を読解することに重点が置かれていたので、またとない実践の機会に勇気をふるったのだろう。だが、窒息させただけで血抜きをしないブタの肉は、実際のところ臭かったのではないかと思う。

『福翁自伝』によると当時、大阪には二軒の牛鍋屋があってどちらも「最下等の店だから凡《およ》そ人間らしい人で出入する者は決してない。文物《ほりもの》だらけの町の破落戸《ごろつき》と緒方の書生ばかりが得意の定客だ。何処《どこ》から取り寄せた肉だか、殺した牛やら病死した牛やら、そんな事には頓着なし、一人前百五十文ばかりで牛肉と酒と飯と十分の飲食であったが、牛は随分硬くて臭かった」というから、将軍や大名が賞味した味噌漬けとは月とスッポンで、よほど不味かったろうに、血気盛んな若者たちにとっては肉食自体が先取の行為だから、臭さも面白がれる味のうちだったのかもしれない。

江戸最初の屠牛場と牛鍋屋

しかし、福澤のブタの話から察せられるように、殺生禁断の意識が強いこの時代に、肉を食べることよりもさらに抵抗が大きかったのは、動物を殺すことだっただろう。

猟師が罠や鉄砲を使って捕獲してくる野生動物とは違って、家畜は鉄砲で撃つわけにはいかないし、ましてやウシやブタはサイズが大きい。福澤諭吉は窒息という手段を用いたが、すぐに血抜きをして内臓を摘出しないと臭みがまわって日持ちも悪く、おいしい肉にはならない。

彦根藩などの例外を除き、食肉生産の知識も技術も持っていなかった日本人にとって、やがてやって来る肉食の流行を前にして、屠畜は大きな関門だった。

一八五八年（安政五）の五ヶ国条約締結後、横浜に設けられた居留地に住んだ外国人は当初、付近の農家から購入しようとしたが、大事なウシを食用に提供するのは嫌だと拒まれたので、自国の船に積み込んで来たウシの屠畜と解体を船上で行った。だが、住民が増えるにつれて牛肉の需要も増えたため、輸入牛では間に合わなくなって、六五年（慶応元）に外国商船が神戸で三、四〇頭を仕入れ、横浜に運んで試食してみたところ、味が非常によく外国人の間で好評を博した。これが現在の「神戸ビーフ」のルーツである。実際の産地はおもに但馬地方だったが、集積地の神戸がブランド名になった。

やがて横浜居留地には屠牛場が開設され、牛肉商売に携わる日本人も現れて、江戸に先駆けて牛鍋屋もできた。

その当時、横浜の外人商館から牛肉を買い入れて、高輪の英国公使館に納めていた御用商人の中川嘉兵衛は、横浜から運ぶより江戸に屠牛場を作って自給したほうが儲けも大きく、運搬中に生じる肉の劣化も解消されると考えて、土地を探した。保守的な江戸では貸し手がなかなか見つからず、六七年（慶応三）に荏原郡白金村（現在の白金台）の名主堀越藤吉が、畑の一部を提供してくれることになった。

一八一七年（文化一四）、三河の岡崎生まれの中川嘉兵衛は先見の明があった人で、四二歳で横浜に来て英国公使のコック見習いとして働いたあと、元町で牛肉、牛乳、パンの販売店を開業。牛肉と牛乳を扱ううち、鮮度保持に果たす氷の重要性に気づいた。また、来日直後のヘボン博士（アメリカ長老派教会宣教師・医師でヘボン式ローマ字の創始者）と知り合い、氷は食品衛生だけでなく解熱や火傷の治療など医療にも役立つことを教授され、国産氷の事業化に着手した。

いまでは「日本の製氷事業の創始者」としてのほうが有名だが、牛肉史と牛乳史を語るうえでも欠かせない人物である。江戸に屠牛場を作って販路を広げようと思ったのも、その後の食の西洋化と牛肉食の流行を予感したからだろう。

土地を貸すことを決断した堀越藤吉は名字帯刀の家柄の郷士で、福澤諭吉から「これからは日本人も大いに肉を食べないと外国人のように大きくなれないし、世界の人を相手に交換も商売もできない」と勧められたことが食肉界に入った動機だったというから、やはり時代の先を読んでいた。

だが、白金村に屠牛場を新設するときは、たいへんな騒ぎだったらしい。穢れないようにと青竹を四方に立て、御幣を結びつけて注連縄《しめなわ》を張り、そのなかにウシを繋いで撲殺。ほんの上肉だけを取って、残りはみな土中深く埋め、経を上げたという。こうして神仏の両方にすがり、なんとか穏便に済まそうとしたものの、三、四頭屠牛したところで近隣の村民から「村が穢れる」と苦情が出たため、大森海岸に引っ越す羽目になった。

実際、屠牛したものの、血抜きをしなかったため、肉は臭かった。日本人にはまったく売れず、腐る前に煮て佃煮にしたものを、慶応義塾の学生の賄い用に納入する程度。佃煮を慶応義塾へ持って行くときは、必ず門番がカチカチと切り火の儀式を行い、台所の内部には入れてもらえず、窓から手渡したという。

中川は英国公使館が置かれた高輪・東禅寺前に江戸で最初の牛肉店を開いたが、氷事業に本格的に乗り出すために、牛肉商売から手を引くことになり、権利を堀越藤吉に譲った。

従来の外国人相手ばかりでは利益があまりにも薄いため、堀越は一般にも牛肉食を普及させようと、芝露月町（現在の新橋駅から第一京浜に出たあたり）に牛鍋屋を開業した。これが江戸で元祖牛鍋屋と呼ばれる「中川屋」で、店頭には「御養生牛肉」と書いたフラフ（オランダ語で旗の意）を立て、軒には店名を肉の色をイメージさせる柿色で染め抜いた暖簾《のれん》をかけた。店内は真ん中が奥まで土間で、左右の壁に沿って三尺の床が設けられ、『明治事物起源』には「今の場末のそば屋という体裁なりき」と表現されている。

三尺は約九一センチだから、びっくりするほど高い座敷である。『明治事物起源』初版が出たのが一九〇八年（明治四一）。蕎麦屋が椅子とテーブルの導入をはじめたのは大正時代になってからだが、現在も老舗の蕎麦屋でやけに高い座敷を見ることがあるのは、その名残かもしれない。

「御養生牛肉」、すなわち牛肉は健康に役立ち、虚弱な人、病身の人や病後に食べれば気力が増し、身体を壮健にするとうたっても、最初は客が来ないどころか、通行人が店の前で鼻を押さえ、目を閉じて、逃げるように駆け抜けたそうだ。ももんじ屋の牡丹鍋をそのまま踏襲し、葱と一緒に醤油味や味噌味で煮た牛鍋は、現在のすき焼きよりはるかにシンプルな料理だった。

江戸・東京の貴重な歴史年表である『増訂武江年表』の一八六六年（慶応二）一二月の項には、「牛を屠りて羹《あつもの》とし商ふ家所々に出来たり、又西洋料理と号する貨食舗（註：料理屋のこと）所々に出来て、家作西洋の風を模擬せるものあり」とあるから、「中川屋」以外にも牛肉が食べられる店と、なんちゃってな感じのレストランがぽつぽつとできはじめていた可能性がある。また、以前からのももんじ屋が、牛鍋屋に鞍替えするケースも現れていたようだ。

ついに肉食解禁、牛肉は第一の滋養品に

これほど恐れられた牛肉食が、明治時代に入ると大ブームになった。きっかけは、一八七二年（明治五）、明治天皇が肉を食べた事実が『新聞雑誌』（木戸孝允の出資で発刊した新聞）に報道されたことだ。これが実質的な日本人の肉食解禁とされる。

だが、すでに時流は肉だった。

幕末に欧米人とはじめて接したサムライや公家たちは、日本とは隔たった西洋文明と、体格のあまりの違いに衝撃を受け、激しい劣等感を抱いたに違いない。

五三年（嘉永六）、浦賀に黒船四隻で来航したペリー司令官は身長一九〇センチもある大男だったのに対して、江戸時代の日本人の平均身長は成人男性で一五五〜一五七センチ、女性が一四三〜一四五センチだったといわれる。なかには福澤諭吉や坂本龍馬、大久保利通、西郷隆盛など、一七〇センチ以上あった有名人もいるが、彼らはきわめて例外。江戸時代の人がどれほど身長を気にしたかはわからないが、さすがに頭ひとつも差をつけられたら屈辱的だ。「外国人と日本人とでは、食べ物があまりにも違いすぎる。我々も肉を食べ、牛乳を飲まなくては大きくなれない」と、危機感を強く抱いたことだろう。

近世の日本人が小さかったのは動物性たんぱく質の摂取不足が原因とされるが、薩摩では早く

から豚肉食の習慣があり、薩摩藩の江戸上屋敷跡からも大量のブタの骨が出土している。一八〇センチ前後もあったと伝えられる大久保や西郷をはじめ、薩摩藩に大柄な藩士が多かったのは、豚肉を食べていたからではないだろうか。

幕府奥医師（将軍とその家族を診察した医師）の石川桜所、伊東貫斎、松本良順は六七年（慶応三）に、牛羊牧養の推進を訴える建白書を提出。逼迫した幕府の財政再建策として、西洋の牧畜法にならい、江戸近在の利便性のよい場所、あるいは不毛の原野で牛羊を放牧で飼育して殖やし、肉や乳製品、皮革を販売した利益を医学所で学ぶ学生の教育と外国伝習に充て、病院、棄児院、貧院等を建てることを進言した。建白書では次のように牛肉を奨励している。

「牛肉は人間食物最第一の滋養品にて、人身を養ひ、血液を補ひ、身體を健にし、勇気を増候もの故、殊に軍人には一日も欠くべからざる品に御座候」

これはまさに文明開化の牛肉観である。

この三人は蘭方医なのだが、そもそも江戸では漢方医学の勢力が絶大だった。奥医師も漢方医がほぼ独占し、幕府の医療行政を牛耳って蘭方医を弾圧していた。欧米の情報が堰を切ったように流れ出した幕末の四九年（嘉永二）には、その影響を食い止めるべく「蘭方医禁止令」が発令されたが、同じ年に長崎で牛痘種痘法（天然痘の予防注射）が成功し、蘭方医学の優秀性が無視できなくなった。

一三代将軍の徳川家定が脚気で重態に陥った五八年（安政五）七月、ついに「蘭法医解禁令」

が出されて伊東玄朴、戸塚静海が内科蘭医としてはじめて奥医師に登用された。それ以降は蘭法医学の勢力が拡大し、明治の新政府は日本の医療にドイツ医学を採用。医師免許は西洋医学を学んで国家試験に合格した者だけに与えられるようになり、漢方医学は前近代的な療術とみなされ、衰退の一途をたどる。

建白書を奏上したうちの一人、松本良順のことは「乳」の章でもふれるが、幕府方にいた「逆賊」ながら新政府に取り立てられて、初代陸軍軍医総監となった幕末・明治の名医である。戊辰戦争では奥羽列藩同盟軍の軍医として会津鶴ヶ城内の藩校、日新館に野戦病院を作り、負傷者に外科治療を施し、牛肉を与えて回復を促した。

負傷者の生命を救って回復を早めるため、農耕用の使役牛を食用に使うことを許可してほしいという良順の求めに、藩の重役が強硬に反対したため、藩主の松平容保に直接願い出て、やっと入手がかなったという。一方、新政府軍の負傷者が送られた下谷和泉橋（現在の神田和泉町）の病院食でも牛肉が使われた。

長く続いた徳川太平の世が終わり、いきなり勃発した大砲と銃による近代戦では官軍、旧幕府軍にかかわらず、漢方医学では歯が立たないのは明らかだった。強い兵隊を作るためにも、肉食の必要性が痛感されたことだろう。

肉食解禁と身分制度の解体

文明開化とは、すなわち西洋化だった。明治政府は欧米の科学と医学を全面的に取り入れ、西洋の「すぐれた」文明に追いつき、日本人の体格を向上させるために食の西洋化にいち早く着手し、肉を食べることが国策になった。

その先にあったのが脱亜入欧と富国強兵だったとはいえ、肉食解禁は食べ物による差別に終止符を打つ出来事でもあった。

「天皇肉食御奨励のこと我朝にては中古以来肉食を禁ぜられしに恐多くも天皇無請儀に思召し自今肉食を遊ばさるゝ旨宮内省にて御定めありたりと云（天皇は肉食をご奨励のこと。朝廷は中古の時代より肉食を禁じていたが、天皇は肉食を禁じる理由がないとお考えあそばして、これからは宮中で肉を食べることを定めた）」

天皇みずから率先して食べ、奨励したことに意味がある。七二年（明治五）発行の『新聞雑誌』正月号に掲載されたこの記事は、日本人の根強い肉食への抵抗感をやわらげ、同時に肉食を穢れとする観念を払拭するきっかけになった。

欧米のベジタリアンたちは、「肉食が権力の象徴であり、貧富の差、支配と被支配、男女差別などのさまざまな不平等を生み出したと考える」（鶴田静『ベジタリアンの文化誌』）のに対し、日本では逆に肉食を忌避する意識自体が身分差別を生み出していた。だから今日でも、日本の菜食を欧米と同じ文脈で読むことには無理がある。

新政府は六九年に江戸時代の士農工商の身分制度を廃止して皇族、華族、士族、平民に再編成し、二年後には「穢多非人ノ称ヲ廃シ身分職業共平民同様トス」との太政官布告、いわゆる「解放令」を出した。以下は当時の『新聞雑誌』から。

「穢多非人の称、中古肉食厳禁の令下りしより、之を屠りて之を食う者を卑下して、度外に置きしことと見ゆ、是即ち三韓粛慎任那より帰化の人民、彼風習にて猶禁ざれば賤視したるものか、近世西洋各国を始め肉食は身体滋養の第一等と定め養生究理極りしより、上至尊（註：天皇）を始め食せらるる上は、其の称廃せらるるは勿論のこと也」

肉食奨励が先で、そのためには蔑称撤廃が当然というのも人権意識が薄いし、実質的に身分差別が解消されることはなかったが、華・士族と平民の結婚、職業・居住・土地売買などの自由が認められようになり、いちおう四民平等が原則になったのは、封建時代より一歩前進だといえる。続いて七二年には僧侶の肉食・妻帯・畜髪が許可された。これによって仏教の殺生戒が完全否定されたことになる。

こうして肉食は次第に流行の波に乗っていって、士族のなかにも牧畜や食肉業、牛鍋屋や西洋料理店経営に進出する者が少なくなかった。そもそも明治政府みずから率先して畜産業と食肉業に乗りだし、民部省（のちの大蔵省）通商司が六九年（明治二）、築地に「牛馬会社」を設立した。

食肉、牛乳、乳製品の製造と販売を行う官営の会社で、幕府解体に伴って失業した武士たちに仕事を与え、救済するのが目的のひとつだった。

この牛馬会社のために福澤諭吉が執筆したプロパガンダである『肉食之説』を現代語で要約してみよう。

「ライオンやトラなどの肉食動物、ウシ、ウマ、ヒツジなどの草食動物とは違って人間は本来、雑食動物だから、肉類だけ、もしくは植物だけの食生活では、突然の病で亡くなったり一生涯を病身で過ごしたりと、心身とも虚弱になりやすい。ところが古来より日本人は五穀を常食し、肉類はめったに食べなかったから栄養が偏り、病弱の人が多くなってしまった。これからは牧畜を盛んにして肉を食べ、乳を飲んで滋養を補う必要がある。

肉食を穢れていると嫌うのは、つまるところ人間の法則を知らない無学文盲の空論でしかない。ウシやブタのように大きな動物を殺すのは抵抗があるというが、もっと大きなクジラは平気で食うではないか。動物を殺す様子を見て残酷だと思うなら、生きたウナギの背を割き、スッポンの首を落とすのは残酷ではないのだろうか。

ウシやヒツジは植物のみを食べ、水を飲むだけだから、その肉の清潔なことは言うまでもないことだ。よく考えてみると、世の中には不潔な食べ物が多い。日本橋名物の蒲鉾は溺死人を食ったサメの肉で作るし、黒鯛の潮汁は旨いといっても、船尾について人糞を食った魚である。春の青菜は香り高いが、一昨日かけた小便が葉に深く浸み込んでいる。牛肉と牛乳には臭気があるというが、カツオの塩辛も臭いし、くさやの干物の臭さといったらもっとも甚だしい。先祖伝来の糠味噌樽で、ウジと一緒にかき混ぜた茄子や大根はどうであろうか。

これらはただ慣れの問題だ。自分勝手な手前味噌が嘗められる口で、肉のスープが飲めないはずがない。

肉食のメリットに耳を傾けず、ただ日本の風習だから肉を食べてはいけないという者がいる。だが、いま我々が肉食を欠いたとしたら健康を損ね、生命力が低下してしまうだろう。これは国家的な損失だ。不健康を補う方法がわかっているのに、どうして対策を施さない道理があろうか。一家に病人が多いのは我家風と、医薬を用いないようなものだ」

さすがオランダ医学を学んだだけあって、ヒトは雑食動物という解説からして科学的で、日本の伝統食に対するケチの付け方がなんともユーモラスだ。食の欧化政策に福澤諭吉がイデオローグとして果たした役割は大きいが、だれが読んでもおもしろくて笑える文章を書けた人だから、庶民にも絶大な影響力を与えたのだろう。

また、福澤を含め、明治維新の指導層は下級武士だった者が大多数を占め、江戸時代の洗練された食事様式には疎遠だったために、伝統食の継承にはまったく関心を払わなかった。というより、むしろ伝統文化を否定し、やみくもに欧米食に走った。そして欧米食のシンボルになったのが牛肉で、キーワードになったのが「健康」と「滋養」だった。

牛馬会社を設立した政府は、各地に勃興しつつあった私設の屠牛場を禁止し、食肉商は牛馬会社から肉を購入しなければならなくなった。ところが社長の元福井藩士、由利公正以下、従業員の元武士たちはみな畜産や食肉の素人。役人風を吹かせるので出入りの商人には嫌われ、まさに武士の商法の見本でこれといった実績を残さないまま、赤字続きのため一年あまりで閉鎖し、私設の屠牛場が復活した。

フランス料理が日本の「正餐」になった

一八七一年（明治四）一一月四日、天長節を祝して外務省が在日外国人高官を招き、築地ホテル館で饗応したフランス料理の献立が、東京都公文書館に残っている。
築地ホテル館は、六八年（慶応四）に開業した日本で最初の本格的ホテル。場所は築地船板町の軍艦操練所の跡地、現在の中央卸売市場立体駐車場付近である。献立は一九世紀ヨーロッパにおける王侯貴族クラスの正餐を踏襲した絢爛豪華な内容で、八品目仕立てになっている。原本はすべてフランス語なので、かんたんな料理解説をつけてみた。

POTAGE　ポタージュ
　Purée de crevettes à la Bisque　小海老をすりつぶした古典的なビスク風のクリームスープ
RELEVÉ　ルルヴェ

Pouchées Saumon à la Génevoise　丸ごと茹でて冷やし、ムースやゼリーで覆って野菜などで飾りつけたサーモン
HORS D' ŒUVRE　オードヴル
Bouchées à la Béchamel　パイケースの中にベシャメルソースを詰めた温かい前菜
ENTRÉES　アントレ
Roast-beef au madére　マデラ酒ソースがけのローストビーフ
Tendrons de chevreuil à la Poivrade　胡椒風味のソースで煮込んだ鹿バラ肉
Canetons de volaille au Suprême　白いシュプレームソースを添えた家鴨肉
LÉGUME　野菜料理
Petits pois à l'Anglaise　グリーンピースのバター炒め
Céleri au Jus　タマネギやニンジンを加え、肉汁で煮たセロリ
RÔTIS　焼き肉料理
Pâté de gibier Truffé　トリュフ風味のジビエのパテ
Galantine en belle-vue　ゼリーを塗ったガランティーヌ
Gigot de mouton Rôti　羊もも肉のロースト
Chapons Truffés　肥育鶏のトリュフ風味ロースト
ENTREMETS　アントルメ

Pudding à la Diplomate　卵液に浸したブリオッシュまたはスポンジを型に詰めて湯煎焼きしたプディング
Macédoine de fruit au kirsch　賽の目に切ってキルシュ風味のシロップに浸した各種の果物
Nougat Monté　泡立てたヌガーのムース
DESSERT ASSORTI　デザート
　各種デザートの盛り合わせ

構成はオードヴルの前にポタージュとルルヴェ（いまでは消滅した形式で、一卓分の盛りつけ料理）があり、サラダがないのが特徴で、現在とは大きく異なっている。この時代に、いったいこれだけの材料をどうやって集めたのか、どれほどの費用がかかったのか、想像できないくらい驚異的なコース料理だ。なお、築地ホテル館は翌七二年（明治五）に発生した銀座大火であえなく消失し、料理長だったルイ・ベギューはその後、横浜グランドホテル初代料理長、神戸オリエンタルホテルのオーナー兼料理長などを歴任し、ホテルレストランの基礎を作った。多くの日本人コックを育て、「日本のフランス料理の父」と呼ばれる。

肉食が報道された翌年の七三年九月八日、明治天皇は来日したイタリア王族、ジェノバ公のトンマーゾ・アルベルト・ディ・サヴォイアのためにフランス料理の午餐を開き、はじめてのホスト役をつとめた。

このときから外国の賓客の接待はすべてフランス料理で行われるようになり、政界・財界の上層部も追随した。不平等条約改正に向けた外交政策の要になる社交場、鹿鳴館が完成したのが八三年（明治一六）。それから四年間、西洋式の夜会や舞踏会がここでよなよな繰り広げられた。驚くべき急ピッチ、おそるべき欧化熱である。

外交史料館が所蔵する八四年の天長節晩餐会メニューは以下の通り。

生蠣　檸檬附（生ガキ　レモン添え）
羹汁　犢頭製（ウインザー風ポタージュ）
魚肉　鯛蒸煮馬鈴薯付（タイのグラタン　コルベール・ソース）
獣肉　牛背肉蒸焼洋菌製（牛フィレ肉のペリゴール風）
鳥肉　鶉蒸焼洋菜製（ウズラのセロリ・ピュレ添え）
鳥肉　雉子蒸焼冷製（キジフィレ肉のアスピック）
ポンシュ　洋酒氷製（洋酒のシャーベット）
鳥肉　七面鳥蒸焼　サラード（七面鳥のローストとサラダ）
蔬菜　青豆英吉利製（グリーンピースのバター和え）
製菓　梅入蒸製（プラム・プディング）
氷製菓　加非入製（コーヒーのアイスクリーム）

料理長は日本人の藤田源吉。メニューがフランス語だけだった七一年版にくらべ、料理名がすでに翻訳され、漢字が使用されているところに、長足の進歩を感じる。しかし、なんとも贅沢なフルコース。「牛フィレ肉のペリゴール風」といえば、ソースにトリュフとマデラ酒をふんだんに使った、いまのフレンチでもトップクラスの最高級料理である。

ひたすら西洋を模倣しまくった鹿鳴館には哀しいまでに滑稽な印象があるが、日本人の異文化受容の能力、とくに欧米食を取り込む力には感心する。鹿鳴館の夜会を「猿真似」と嘲笑した外国人も、料理のおいしさは高く評価していたらしい。

だが、一斉を風靡した川上音二郎のオッペケペー節は、うわべだけの欧化主義をこんなふうに笑い飛ばしている。

「何にも知らずに知った顔、むやみに西洋鼻にかけ、日本酒なんぞは飲まれない、ビールにブランデーベルモット、腹にも馴れない洋食を、やたらに食ふのも負け惜しみ、内証でそーッと反吐《へど》ついて、真面目な顔してコーヒ飲む、おかしいねえ、オッペケペー、オッペケペッポペッポーポー」

牛鍋食べなきゃ時代に遅れるぞ！

こうして上層部が欧化熱に取り憑かれ、肉食と西洋料理に習熟しようと必死に頑張っていた頃、庶民はどうしていたかというと、文明開化の代名詞、牛鍋ブームに湧いていた。

江戸最初の牛鍋専門店の「中川屋」が開業し、客がまばらだったのは一八六七年（慶応三）。わずか四年後の七一年（明治四）に出版された仮名垣魯文の『安愚楽鍋』は、巻頭で「士農工商老若男女賢愚貧福おしなべて牛鍋食わねば開化不進奴《ひらけぬやつ》」と強気で断言する。

「日本人はみんな牛鍋を食べないと時代に遅れるぞ」と、読む人を恫喝《どうかつ》するこの有名なコピーは、一九九〇年にはじまる爆発的なティラミスブームのきっかけを作った『Ｈａｎａｋｏ』の特集タイトル、「いま、都会的な女性は、おいしいティラミスを食べさせる店すべてを知らなければならない。」となんら変わらない。味は二の次、「新しい」ことがなにより優先され、流行風俗として食べ物を消費するファッションフードの明治第一号が、牛肉と牛鍋だった。

『安愚楽鍋』は、堕落個《なまけもの》、鄙武士《いなかぶし》、生文人《なまぶんじん》など、牛肉店に集まるいろいろなタイプの庶民の雑談から、文明開化の世相を描き出す滑稽小説。西洋かぶれの三四、五歳の男はこんなことを得々と喋っている。

「牛は至極高味でごすネ。この肉がひらけゃあ、ぼたんや紅葉はもう食えやしない。こんな清潔

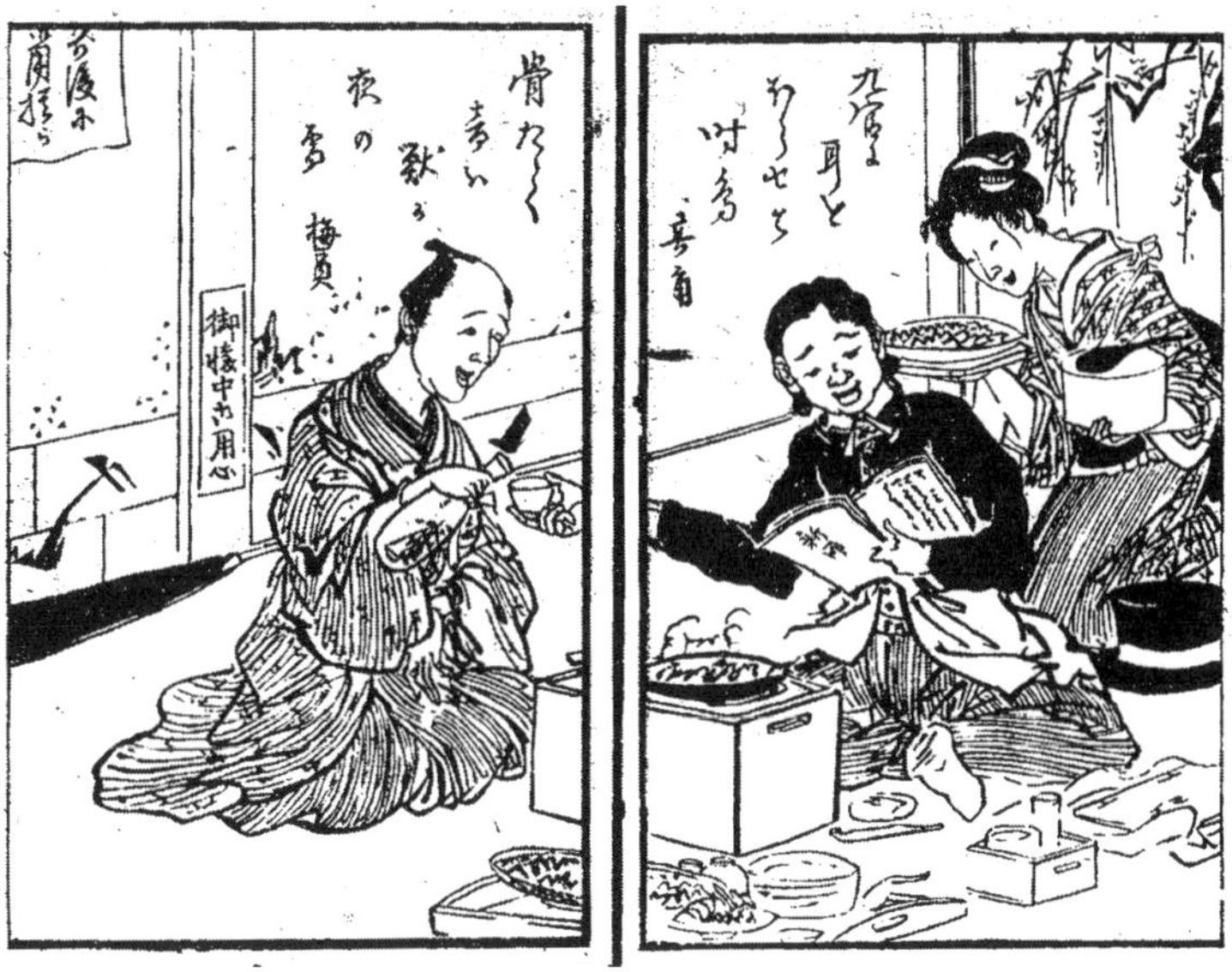

『安愚楽鍋』より

なものをなぜいままで食わなかったんでしょう。それをいまだに遅れた奴らは、肉食すると神仏に手を合わせられないだの、穢れるだのと、野暮なことをいっているのは究理学（註：サイエンスの意）を理解しないからで、そんな田舎者には福澤の書いた肉食之説でも読ませたいね」

一八二九年（文政一二）、江戸京橋の魚屋に生まれた仮名垣魯文は、ももんじ屋の牡丹鍋が大好物だったそうだ。維新でみずから牛肉好きに宗旨替えしたのだろうか。庶民の出の戯作者だったが、なぜか西洋文化と風俗にも精通し、『安愚楽鍋』出版の翌七二年には日本初の翻訳西洋料理書である『西洋料理通』も出している。

この本はカレーのレシピが日本ではじめて紹介されたことで有名だが、なによりすごいのは各料理の解説が、料理名・材料表・作り方の三部構成になっていることと、材料には分量が、作り方には材料の切り方やサイズ、煮炊きの時間まで詳述されていることだ。この記述形式はその後の料理書の主流になって、今日のレシピ本に受け継がれている。

牛肉の流行で江戸のジビエ文化は後退したが、牛鍋の作り方は牡丹鍋をそのまま流用し、ぶつ切りか薄切り（といっても五ミリ〜一センチ程度と現在よりかなり厚め）の肉と五分（約一・五センチ）に切った葱を味噌と一緒に薄手の鉄鍋でジャッジャと炒め煮したらしい。当時は年を取って役に立たなくなった使役牛がそのまま使用されたので、脂が少なく噛み応えが強かっただろう。

濃厚飼料を与えて肥育し、使役牛を肉牛として仕上げてから出荷する方法がはじまったのは明治一〇年代後半。肉の質が向上するにつれ、牛鍋の料理としての完成度も高まっていったが、最初はなんといっても滋養がセールスポイント。七四年に刊行され、明治維新に湧く東京の世相を漢文で戯作調に描き、大ベストセラーになった『東京新繁昌記』でも、牛肉の効能が大真面目に語られるところからはじまる。現代語に訳すとこんな感じ。

「牛肉は日本人にとって開化の霊薬にして、文明の良剤である。精神を養い、腸胃を健やかにし、血脈を補い、皮肉を肥やしてくれる。この霊薬は口に甘く、良剤は腹によろしい。即効果があるのは、食べればわかる。病人に用いれば、どんなに頑固な症状でも一鍋で気力が興り、一〇鍋食べれば完治するだろう……」と、どんどんオーバーになって、最後はコント調で大団円を迎えるのだが、「牛肉店が東京に登場したのは最近のことだが、もう数え切れないほど増え、すでに鰻屋を圧倒し、山鯨を呑み込み、その看板を見ない街はない。肉の流行は汽車に乗って命令を伝えるより速い」と、当時できたばかりの鉄道以上の速度で流行中だといっている。

牛肉店は急速に増え、七五年（明治八）に発行された流行番付には、約七〇軒もの名前が並んでいる。大関の四谷見附「三河屋」は、「東京一の牛屋」と評判の高かった店。七七年一一月八日の『朝野新聞』は、東京府下の牛肉屋が五五八軒と報じている。

たったの一〇年でこの数、恐るべき猛スピード。食べ物のはやりすたりを繰り返し、食の流行を数多く生み出してきた日本人だが、これだけ急速に普及した流行食は他に類を見ないのではないだろうか。

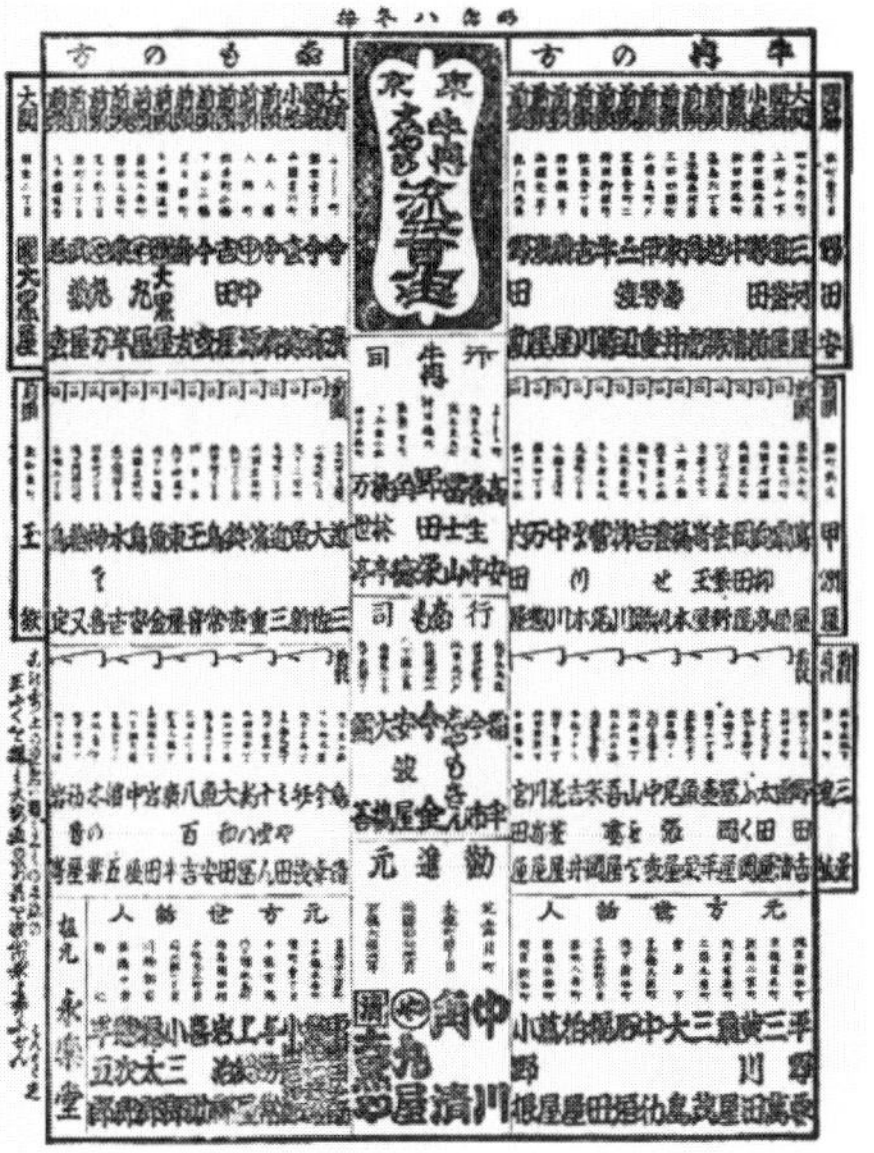

一八七五年の東京府下の牛肉店流行番付「牛肉しゃも東京流行見世」

初期の牛肉店は「牛肉」と朱色で書いた旗を、竿の頭にかけて高く掲げているのが目印。肉には並とロースの二等級があり、ロースは並の二、三銭増し。また、牛肉を葱と煮る並鍋が三銭五厘、鍋に脂身肉を敷いてから煮る焼鍋が五銭。明治一〇年頃のざる蕎麦が八厘だから、これを立ち食い値段の三〇〇円に設定すると、並鍋で現在の一四〇〇〇円ぐらいになる。けっして高くないが、牛肉店に上がれない貧乏人相手に、屠牛場で入手した屑肉や腐りかけた肉、馬肉や犬肉などを竹串に刺し、大鍋で煮込んだ肉串を辻売りする露店がほどなく現れた。明治も中盤になると、牛鍋の味つけは割り下と呼ばれる醤油のタレに統一された。ザクは葱一種だけで、生卵はつけなかった。東京の牛鍋が関西のすき焼きに駆逐されるのはずっと先、関東大震災後のことである。

外食チェーンの元祖「いろは牛肉店」

数ある牛肉店のなかでも、明治の外食業界でもっとも大きな勢力を誇り、牛肉の黄金時代を築いたのは「いろは牛肉店」だろう。一九〇七年（明治四〇）に書かれた夏目漱石の小説『虞美人草』に、「蕎麦屋に藪がたくさん出来て、牛肉屋がみんないろはになる」という一文があるように、「いろは」は本支店合わせて東京市内に最大時で二一軒もあった。しかも蕎麦屋の「藪」のように暖簾分けでなく、全店を同じ人間が経営していた。日本の外食チェーン店の元祖である。

創業者の木村荘平《しょうへい》は、「東洋煙草大王」と自称してのちに養豚業に進出した岩谷松平、名ジャーナリストにして清涼飲料水の仕掛け人だった岸田吟香と並び、マルチな活躍をした明治の食の「三偉人」、あるいは「三奇人」と呼びたい。

いろはチェーンシステムの異様で、また世間の注目を集めたのは、各店を社長の妾たちが女将として管理していたことだ。当時はまだ妻妾同居も珍しくなく、妾を囲うのは男の甲斐性と許されたとしても、いくらなんでも多すぎる。しかも、彼女たちが生んだ子どもが男一三人、女一七人の計三〇人。なぜ、いろはと命名したかといえば、四八店を目指したからで、その精力絶倫ぶりは、牛肉の薬効の説得力ある実例になったろう。

三人の車夫が曳く真っ赤な人力車に乗って二〇軒をまわり、集金するのが日課の木村荘平は、五尺七寸（一七二センチ）、二四貫（九〇キロ）という、当時としては図抜けた巨漢。派手な車で店から店へと走るその姿はまさに動く広告塔で、宣伝効果抜群だった。

明治中後期の牛肉屋は、一階に帳場と肉売場があり、二階が座敷になっていて牛鍋をメインにビフテキやオムレツなどの一品洋食も出す店もあった。

いろはも同様の造りだったが、どの店も二階のガラス窓は黄・赤・緑・青・白の市松模様なのがトレードマークで、芝、日本橋、京橋、神田、六本木……と市内各所の目抜き通りに立つハイカラな店は、東京名物として親しまれたという。料理を運ぶ女中たちの服装を木綿の着物にたすき掛け、黒襟、前掛けに紺色の足袋で統一し、ユニフォームにしたのも斬新だった。材料の一括仕入れによるコスト削減で値段も安かったので、大繁盛店になった。

いろはは興隆の時期は、ちょうど井上馨が外務卿として欧化主義を激しく進めていた時期に重なる。文明開化の熱気から、過激な人種改良論まで飛び出した。

井上は、日本人が世界の仲間入りをするには小さな体躯を改良するだけでなく、西洋人の種を入れて根本的に人種を改良することが急務と唱えた。これに感化されて一八八四年（明治一七）、福澤諭吉の門下生で時事新報社説記者、高橋義雄が『日本人種改良論』を刊行し、欧米人との雑婚を進め、人種を改良しなければならないと主張したのである。

これに対し、のちの帝国大学総長、加藤弘之は最新のダーウィニズムを引いて、雑婚によって優れた人種ができたとしても、それは人種の「改良」ではなく「変更」であり、日本人の血が絶えると批判し、メディアで人種改良論争が起こった。

論争とはいっても、ともかく全員が欧米人は優等人種、日本人は劣等人種と考えているのが前提なのである。強烈なコンプレックスと裏返しの敵愾心《てきがいしん》からの屈折した優生学はその後、アジアの隣国に日本人より「下」の「劣等人種」を見出すことになると思うと、目くそ鼻くそを笑うような論争だが、それほど西洋より劣っているという意識は深刻だったのである。

そんなエリートの苦悩はよそに、時流に乗った庶民が飛びついた牛肉と牛鍋ブームをうまく捉え、業界トップに君臨したのが木村荘平だった。

木村は四一年（天保一二）、京都・宇治の裕福な農家の長男に生まれた。幕末に伏見で薩摩藩の御用商人となり、維新後は神戸で製茶貿易業などに携わっていたが、元薩摩藩士で初代大警視（のちの警視総監）の川路利良に請われて七八年（明治一一）に上京し、屠場の監理を任された。

当時、屠牛や売肉に関する規則は警視庁が定めていたが、衛生面でのトラブルも多く、警察行政のなかで厄介な問題だったという。その年に暗殺された大久保利通の肉食推進、畜産振興の遺志を受け継いだ川路が、伏見・鳥羽の戦いで見込んだ木村に声をかけたという経緯だったらしい。いくら食肉業が先端を行く商売になったとはいっても、まだまだ忌み嫌う風潮が強かった時代、このときから木村は前人未踏の分野にどんどん切り込んでいく。

屠畜業に関しては、千束にあった警視庁直轄屠場の民営化を手始めに、後年、東京の家畜市場を掌握するにいたった。その屋台骨があったから、本部一括仕入れによる薄利多売のチェーン式多店舗経営が可能だったわけだ。

実は牛肉店の前、木村が最初に開いたのは羊鍋屋だったらしい。場所は薩摩藩邸があった三田四国町（現在の芝三丁目）。大久保利通が羊毛の国内需給を目指し、開設した下総牧羊場から出た羊肉の有効利用を図った店だった。さすがに匂いに癖が強すぎるため、羊鍋はまったく受けなかったが、この失敗を糧に八一年（明治一四）頃、店を牛肉専門に切り替えたところ、大当たりした。いろはの第一店舗目である。また、日本で最初の競馬会社を興し、三田四国町の育種場（官営の種苗会社で牛馬の改良も行った）で洋式競馬を春と秋に開催した。天皇や皇族、政府高官が観覧に訪れる、華やかな社交場だったという。

ほかにも、日本麦酒醸造会社（現サッポロビール）社長に就任したり、芝浦に大規模海浜リゾート施設を開発したり、精糖会社と肥料会社を設立したり、東京市会議員をつとめたりと、実業家・政治家として八面六臂の仕事をしたが、なかでももっとも異色だったのが、日暮里に近代的設備を備えた赤レンガ造りの斎場（火葬場）を開設し、会社組織「東京博善」にしたことである。

それ以前の火葬場は掘った穴に薪を入れて焼く江戸方式を引き継いでいたが、焼却時間を短縮する火葬炉と棺を動かすレールを考案し、現代の斎場のルーツになった。

屠場も斎場も、死に関わるビジネスなのは、たんなる偶然ではないような気がする。両方に付随する因襲的なイメージを近代化したかったのか、あるいは人の嫌がる仕事で儲けようというベンチャー精神だったのか。ユニークすぎる人物だったことはたしかで、山田風太郎の明治小説の一篇『いろは大王の火葬場』にも取り上げられている。

木村は一九〇六年（明治三九）に亡くなり、家業を継いだ長男（養子）の荘蔵が放蕩をして、あっという間にいろはグループは没落した。だが、三〇人の子どもからは、作家（木村曙、木村荘太、木村荘十）、学者（木村荘五）、奇術師（木村荘六）、俳優（木村清子、木村荘七）、編集者（木村宗九）、画家（木村荘八）、映画監督（木村荘十二）を輩出した。木村荘八には、生家のいろは第八支店を描いた油絵「牛肉店帳場」があり、ハイカラな店の雰囲気をいきいきと伝えてくれる。

「牛肉大和煮」と養豚の相関関係

明治政府の肉食導入のバックボーンは富国強兵政策だっただけに、軍隊が牛肉を取り入れるのは早く、支給量も多かった。海軍はみずから屠牛して明治初期から使用し、陸軍も追随した。

宮崎昭『食卓を変えた肉食』によると、一八九四～九五年（明治二七～二八）の日清戦争、一九〇四〜〇五年（明治三七〜三八）の日露戦争では、将校には牛肉を一日一人当たり三〇〇グラム、兵卒は一八七・五グラムが支給されたという。

一九〇六年初版の『食肉衛生警察』を見てみると、一九〇〇年（明治三三）の日本人一人当たり年間畜肉消費量は、わずか九一二グラムである。東京の消費量は一一一六グラムと全国平均よりだいぶ多いが、一日分で計算すればたったの三グラム強。それに比べて、なんと軍隊食の豪勢だったことか。

牛鍋が流行したとはいっても、食べない人はまったく食べない。その落差が激しかったのが、明治時代の肉食事情だった。いつも下宿で友人たちと金を出し合って牛鍋を作り、一〇銭分の細切れ肉を七、八人で分け合っていた夏目漱石は、親戚に大学の卒業祝い（ということは明治二六年）をしてあげようと言われ、即座に「牛肉を腹いっぱい食べてみたい」と答えたそうだ。

牛肉を腹いっぱい食べることは、日本人の長年の悲願だった。それがついに達成されたのは、輸入自由化で海外の安い牛肉が入ってくるようになった一九九〇年代。早くも明治二〇年代に漱石のような牛肉大好き青年が現れているわけだが、本当に実現するには一〇〇年もかかったことになる。

同書には一八九〇年における各国の消費量も紹介されている。一位はオーストラリアで一一一・六キロ、二位はアメリカで五四・四キロ、三位がイギリスで四七・六キロ。つまり将校の支給量はオーストラリア並み、兵卒でもアメリカを上回る。日清・日露とも兵に脚気患者が多数出たことから考えると、実際にそれだけの量を食べていたかは疑わしいが、戦争によって牛肉の需要が急増したのはたしかで、おもに缶詰に加工された。

牛肉缶詰、略して「牛缶」にはコンビーフのような塩味や、ただの水煮もあったようだが、軍隊で重用されたのは米飯のおかずになる「大和煮」だった。

大和煮とは牛肉を醤油、砂糖、ショウガなどで煮た佃煮の一種で、いまでも牛肉の缶詰ではコンビーフと並んで根強い人気を保っている。ごくありふれた味つけなのに、缶詰になったときだけ「大和」という勇ましい名前がつくところがいかにも軍隊調だが、はじめて肉に和風の味つけが施された記念すべき国産缶詰第一号でもある。

日清戦争時は悪徳商人が牛肉のかわりに馬肉や他の獣肉を混入させたり、小石を詰めて目方を水増ししたりの不正品が続出したため、九六年（明治二九）、深川越中島に陸軍専用の缶詰製造場（のちに陸軍糧秣廠《りょうまつしょう》）が設立され、軍みずから製造するようになった。

缶詰用の消費金額が日清戦争の約九倍に跳ね上がった日露戦争時は、牛肉の値段が暴騰し、庶民の手には届きづらくなってしまった。かわりに浮上したのが、馬肉と豚肉である。

東京で馬肉専門の鍋屋は、下町の浅草、本所、深川、下谷を中心に約三〇〇〇軒に増え、庶民の人気を集めた。

馬肉の鍋は「桜鍋」と呼ばれ、やや甘口の味噌ダレで煮るのが定石。「馬力をつける」というぐらいで、馬肉には精力増強効果と、花柳病（性病）を予防する効力があると信じられ、遊郭が

『風俗画報』より
1896 年

あった吉原付近には約二〇軒以上もが軒を連ねていたそうだ。

ウシに大差をつけられていた養豚がやっと勢いづくのは明治の終盤。養豚は餌にホテルなどから出る残飯を利用し、都市部から盛んになった。農村では糞尿を肥料として使うために一、二頭飼う程度の副業だった。

みずから赤服に赤足袋という派手な衣装で赤い馬車を乗り回して大声で宣伝し、新聞・雑誌に派手な広告を打って「天狗煙草」を大ヒットさせ、日本の煙草をキセルから紙巻きに変えたといわれる「岩谷天狗」こと岩谷商会社長の岩谷松平は、煙草が専売になった一九〇四年（明治三七）以降は養豚業に転身。今度は「豚天狗」を名乗り、渋谷の猿楽町に一万三〇〇〇坪の土地を購入して邸宅兼豚舎を建て、常時二〇〇頭を飼育し、一〇数軒の豚肉店を開いて普及に努めた。

「わが国は今日の作付面積以上には、容易に拡張の余地を見出すことはできない。そこで増反と同じ効果を上げ、天災の影響を受けない方法として、全国の農家に必ず一、二頭の豚を飼うことを国法として義務を負わすのが急務である。

雑食の豚は牛と違って食物の廃物で飼育できるので別段の資金は必要としない。繁殖力が高く、一年に二回、一回に平均六頭の子を生むのでどんどん増え、糞尿は田畑にとって絶好の肥料になる。肉を茹でて塩漬けにしておけばいつまでも貯蔵ができ、心強い食料になる。

西洋諸国では豚の価格は牛肉より常に高い。それは豚肉が唯一の好食料で、味も滋養もともに牛肉の及ぶところではないからである。その需要は今後ますます増加し、価格は容易に下落すると思われない。養豚事業が普及すれば農業が潤い、それとともに商工が盛んになり、国家富強の基礎が築かれるだろう」

これが岩谷松平の養豚論の概要。薩摩が出身地だったので、ブタの味には親しんでいたのだろう。「いろは」の木村荘平と並ぶ明治の名物実業家だった岩谷は、妾の数でも木村に負けず、渋谷の邸宅で公然と妻妾同居させ、子どもはなんと五三人もいたらしい。

一九一〇年（明治四三）というから、岩谷が六〇歳頃に生まれた子息の吉田吉之助は、いまも水道橋、渋谷、日比谷と丸の内にある「かつ吉」の創業者。また、父親が岩谷商会の総支配人だった映画監督、山本嘉次郎は料理随筆の名手でもあり、『日本三大洋食考』でポークカツレツとトンカツの違いを「肉が薄くて、ウスターソースをジャブジャブかけて、ナイフとフォークで食うのがポークカツであり、肉が厚くて、トンカツソースがかかっていて、適宜に切ってあって、箸で食うのがトンカツなのである」と、絶妙な解説をしている。

ちなみに、国産ウスターソース製造が盛んになったのは明治三〇年代から。見た目が醤油そっくりで、甘辛でほんのり酸っぱいウスターソースの味が日本人の味覚と親和性が高く、米飯ともマッチしたことが、洋食の普及を促進した。

三井物産を創設した益田孝も大正のはじめ、養豚が生み出す利益を解説して奨励するパンフレットをみずから書き、農家に配布した。この益田孝の次男が、「ワイフ貰ってうれしかったが、いつも出てくるおかずはコロッケ、今日もコロッケ、明日もコロッケ」ではじまる流行歌、「コロッケの唄」を作詞作曲した大正時代の喜劇作家、益田太郎冠者だ。

「コロッケの唄」は、もともとは一九一七年（大正六）に帝国劇場で上演された女優劇『ドッチヤダンネ』の劇中歌で、この曲の大ヒットでコロッケという食べ物が全国的に知れ渡り、やがてイモコロッケが家庭の惣菜として定着するきっかけを作った。

ちなみに『ドッチャダンネ』の主役を演じた帝劇のスター女優、森律子の姉は岩谷松平の長男松蔵に嫁ぎ、その縁で森律子の養女になった岩谷松平の孫娘、森赫子《かくこ》は溝口健二監督の『残菊物語』で花柳章太郎の相手役を演じた花形新派女優だった。一九五六年（昭和三一）の年間ベストセラー総合八位に入った森赫子の自伝『女優』には、ブタを飼っていた当時の渋谷岩谷邸の様子が描かれている。明治大正期の有名人は、何かしらどこかでつながっていることが多いものだ。

豚肉食が奨励された大正時代

豚肉食が庶民に浸透するのは明治末期から大正時代にかけてである。残飯を餌に育つので嫌う人も少なくなかったが、食べてみると意外に旨く、一九〇五年（明治三八）に牛ヒレ肉一〇〇匁《もんめ》（三七五グラム）が七五銭、ロース肉が六五銭だったのに対し、豚肉は上等肉でも三〇銭と安いことも需要を伸ばした。また、大正初期のコレラ流行で警視庁が魚介類の生食を禁止したことも、豚肉の消費を伸ばしたといわれる。

いっせいに出版された家庭向けの豚肉料理レシピ本のなかでも定評があり、「豚肉料理を普及させた料理書」として知られているのが、一九一六年（大正五）刊行の『田中式豚肉調理法』である。東京帝国大学教授の農獣医博士、田中宏が焼物、茹物、煮物、煎物、汁物、揚物、蒸物、和え物・酢の物、鍋焼物、嘗物、肉飯、肉饅頭、鍋物、細切肉及頭肉料理、内臓料理、脳脊髄料理の一六カテゴリーに分けて一〇〇品のレシピを紹介する大著だ。

豚肉料理の可能性があの手この手で追究され、黎明期のレシピとしてたいへん興味深い内容なのだが、序文が「富国強兵は国家存立の基礎にして、又国威発揚の要素なり」という一文ではじまるのには驚いた。

「立派な体格、旺盛な体力、強い忍耐力には肉食が不可欠。飼いやすく成長の早い豚肉の食用習慣を一日も早く養成して国家有事に備え、畜産業振興を富国強兵に役立てたい」という思いから、博士は豚肉料理研究に勤しんだのである。ウシがブタに変わっただけで、肉食の目的は明治維新からなにも変わっていない。

一方、明治の後半から、都市に気楽な洋食屋が増えていった。芸妓による遊興と酒の応酬が煩わしい日本料理に対して、西洋料理での会合は簡易なのが歓迎されて広まっていったと、柳田國男は『明治文化史　風俗編』に書いている。

お国のために食べたかどうかはわからないが、明治の庶民が和食の調理法を崩さない牛鍋という形で牛肉を受容したのに対し、豚肉は西洋料理に和風の材料や調理法を折衷した洋食という形でじわじわと浸透していった。

豚肉消費量は一八八三年（明治一六）に年間一人当たりたったの四グラムだったのが、昭和初年には五〇〇グラムを超える。一九一七年（大正六）に海軍が兵食にハムを採用し、第一次大戦で日本に収容されたドイツ人捕虜のハム・ソーセージ職人数名が解放後にも日本に残り、技術指導者として活躍したことで品質が飛躍的に向上し、大正時代にハムやベーコンの需要が上昇した。しかし、なにより大きかったのは、洋食屋のポークカツレツやポークカレーなどが庶民料理として普及したことだ。

カツレツはフランス料理の「コートレット」がルーツといわれる。薄めにスライスした仔牛の骨つき背肉に非常に細かいパン粉を付着させ、ひたひたのバターやオイルを敷いたフライパンで炒め焼きしたものである。現代のフランス料理ではまったくといってよいほど作られず、むしろイタリア料理の「ミラノ風カツレツ」や、オーストリア料理の「ウィンナ・シュニッツェル」に原型を見ることができる。

初期のポークカツレツの肉は薄切りだったが、次第に現在のような厚切りに変わって昭和前期に「トンカツ」が成立した。トンカツ完成のカギはたっぷりの油で揚げるという調理法の転換と、厚めの衣、とりわけ柔らかくて大粒のパン粉にあった。肉の水分が衣の中に封じ込められ、パン粉もサクサクとおいしく、炒め焼きするより格段にあっさり食べられる。天ぷらのように衣自体を味わえるようになり、コロッケ、メンチカツ、エビフライなどフライ料理が発展した。パン粉は一九一六年に早くも商品化されている。

前述の山本嘉次郎は一九〇二年（明治三五）生まれだから、ポークカツレツからトンカツが派生していく様子を同時代人として体験したのだろう。『日本三大洋食考』では、ウスターソースをジャブジャブかけるものになっていたポークカツだが、元祖といわれる銀座の「煉瓦亭」が一八九九年（明治三二）に創案した当初は、薄切り豚肉を使用し、上にはデミグラスソースをかけて温野菜を添え、パンと一緒にナイフとフォークで食べるスタイルだった。それが早くも五年後には付け合わせがキャベツのせん切りに変わり、ウスターソースをかけてご飯で食べるスタイルに転換している。

一九一八年（大正七）、ついに屠畜頭数でブタはウシを追い越した。といっても、ウシ一頭からはブタの五倍程度の肉がとれるので、一人当たりの年間牛肉消費量は、明治末期で六一〇グラム、大正一五年で一一五〇グラム（畜産振興事業団資料）と豚肉よりかなり多く、依然として肉のスターは牛肉だった。カツレツも大正時代までは、ビーフとチキンのほうが一般的だったといわれる。

尖端文化とアメリカニズム

「維新以来国民の生活漸次向上し、又世界大戦後に於ける社会組織の激変は益々奢多の風増長し、各人出先にて食事を摂るを普通とするに至りしかば、各都市とも飲食店の繁昌驚くばかりにて、東京市内の如き五歩に一亭、十歩に一楼の観あり。大正十二年八月に於ける東京市内及び附近町村のものを合算すれば、西洋料理店五千軒、支那料理千軒、西洋料理を兼業するもの千五百軒に及ぶべく、日本料理店の如きは実に二万近くの巨数に上るべし」

これは一九二五年（大正一四）に発売された『美味求真』からの引用。当代きっての美食家として知られた貴族院議員、木下謙次郎による日本初の本格的食の随筆である。大正一二年八月といえば関東大震災が起こる直前だが、東京の外食事情はここまで来ていた。

第一次世界大戦（一九一四〜一八）はそれまでの国際政治の均衡を崩し、文化面にも革命的な変化をもたらして、ふたつの新しい型の文化が台頭することになった。ひとつはソビエトを母胎とした社会主義文化、もうひとつは「最大の成金国」と呼ばれたアメリカの資本主義文化である。

前者の影響は進歩的インテリゲンチャと労働者階級に限定されたのに対し、映画やジャズ、ダンス、スポーツ、自動車、だぶだぶのセーラーズボンや短いスカートといったファッションとともに到来したアメリカの大衆消費文化は、圧倒的な影響力で日本の風俗をアメリカ化していった。雑誌には「モダン」と「尖端《せんたん》」の語が溢れ、若者はアメリカを目標に追いかけた。東京では着飾って銀座をぶらつく「銀ブラ」が、大阪でも道頓堀の「道ブラ」と心斎橋の「心ブラ」がモダンライフの象徴になり、西洋料理店や洋食屋に加え、カフェ（あるいはカフェーと伸ばして表記する場合も多かった）が大流行した。

大正から戦前にかけて、全国で一斉を風靡したカフェは、コーヒーだけでなくアルコールも揃え、洋食を食べさせる。というより、飲み物だけでは居座りづらく、トンカツの一皿ぐらいは注文しなければならない。初期のカフェは、仕事帰りや散歩の途中に、おしゃれなインテリアと雰囲気の中でゆっくり歓談しながら食事と飲み物を楽しむ、いまでいうカジュアル・レストランの役割を担って出現した。

一九一一年（明治四四）、京橋日吉町（現在の銀座八丁目）に開店した東京のカフェの草分け「カフェー・プランタン」は、芸術家が集うフランス風の文化サロンといった高踏的な雰囲気だったが、次第に飲食から女給（ウェイトレス）のサービスに、カフェの目玉が移っていってしまった。二三年の関東大震災以降は過激な「エロ」サービスを行う店が増え、ほとんど性風俗産業と化したが、上品なカフェではレベルの高い洋食を提供した。

その洋食にも、アメリカの影響が顕著に現れた。エロ・グロ・ナンセンス全盛期の銀座を克明に記録した安藤更正の『銀座細見』（一九三一）は、こう宣言する。戦前に、こんなカルチャーシーンがあったのだ。

「昨日までの銀座は、フランス文化、すなわち欧羅巴文化の光被の下にあったのである。ところが、今日の銀座はそれと面目を全く異にしている。今日の銀座に君臨しているものはアメリカニズムである」

「まずそこのペーヴメントを踏む男女を見るがいい。かれらの扮装は、彼らの姿態は、いずれもアメリカ映画からの模倣以外に何があるか。（中略）今日銀座のレストランに最も多いのはフランス料理に非ずして、水を以て葡萄酒に代えるアメリカ風ランチである。至るところのカフェに鳴る音楽はアメリカ好みのジャズである」

「今やアメリカである。成金国アメリカに起った百パーセントの資本主義文化である。(中略)高度に発達した機械主義によるマッス・アンド・スピード・プロダクション・テエイラリズムの適用による能率主義産業の合理化、アメリカはその計るべからざる資力を擁してまず戦後の疲弊恢復せざるヨーロッパを征服し、さらに全世界を征服した」

「日本おけるフランス好み、銀座におけるフランス趣味は、今やそれが一片の過去への追懐の情に止り、やがてはかの江戸趣味に対するように低徊的なものになってしまうであろう。これに代るものは大資本と、スピードと映画のアメリカニズムだ。日本人の多くは、今やアメリカを通じてのみ世界を理解しようとしているのだ」

昭和モダンのファッションフード

アメリカ料理の流行が顕著になるのは、関東大震災の復興期からだ。

昭和前期に人気を博したグルメガイド『大東京うまいもの食べある記』(昭和八年度版)は、巻頭のはしがきで一般向けの食べ物屋を分類し、それぞれに解説をつけている。店種は日本名の部と洋名の部に分かれて二七種も挙げられ、飲食店の業態がかなり細分化していることに驚かされる。いくつか引用してみよう。

○西洋料理屋：日本料理に対し、洋食を食べさせるところで、洋風の卓、腰掛け式が多いが、中にはお座敷洋食などと云って、座敷に座って食べさせるところもあります。

○レストラン：普通の西洋料理屋のこと。此の頃は米国風の簡単な一品料理が流行しているので、安直に食べることが出来ます。

○グリル：肉や魚を木炭の直火《ぢかび》で焼いて食べさせる店。普通ビフテキが名物になっています。

○カフェー：喫茶店のことで、本来はコーヒーや紅茶をのませる店ですが、今日の所謂カフェーはむしろ西洋料理店或は酒場に近く、沢山の美女給がいて、洋酒、ビール、洋食は云わずもがな、日本料理、日本酒まであるのに、肝腎のコーヒーはお生憎さまのところも少なくありません。

○喫茶店：カフェーの日本名で、コーヒーや紅茶に洋菓子、果物、サンドイッチ位を食べさせるのですが、この頃は日本菓子に煎茶をそえる家が方々に出来ました。

○ソーダファンテン：ソーダ水の売場の意味で、ソーダ水の外にクリームや各種飲もの、洋菓子程度が普通で、中には軽い洋食を食べさせるところもあります。

○ベーカリー：パンの製造所のことですが、パン屋で喫茶店を兼ねた店が気取ってよく××ベーカリーと云います。

○パーラー：日本では喫茶店の意味に使われ、フルーツパーラーは果物屋で喫茶店を兼ねた店のこと。その他アイスクリームパーラーもあります。
○キャンデストアー：洋菓子屋で喫茶店を兼営している店のこと。森永キャンデストアー、明治製菓のキャンデストアー等がそれで、喫茶、洋菓子のほかにランチ程度の軽い洋食をやって居る店もあります。

グリル、ソーダファンテン、ベーカリー、パーラー、キャンデストアーは、聞くからにアメリカンスタイルの店だ。尖端的な若者はこうした店に出かけてはサンドイッチやソーダ水、アイスクリームなどに親しみ、お喋りに興じた。

創業の一九二四年（大正一三）から銀座でいち早くアメリカンスタイルを打ち出し、永井荷風も頻繁に訪れた「富士アイスクリーム」のメニューにはフライドチキンがあった。三八年（昭和一三）には、銀座の洋食屋台にホットドッグまで登場している。

では、レストランで流行中の「米国風一品料理」とはどんなものだったかといえば、アメリカ料理の特性である quick（迅速）、convenient（簡便）、economical（経済的）、casual（手軽）な性質を備え、一皿食べるだけでスピーディーに満腹になれる。ようするにファストフードだった。

文明開化以来、西洋料理の主流の座を守るフランス料理はスープ、オードヴル、魚や肉の主菜、野菜料理、デザートと順番で供されるフルコース形式なので食べるのに時間がかかり、値段も高く、マナーの習熟が要求されるのに対し、明治の後半から庶民が気楽に食べられるライスカレーやチキンライス、フライ類などの日本化した洋食が「一品洋食」と呼ばれて浸透した。だが、「米国風」はこれら大衆的な一品洋食ともちょっと違う。

同書には「米国風の一品料理で、美味しい洋食を手軽に食べさせるので、すっかり当てた店」（丸の内「キャッスル」）など、店の説明に「米国風」が頻出し、ハンバーグステーキやサンドイッチ（「チーズ・オン・トースト」や「ハンバーガーサンドイッチ」などのホットサンドイッチもポピュラーだった）、マカロニチーズ（イタリア料理ではなく、実はアメリカの代表的な家庭料理のひとつ）など、アメリカ風のメニューも数多く登場する。

現在は老舗中国料理ブランドである「銀座アスター」も、「米国式中華料理」を看板に、インテリアもサービスもアメリカで流行中のチャプスイレストランそのままのスタイルで一九二六年（昭和元）にデビューし、あっという間に人気店になった。チャプスイとは、八宝菜によく似た肉と野菜のとろみのある炒め煮で、いまもアメリカのテイクアウト中華料理屋には必ずある定番料理だ。

『銀座再見』には、なんと「黒ビールでタコス」が食べられるカフェも紹介されている。タコスはメキシコ発祥の料理だが、二〇世紀初頭からアメリカに浸透し、いまでは国民食のひとつ。昭和初期の銀座ですでにタコスが供されていたのは、驚愕の事実である。

また、家庭料理ではコンビーフ缶が急速に普及した。塩味が強くて脂肪分が多いコンビーフはご飯によく合う。いかにもアメリカンな「コンビーフハッシュ（コンビーフとジャガイモを炒め合わせた料理）」などのレシピが婦人雑誌で盛んに紹介されていたのだから、これも驚きである。だが、米国風とは必ずしもアメリカ由来の料理群だけを指すわけでもない。ライスカレーなどの日本化した洋食から一歩進み、モダンでありながら、ささっと素早くパンまたはご飯と一緒に食べられる、モダンライフに対応した新しい洋食のスタイルでもあった。

がっつり食べるアメリカ式「ランチ」

陸軍の食糧問題調査研究機関だった糧友会が、皇紀二六〇〇年を記念して一九四〇年（昭和一五）に開催予定だった東京オリンピック、札幌冬季オリンピック、万国博覧会、国際冷凍会議などの準備の一環として、「日本の食糧の真価を海外に紹介し、日本食糧の輸出を一層増進する一因子にするという程度にまで日本の料理なかんづく西洋料理の水準を高める」ことを目的に、「西洋料理典型研究会」を設立した。

すべての祭典は日中戦争の激化などの理由で中止されたが、その報告書である『西洋料理の典型研究記録』（一九三九）は、当時の西洋料理を知ることのできる貴重な資料である。

巻頭に掲載された座談会はまず、各国の人々が安心して食べられ、十分な満足が得られ、日本の料理文化に賛嘆してもらうには「西洋料理にはフランス料理と米国風料理があり、そのいずれかを選ぶべきか」の議論からはじまり、「各国から集まる人は中流階級が多いだろうから、特に高級な料理に重点を置く必要はなく、アメリカンスタイルの手軽で簡単なものに重点を置いて対策すべき」と方向づけている。興味深いのは、フランス料理とアメリカ料理の色分けだ。

「日本の西洋料理は、宴会料理を基調として発達してきた関係上、主流は何といってもフランス式だった。そこへ最近、手軽で安いということで、アメリカ式の洋食が進出してきた状態にあり、一般の人はフランス料理は高いから恐ろしくて食べられないと考えるようになってきた」

フランス料理＝高くて恐い、アメリカ料理＝安くて恐くないという、いまでも一般的なイメージは、この頃からあったのである。

「フランス料理はナポレオン時代から、各国料理の粋を取り入れて発達してきたのに対し、アメリカ式は家庭惣菜風の料理。アメリカ人は、なんでもゴチャゴチャ混ぜ合わせて食べる特徴があるが、欧州式は一種一皿ずつ片づけていく。正式なフランス料理は勢い皿数が多くなるのに対して、簡便なアメリカ式は盛り合わせでも差し支えなく、手軽で皿数も少なくて済ませられる」

ここからわかるのは、フランス料理＝コース形式、アメリカ料理＝一皿盛りと認識されている提供スタイルの違いだ。

「ヒレのステーキを作るにも、フランス料理は手数が多くて加工も複雑、その加工の仕方によって料理名も変わるが、アメリカ式はスピードアップの簡単料理が一般的。フランス料理の修業は一生かけても足りないが、アメリカ料理は二、三年も修業すれば一通り作れるようになる。食べつけて美味しいのはフランス料理のほうだが、大衆性が少ない。簡便に作れ、大衆性の多いアメリカ式料理の味を吟味することがいっそう必要」と、調理技術面からもフランス料理を最上位に置き、アメリカ料理の品質向上を課題に挙げている。

日本人だけで外国人向きの西洋料理を論じていること自体、奇妙なのは出席者も自覚しているが、アメリカニズムの長所は認めながら、味、技術ともあからさまに一段低く見なし、日本の料理技術の高さを世界に知らしめようとみな意気込んでいる。会のメンバーには当時の西洋料理界の中心人物が顔を揃えているので、素人でも作れるアメリカ料理の台頭を苦々しく思っていたのだろうが、日本人のアメリカ文化に対する屈折した感情が伝わってくるようだ。

そのほかにも「アメリカ式では卓上に薬味が置いてあり、日本人はなににでも矢鱈とウスターソースをかけたがるのは矯正すべきポイント」、「最近、メニュー名が崩れてきて、カレーライスをライスカレー、スチウドタングをタンシチュー、ビーフステーキをビフテキ、ミンスボールをミンチボールと呼んだりするが、外国人が見てわかるよう、正しい言葉に統一する必要がある」、「近頃の日本人は本当のパンの味を知らない。塩味で固い本格的なフランスパンより、アメリカ式の柔らかくて甘いロールパンやビスケットが喜ばれるようになった」等々、話題の内容が細かいため、当時の外食状況が詳細に読み取れて実におもしろい資料である。

議論は米仏料理の折衷という妥協案に落ち着いて、料理教育の必要性などに発展して大いに盛り上がるが、ここで明確にわかったのは、アメリカ式は「盛り合わせ」が特徴だったことだ。

昭和前期のグルメガイドには「ランチ」というメニュー名がしょっちゅう登場し、その店の善し悪しの判断基準にされることが多かった。

数々のランチが登場する『大東京うまいもの食べある記』で、たとえば丸の内・海上ビル地下食堂街にある「千疋屋」フルーツパーラーのサンドウイッチランチは、楕円の大皿の手前にビーフ、コキール、マカロニ、きゅうりとジャガイモの野菜サラダ、バナナが一本、後ろにハムサンド八切が並び、オレンジジュースつきという豪華な内容で五〇銭。同書が発刊した三三年（昭和八）に江崎（現グリコ）から発売された幼児向けビスケット「ビスコ」が一箱一〇銭だったことから考えると、サラリーマンの昼食として手頃な値段だろう。ちなみに、ホットドッグは一五銭、紅茶は一〇銭。

全国でチェーン展開していた「森永キャンデーストア」日比谷店のランチBは、大きな蒸しジャガイモ、深皿に注いだビーフシチュー、マカロニチーズが楕円の大皿に盛り合わされて、ライスと飲み物つきで三五銭。日比谷交差点角に四年間だけ存在した美松百貨店の地下室食堂の五〇銭ランチは、スチュー、チキン、芽キャベツのクリーム煮の盛り合わせで、「まあ普通」と辛口の論評だ。

新宿駅前にあり、一階がパン売場、二、三階が食堂で通勤のサラリーマンによく利用されていた「東京パン」のランチは二五銭でロースト二切れ、野菜の付け合わせ、キャベツと人参炒め、生のセロリ、コキール、ゆで卵の白身と野菜サラダにパン二個、コーヒーがつき、「大安」と誉められている。

戦前の日本人の食生活は質素なイメージがあるが、どうして。都市の住民はこってり味でカロリーが高そうな横文字料理を、がっつり食べていた。戦後あるものはたいてい戦前にもあったといわれるが、戦後に長い時間をかけてやっと六〇年代から七〇年代にかけて浸透したと考えられている洋風の料理が、実は昭和初期、こんなふうにごく普通に食べられていたと思うと、戦争がどれほど日本の食文化を破壊したかを痛感させられる。

血のしたたるようなビフテキ

だが、米国式料理のシンボルといえば、なんといっても大きくて、血のしたたるようなビフテキだった。

先述したように牛肉の受容は牛鍋からはじまったが、一八七七年（明治一〇）頃には東京でわずか一〇軒程度だった西洋料理店が明治後半になると急増し、末年には一五〇〇軒を超えていたといわれる。文明開化の栄養思想は西洋料理店のメニューにも色濃く投影され、牛肉料理が花形となった。とりわけ人気が高かったのはビフテキである。

西洋料理と一言でいっても、ヨーロッパでは各国ごとに異なる食文化が根づいている。ドイツ、フランスの伝統食は豚肉加工食品が中心なのに対し、イギリス人は「ビーフイーター」と呼ばれるほどの牛肉好きだ。アンガス種やヘレフォード種など、焼くだけでおいしい肉専用品種が開発されたことも大きかったようだが、イギリスの牛肉料理は手間をかけず、素材そのものを味わう単純なものが多い。

最初期に移民したイギリス人にはじまる牛肉に対する強い嗜好が引き継がれ、いまも昔もアメリカ料理の代表格はビーフステーキである。現代のフランスで「ステック・フリット（ビーフステーキとフライドポテトを盛り合わせた料理で、ビフテック・フリットとも呼ばれる）」が大衆食として定着しているのは、とくに第二次大戦後のアメリカニズムの流行によって料理が簡素化したためだという。そもそも「ステック」は、英語の「ステーキ」が仏語化した呼び名である。

日本語の場合、ビーフステーキが縮まってビフテキになったわけだが、ビーフのフではなくステーキのスを取って「ビステキ」、あるいはビフもビスも略して「テキ」と呼ぶ人も多かった。

英文学者である夏目漱石も、正岡子規も、作品中の表記はビステキである。私も小学生くらいまで、つまりファミリーレストランが出現して正式な名称がビーフステーキだと知るまでは、牛肉を焼いた料理はビステキかテキだと思っていた。

明治前期に出版されたごく初期の西洋料理書で、ビーフステーキのレシピが最初に詳しく紹介されているのは、一八八五年（明治一八）発刊の『手軽西洋料理』である。著者はのちに勝海舟の三男・梅太郎と結婚したアメリカ人女性、クララ・ホイトニー。母アンナの書き残したレシピを日本語に翻訳したものだと、津田梅子の父、津田仙が序文で説明している。

料理名は「ビフテイク」、レシピは「一斤を能く洗い出刃の背にて能く叩き鍋にバタを敷て火に掛け熱したる頃に肉を入れ屡々《しばしば》返し焼く可し又網にて焼くもあれども汁を出す故鍋にて焼くを宜しとす」という超シンプルな作り方である。

一斤（六〇〇グラム）は四、五人に供するのに充分で、大きい場合は二枚に切り分けるとよいと注意書きがついているが、ダイナミックな特大ステーキが出来上がりそうだ。なお、同書には「肉の摘入《つみれ》」の名で挽肉を丸めてバターで焼くビーフボール、「焙り肉」の名でローストビーフ、「雑煮」の名でジャガイモと刻んだローストビーフをバターで炒め合わせたビーフ・ハッシュ、小麦粉を卵と牛乳で練った生地で牛肉とジャガイモを包んで焼いた「ビフテイク・プヂング」のレシピも載っている。

これが一八八八年（明治二一）刊行の『実地応用　軽便西洋料理法指南』になると、レシピはぐっと細かくなる。概略すると、「牛肉一斤のヒレまたはロースを四つに切り、まな板に置いて鉈《なた》か空き瓶で叩いて薄く伸ばし、塩、こしょうで味をつける。平たい鉄鍋に油を少し入れて強火で熱し、油が焦げてきたら肉をのせ、そのまま二、三分焼き置く。鳶色の焼き色がついたことを確認したらひっくり返し、上面に血の汁が滲み出てきたらとろ火に落とし、しばらくしたら食べられる。何度もひっくり返したり、鍋に蓋をして焼いたり、肉を押しながら焼くのは駄目で、焼きすぎるより、火が入る手前のほうがよい」と、現代でも通用する親切さだ。

レシピの最後では、ビフテキは無造作に作れるように見えて、決して容易な技ではなく熟練を要し、手際よく焼いたものはもっとも賞翫《しょうがん》に値すると、ビフテキ礼賛で結んでいる。

国木田独歩が一九〇一年（明治三四）に発表した短編小説『牛肉と馬鈴薯』は、現実主義を牛肉、理想主義を馬鈴薯にたとえて、七人の男が議論を交わす短編小説。理想を捨てて現実主義に転向し、ブタのように肥満した梶原という男のことを「今じゃア鬼のような顔《つら》をして、血のたれるビフテキを二口に喰って了《しま》うんだ」と批判する一節からは、血なまぐさいビフテキに対する嫌悪感が伝わる。

また、夏目漱石が〇七年（明治四〇）に発表した『野分』の、大学を卒業したばかりの明朗円満、名門の出で何かとセンスのよい中野君が、同級生の肺病持ちで陰鬱な性格の高柳君に、日比谷公園の真ん中にある西洋料理屋で昼飯を御馳走する。中野君が「君ビステキの生焼は消化がいいって云うぜ。こいつはどうかな」「なあるほど、赤い。赤いよ君、見たまえ。血が出るよ」と明るく喋りながら食べはじめるが、高柳君は半分で断念してしまう。

ビフテキ（ビステキ）は、前者では富や安逸の、後者では肉体的・精神的な健全さの象徴として登場するが、牛鍋で牛肉自体には慣れていても、より肉食的な「血のしたたる」ビフテキに大方の日本人は抵抗を感じたに違いない。だが、牛肉の滋養強壮効果がより強く実感できるこの料理は着実に普及し、大正後期から昭和前期には庶民の御馳走くらいの有名メニューになっていた。『大東京うまいもの食べある記』にも頻繁にビフテキの名が出てきて、味とサイズと値段の釣り合いが鋭くチェックされている。

二六年（昭和元）刊行の大阪朝日新聞経済部編『商売うらおもて』の「コック場から見た洋食屋」の章を見ると、カツレツなら一八匁（六七・五グラム）で足りるのに対し、普通テキといえば二〇匁（七五グラム）が必要で、原価は三五銭かかり、売値は五〇銭。ただし、安い中国産の青島牛を使えば原価は半値ですみ、砂糖と醤油でごまかせば味の違いはわからないと、大衆的な一品洋食屋のがめつい商法を紹介している。一品洋食屋に来る程度の客は「カツレツが泳ぎ出すほどソースをブッかける」ので、カツレツの場合はこれだけで原価一銭五厘くらいは見ておかねばという話も出て、客と店のシビアな駆け引きの様子が伝わる。

三〇年（昭和五）、大阪で最初のビフテキ専門店「スエヒロ」が堂島に開業した。オープンキッチン形式の、炭火を使って焼く店だった。三〇匁（一一二・五グラム）が八〇銭、四〇匁（一五〇グラム）が一円二〇銭と、一品洋食屋よりずいぶん高値だったが大繁盛した。

店長だった石原仁太郎は上京して三三年に東京店を銀座二丁目に開き、二年後には銀座六丁目に場所を移して暖簾分けの「スエヒロ」を独立開店した。戦後に薄利多売でビフテキの大衆化に貢献した店だが、戦前は新劇や歌舞伎、映画の有名役者や文士たちが集まる文化的尖端スポットでもあった。

オペラ歌手の三浦環が、公演の一時間前に必ず大きなビフテキを食べる習慣にしていたことは有名だが、能の観世流家元の観世元滋は、大事な舞台の前には二、三枚も平らげたという。客の大半は「これで元気が出る」「スタミナがつく」と期待して店に来るのだからと、石原はビフテキに一杯の牛乳をサービスでつけていた。これが戦後に「スエヒロ」の一大名物になる。芸術家が食べに行くような有名店は別にして、普通の洋食屋でのビフテキの値段は、それほど高価ではなかった。

昭和初期の浅草風俗を描いた川端康成の『浅草紅団』には、地下鉄食堂の料理名がずらりと並んだくだりがある。食堂の入り口に料理の見本棚があり、食券を買って注文するスタイルで、ビフテキ、カツレツ、コロッケ、ハムサラダ、ロオルキャベツ、ビイフシチュウは全部三〇銭。コロッケやハムサラダと同じ値段だなんて、ビフテキが高値の花になった戦後からは考えられない。

三六年(昭和一一)の松竹映画『男性対女性』では、舞台演出家の上原謙と、劇場で照明係をつとめる職業婦人の桑野通子が、アメリカングリルのカウンターに並んで座り、目玉焼きがのった大きなビフテキをパクつくシーンを見ることができる。モダンガールとモダンボーイがアメリカ映画を楽しみ、ビフテキを気楽に食べる文化が、戦前の日本にはあったのである。

軍人に愛されたジンギスカン

ウシとブタとニワトリは明治以前から飼育されていたが、日本にヒツジはいなかった。もともと湿度の高い日本の気候は、ヒツジの成育には適していなかった。羅紗《ラシャ》と呼ばれる毛織物は南蛮貿易によって一六世紀から輸入され、陣羽織や合羽、火事羽織などの豪華な衣装に使われていたが、明治になって洋装、ことに軍服の需要が高まり、欧化政策の一環として防寒と防水、耐燃性にすぐれた羊毛の国産化事業がスタートした。

大久保利通の畜産増殖政策に従って下総三里塚に牧羊場が新設され、一八七五年（明治八）に緬羊二五〇〇頭を輸入して七八年までに六〇〇〇頭を飼育したが、技術が未熟だったため半数が死亡してしまった。北海道開拓使でも真駒内に牧羊場を作ったが、やはり病気などの問題で失敗に終わり、緬羊飼育は定着しなかった。

羊肉料理を好む欧米人は、オーストラリアや中国からの輸入羊肉を利用していた。ヨーロッパでもとくに羊肉料理が発達しているのはフランスで、牛肉より格上の高級食肉として珍重されている。だが、日本人には特有の匂いが敬遠されて、牛鍋やカツレツのような和洋折衷料理が育たなかった。

ところが第一次世界大戦の勃発によって、それまで日本が輸入羊毛の大半を依存していたオーストラリアとニュージーランドが、輸出を禁止した。これを受けて一九一七年（大正六）に政府は緬羊一〇〇万頭増殖という途方もない大計画を立て、農商務省に緬羊課を新設し、明治期に失敗した牧場形式ではなく、農家の副業としての少頭数飼育を奨励し、羊毛を採取したあとの羊肉は指定商に販売するよう指導した。

東京女子高等師範学校の家事科教授に羊肉料理の研究を委託し、糧友会が料理講習会や食糧展覧会を開催して羊肉食の普及活動をするなど、今回の事業はきめ細かく手厚かった。

昭和一〇年代には軍需羊毛の自給を目的に、再び緬羊増産が国策として奨励された。飼育された緬羊は当初、毛専用のメリノ種が多かったが、やがて肉毛兼用のコリデール種がニュージーランドから輸入され、三七年（昭和一二）には七割を超えた。

『料理の友』大正一一年一一月号には「日本でも羊肉料理がはやって来る傾向がありまして三越でも幕の内弁当に拵えています。東京女高師の一戸女史等が研究した羊肉料理は吸物から塩焼、和え物、揚物等種々ありますが牛肉に比べて柔く時間も早くでき消化もよいという点から主食の人、婦人、病人等の食料として適して居ます」などと説明する農商務省緬羊課技師のインタビュー記事が載っている。

「一戸女史」とは、この頃に料理研究家としても活躍していた一戸伊勢子教授のことで、調理温度と調味料、材料の配合で特有の臭みを消す工夫を凝らした羊肉料理を多数発表し、なかには調味液に二〇分ほど漬け込んで焼くジンギスカンの原型のような料理もある。

溝のついた兜形の鉄鍋で薄切りの羊肉を付け焼きにするジンギスカンは、モンゴル帝国の創設者、成吉思汗とは縁もゆかりもなく、北京の清真料理（イスラム教徒が発展させた料理）としてポピュラーな「烤羊肉《カオヤンロウ》（羊肉を炙り焼きにしたバーベキューのような料理）」を参考に、日本人が創案したといわれる。発祥については謎が多いが、満州族が発祥した中国東北部は寒さが厳しく、体を温めるとされる羊肉を使った郷土料理が豊富な地域だから、満州進出に伴って羊肉のおいしさに目覚めた日本人は少なくなかっただろう。

いずれにせよ、特有の臭みを和らげる醤油ベースのたれと、薄切りを鍋で焼くという牛鍋でなじんだスタイルの導入で、ついに日本化に成功した羊肉料理だったことはたしか。ジンギスカンという料理名は、満州国建国の立役者だった初代総務庁長官の駒井徳三が命名したという説があるが、軍需羊毛国産化政策と植民地政策というふたつの国策によって生まれた料理だけに、なんとも勇猛果敢なネーミングである。

全国四ヶ所の指定緬羊商は、農林省の規定する条件で農家から緬羊を買い取った場合は補助金が交付された。東京の指定商、赤坂の「松井本店」は、もともとは宮内省はじめ宮家御用達の高級肉問屋だった。

ジンギスカンは明治創業の高級中国料理店、日本橋の「濱のや」が最初に提供して雑誌やグルメガイドで話題を呼んだが、東京初のジンギスカン専門店は、松井本店が高円寺に持っていた別荘を改装し、三六年（昭和一一）に開いたその名も「成吉思荘」だった。

この店は陸軍御用達の料理店になり、東条英機、小磯内閣の陸軍大臣だった杉山元、鈴木貫太郎内閣の陸軍大臣だった阿南惟幾《あなみこれちか》をはじめ、大将、中将、少将クラスの陸軍幹部が集まり、夕食会などのケータリングサービスも行っていた。なかでも阿南はしばしば来店して、モンゴル遊牧民の「包《パオ》」を模して作った天幕の座敷でくつろいだという。陸軍の指導者たちは、八紘一宇を語り合ったりしながらジンギスカンに舌鼓を打ったのだろうか。

軍需が消滅した戦後は、国からの保護も戦前のように手厚くはなくなったが、ヒツジはウシやウマより小型で育てやすく、餌も少なくてすみ、毛を刈って紡いだ糸は農家のよい副収入になったため、飼育熱が全国的に高まった。そしてついに五五年（昭和三〇）、かつて目標に掲げた一〇〇万頭近くの飼育頭数が達成された。

ところが、五一年（昭和二六）頃から海外の安い羊毛が入ってくるようになった。さらに、化学繊維の登場によって、五五年のピーク時を境に国産緬羊の価値は急降下してしまったのである。

そこで、不要になったヒツジの肉をおいしく食べられるジンギスカンが奨励され、昭和三〇年代から四〇年代前半は、安い国産マトン肉が都市部の精肉店でも普通に売られるようになった。食用にまわされるのは老廃羊だったので固くて臭みも強かったが、値段の安さと物珍しさもあってちょっとしたブームになり、ジンギスカンは急速に家庭料理にも浸透した。すりおろしたショウガやりんご入りの醤油ダレに漬け込めば臭みがかなり抑えられ、なによりご飯とよく合う味だった。

ところが緬羊飼育の衰退は止まらず、七六年（昭和五一）にはわずか一万頭に減少してしまった。ジンギスカンはとくに緬羊飼育が盛んだった北海道を中心に、信州と東北でも郷土料理として定着したが、それ以降はもっぱらオーストラリアとニュージーランドから輸入のラム肉が使われるようになった。

二〇〇一年九月の国内初ＢＳＥ（牛海綿状脳症）発生、〇三年のアメリカＢＳＥ発生と牛肉輸入禁止、続く〇四年一月の鳥インフルエンザ発生の影響で、にわかに羊肉が注目を浴びて東京では空前のジンギスカンブームが起こったが、たった二年でブームは終焉した。二〇一五年の未年ですら、ブーム再燃の兆しもなかった。富国強兵を重く背負い、国策に翻弄されたジンギスカンは、いまも彷徨っている。

日米戦争によって否定された肉食

アメリカ文化に憧れ、ビフテキや盛り合わせランチの食べ歩きを楽しんだ昭和モダンライフはしかし、戦争できれいさっぱり消えてなくなり、時代は「鬼畜米英」に変わった。日米開戦から日本の食糧事情は悪化の一途、かつて経験したことのないような食糧難を、約一〇年間味わうことになった。

日中戦争下の一九三八年（昭和一三）に「国家総動員法」が制定され、日本はすべての経済活動に国が介入する統制経済に移った。四〇年七月には「七・七ぜいたく禁止令」が発令した。「国民精神総動員運動」が盛んになり、「ぜいたくは敵だ！」や「日本人ならぜいたくは出来ない筈だ！」のスローガンのもと、耐乏生活が国民の義務になった。食べ物で最初に手に入りづらくなったのが肉だった。

肉は軍用食の必需品である。総力戦下ではなんでも軍需最優先だが、真っ先に肉は贅沢品とみなされて、日米開戦前の四一年五月から、全国で「肉なしデー」が実施された。飲食業は八日と二八日の月二回、肉料理が出せなくなり、肉屋は二日、八日、一八日、二八日の月四回、休業を強いられた。さらに食堂や料理店では、二円五〇銭を超える昼食、五円を超える夕食、一円を超える一品料理を販売できなくなり、米食の提供が禁止された。

配給制とは、不足している物資を国民に公平に分配するため、一人当たり買える量を国が決める制度。人々は政府から交付された切符を持って小売店や配給所に行き、長時間並んで購入しなくてはならない。『日本食肉文化史』には、四一年から食肉のほぼ全部が配給制になり、配給量は一月あたり二人までの世帯が三〇匁（一一三グラム）、五人までの世帯は五〇匁（一八八グラム）、それ以上は一人増えるごとに一〇匁（三七・五グラム）を上のせとある。ちなみに、魚の配給量は一人一日あたり丸の場合は三〇匁、切り身は二〇匁だった。

月にたった一回、しかも一〇匁はマクドナルドのハンバーガーに挟まっている薄いビーフパティ（四五グラム）にも満たない量だ。当時の婦人雑誌は、一回の配給肉を一度に食べきらず、スープにしたり挽肉にしたりして、何度にも利用するよう工夫を呼びかけているが、そんな少量では肉の匂いを感じる程度の料理しかできなかったろう。

だが、仕事もお金もなく、イモで飢えを凌いだ戦時下に、月に一度といっても割当の肉を買う余裕がある人は少なかった。戦後も含めて通算七、八年のあいだ肉は店頭から姿を消し、家庭料理は実質的に毎日が肉なしデーだった。四四年（昭和一九）三月には、「決戦非常措置要綱」によって高級料理店と高級酒場、カフェの営業が禁止された。これで民間人はヤミ営業の飲食店を利用するか、軍部とのコネなどがない限り、外食でも肉にありつくことは不可能になったのである。戦争体験者に話を聞くと、「肉を食べた記憶なんかない」と答える人がほとんどだ。

三八年（昭和一三）刊行の日本女子大学家政学部編『戦時家庭経済料理』を見てみると、「国民の体位向上は民族の発展、国家の隆昌、一家の繁栄の基調をなすもの」であり、「御国の為に故国をはなれて酷寒と戦い、悪疫に抗して強敵を相手に奮闘する勇士に豊富な食料品を、銃後の護りには節約料理を、而も栄養価値にかわりなくというモットー」のもと、従来常食していた牛肉、豚肉、鶏肉は戦地に送り、銃後では代用食を広く用いて栄養を保とうと、鯨肉料理五〇種、兎肉料理一九種、内臓料理三六種のレシピが紹介されている。どの料理も手がこんでいて、おいしそうだ。

中国との戦争に勝っていて日本人が元気いっぱいだったこの頃はまだ、このように動物性たんぱく質の摂取が必要視されていたが、太平洋戦争末期になるとトーンががらりと変わる。

四四年（昭和一九）一〇月刊行、大日本婦人会編『決戦下の食生活』は、井上兼雄の講述による栄養指導書である。著名なビタミン研究者だった井上は、栄養学の国際的な知見を用い、「肉を過食すると肉の蛋白質に含まれる硫黄が硫酸に変化して、血液を酸性にし、この中毒作用によって内臓や神経系統殊に腎臓が犯されて健康を害する」とたんぱく質過多の弊害を解説し、菜食で死亡率を三分の一に下げ、国民の能率を著しく向上させたデンマークの事例を紹介。

「肉食強国論が福澤諭吉先生に唱えられてから、日本にもフォイトの栄養学が大いに輸入されて、人間は健康と能率を挙げるためには、出来るだけ肉を食べなくてはならないという思想が植えつけられた」結果、「今なおこの栄養思想に捉われている人がある。この食糧不足の時に当ってかかる思想は反省しなければならない」と、肉食礼讃を批判した。

近代日本の栄養思想に大きな影響を与えた「フォイトの栄養学」とは、ドイツの生理学者、カール・フォイトが定めた栄養標準のことである。たんぱく質量が極端に多いのが特徴で、体重五〇キロの日本人の場合、たんぱく質を八〇グラム摂る必要がある。これを赤身肉のビフテキに換算すると、一日四〇〇グラムも食べなくてはならない。たしかに非現実的な数字だが、井上が論拠にした血液酸性化説は明らかな間違い。現代では、血液のpH値が食物によって変動することはなく、常に弱アルカリ性に保たれていることが明らかになっている。

また、戦後は医学評論家、テレビドクターとして活躍した杉靖三郎は、『改造』四四年六月号の「決戦食生活」で、配給量の玄米三三〇グラムと味噌二三グラム、野菜少々の計一四〇〇キロカロリーで十分たくさん働くことができ、「肉食は勤労の敵」「過食は百病の本」「寡食は健康の源」「菜食は勤労の泉」と菜食・少食を熱烈奨励している。

ここにきて、肉食による富国強兵思想は、完全に否定されたといってよいだろう。決戦の健康法が粗食なのだから、詭弁もいいところだ。四五年の日本人の摂取カロリーは、全国平均で一二〇〇キロカロリー、戦前の半分にまで落ちていた。こんな栄養失調状態で、日本人は「欲しがりません勝つまでは」と念じて耐えていたのである。

戦争中の畜産はどうなっていたかというと、三一年（昭和六）の満州事変以降、満州からの輸入原料で配合飼料が潤沢に製造できるようになり、当初は養豚が順調に伸びた。三七年の飼育頭数は戦前ピークの一一四万頭を記録し、翌三八年の屠畜頭数は戦前ピークの一三一万頭、豚肉生産量は六万八六〇九トンに達し、全食肉生産量の五割を豚肉が占めるようになった。ハムやソーセージの需要も少しずつ増え、三八年には銀座にホットドッグ立ち食い屋台が現れている。

しかし、統制経済下で飼料原料の供給が断たれ、養豚は四〇年から衰退の一途をたどる。都市部のゴミを飼料に増殖を図ったが、人間が飢えているとき残飯が出るはずもなく、四五年（昭和二〇）の屠畜頭数は四万頭、豚肉生産量は二一七八トンまでに激減した。終戦の翌四六年の飼育頭数は、明治三〇年以降で最低の八万八〇〇〇頭に落ち込み、養豚の再興すら危ぶまれる状態だった。

一方、成年男子が徴兵され、著しく不足した農村の労働力を補うため、ブタと違って草だけ食べさせていればよいウシの飼育が奨励され、飼育頭数は四五年でも二〇〇万頭を超えていたが、軍用以外は一般国民の食用にはまわされず、もっぱら農業用に使役された。

こうして戦前までの肉食文化と畜産は、壊滅的な打撃を受けた。

ついに肉の摂取量が魚を追い抜いた二〇〇〇年代

敗戦の一九四五年は、天候不良による大凶作に見舞われた。泣きっ面に蜂である。植民地や占領地にいた日本人が難民として命からがら帰国し、軍人も大量に復員した。引揚者は計六六〇万人、国内人口が急増した。ダブルパンチで食糧不足は戦中よりさらに悪化し、配給の食料だけではとても足りず、人々は農村への買い出しとヤミ物資に頼って生き延びた。屋根や窓にまで大勢がしがみつき、鈴なりになった満員列車での買い出しは、命懸けだったろう。

かろうじて手元に残った着物や家財を一点ずつ持ち出しては農家で物々交換するのを、タケノコの皮を一枚ずつはいでいくのにたとえて「タケノコ生活」と呼び、四六年の流行語になった。

いまも世界の各地で戦争や紛争、自然災害が起こっている。世界の九人に一人が飢餓に苦しみ、五歳以下の四人に一人が慢性的な栄養不良状態にある（国際連合食糧農業機関「世界の食料不安の現状2015年報告」）。過酷な避難生活を送るシリア難民や南スーダンの報道を目にするたび、心を痛めながらもどこか遠い出来事のように感じがちだが、日本人も同じ状況を経験したことは、忘れてはならない、悲惨だが尊い記憶である。

敗戦から四九年（昭和二四）まで、ハイパーインフレが猛威をふるった。牛肉のヤミ価格は戦前のなんと二六〇倍に達した。この狂乱物価に怒った婦人たちは、「ヤミ不買」「物価値下げ」などの運動を繰り広げ、大阪主婦の会は「安い肉を勤労大衆へ」のスローガンのもと、四八年七月から牛肉不買運動を起こして牛肉一〇〇匁（三七五グラム）を一五〇円に値下げするよう要求した。運動は各地に広がり、八月二五日には公定価格が次のように改定された。

一〇〇匁につき、牛肉上肉は甲地が一七〇円、乙地が一六〇円。牛肉並肉は甲地が一四〇円、乙地が一三〇円。豚肉は甲地が一八〇円、乙地が一七〇円。馬肉は甲地が九五円、乙地は九〇円。甲地とは、東京の区政地域を含む市制施行地域、乙地はそれ以外の地域である。ヤミ価格より安いとはいえ、牛肉はそれ以前の公定価格の五・六倍、馬肉は四・八倍値上がりした。豚肉が牛肉より高価なのは、養豚が壊滅していたためだ。豚肉の飼育頭数が戦前の水準まで回復するのは五六年（昭和三一）で、高値は昭和三〇年代まで続いた。

鶏肉はアメリカ式大量生産のブロイラー（短期間で肥育して脂肪を蓄積させた肉用の若鶏）が普及する六〇年代までは高価で、しかも養鶏は採卵中心で出回るのは卵を産まなくなった廃鶏の肉だったから筋張って堅く、需要は少なかった。

というわけで、庶民が買えるとしたら牛肉だが、その頃の盛り蕎麦一杯が一五円に対し、並肉でも一四〇円（一〇〇グラム換算すると約三七・五円）はいかにも高い。四九年八月に肉は統制を外れ、小売店での自由販売が再開したが、買う余裕があった人は本当にひと握りで、五〇年の一人一日当たりの肉類摂取量は、たったの八・四グラム、五五年も一二グラムにすぎない。

経済白書に「もはや戦後ではない」と書かれたのは五六年だが、同じ年の厚生白書には「国民の栄養状態はおおむね戦前に近づいたが、動物性タンパク質はアメリカの二十%とはるかに低水準にある」と、栄養不足が憂えられている。

戦後の日本では動物性たんぱく質と油脂分の摂取量を増やし、健康増進と体位向上を図ろうという栄養改善運動が展開し、食の洋風化が進められた。だが、いくら「たんぱく質をとりましょう」と熱心に説かれても、なかなか肉にまでは手は伸びないのが実情だった。食べられなかったからこそ、日本人は肉に対する憧れを、とりわけ牛肉への熱情を募らせた。

牛肉に関しては、戦前からの肥育技術に日本人は絶対的な自信を持っていた。

「天皇の料理番」として知られる秋山徳蔵は、五五年に出したエッセイ集の『味』で、こう自慢している。

「日本の牛肉は世界一だ。ひいき目でも、何でもない。アメリカ人達がやってきたとき、それこそ腰を抜かしたのは、牛肉のうまさであった。

彼らは、東京の街では肥え車をひき、田舎の田んぼでは尻を叩かれて鋤を引っぱっている牛の、働けなくなったものを食わされるものと思った。ところが、意外にも、自国のものより遙かにうまい、トロリとした舌ざわりの、柔かい肉を食べさせられたので、びっくりしたわけだ」

一四年（大正三）に初代宮内省大膳職主厨長就任以来、長きにわたって昭和天皇に仕えてきた秋山にとって、敗戦と占領は人生最大の屈辱だったが、牛肉の本場からやって来たアメリカ人を、牛肉でぎゃふんといわせ、さぞや溜飲が下がったことだろう。飼料が圧倒的に不足した戦中と戦後、肥育は完全に中断していたはずだが、御料牧場では用意があったのかもしれない。

たしかに、手工芸的な肥育によって生み出される美しい霜降り肉は、世界でも稀な存在だ。五〇年頃から肥育が少しずつ復活し、五四年からはアメリカからの輸入穀物が飼料に使用されるようになった。六〇年代には、彦根藩の御養生肉以来の伝統がある近江牛、明治維新で外国人に見出された神戸牛、ビールを飲ませ、マッサージをすることで有名になった松阪牛の三種が憧れの超高級ブランド肉になった。と同時に、牛肉自体が高級化し、たまにしかお目にかかれないハレの食べ物になってしまった。

庶民の食卓に上ったのは、もっぱらハンバーグや餃子などの挽肉料理や、少しの肉で足りるカレーやシチューなどの煮込み料理。一九九一年の牛肉輸入自由化で海外の安い牛肉が市場に開放されるまで、「牛肉をお腹いっぱい食べたい」という日本人の積年の念願は、なかなか達成されなかった。

自由化以降の九〇年代は、牛肉の消費量が歴史上とくに多かった時期である。だが、二〇〇〇年代になると、BSE発生、雪印牛肉偽装事件、ミートホープ事件など、牛肉の安全性を揺るがす事件が立て続けに起こって消費量は低下、かわりにスペインのイベリコ豚、鹿児島の黒豚などのブランド豚や、ブランド地鶏が注目を集めることになった。

高度経済成長と足並みを揃え、肉の消費量は右肩上がりで増えていった。一日当たりの摂取量は六〇年（昭和三五）が一八・九グラム、六五年が三五・二グラム、七〇年が四一・二グラム、七五年が六四・二グラムである。その後もゆるやかに上昇し、二〇〇六年にはついに魚介類の摂取量を抜いた。二〇一〇年は肉類八二・五グラム、魚介類七二・五グラム、二〇一四年には肉類八九・一グラム、魚介類六九・四グラムと、それから差が開く一方だ。日本人の食は、一五〇年かけて明治のリーダーたちが夢見た肉食中心に転換したのである。

　肉食禁止の歴史を持ち、かつては先駆的なベジタリアンだった日本人だが、今日の日本で菜食主義者は目立たない存在だ。これだけ飲食店の数が膨大な日本で、完全菜食を掲げるレストランはなかなか見つからない。肉食文化が長く根づいた欧米で、宗教・健康・思想的な理由から植物性食品しか食べない人がかなりの比率で存在し、ベジタリアンレストランがポピュラーなのとは対照的だ。「草食男子」という言葉が流行しても、本当に草食の男子はごく少数なのである。

　とはいえ、肉は体に悪いと主張する食養家、医学や栄養学の専門家は少なくないし、肉食を否定しないまでも、進みすぎた洋風化による高カロリー・高たんぱく・高脂肪の食生活が生活習慣病の増加原因とする言説は、ほぼ常識化した。だが、超高齢化が進行している現在は、「健康長寿のためには肉が不可欠」という考え方が支配的になりつつある。

　バブルに向かって好景気にわいた八〇年代、「飽食の時代」が流行語になった。だが、経済的格差が広がり、貧困率が一六パーセントを超えた二〇一〇年代、飽食を享受できるのは一部の高所得者だけになっている。

　経済的な理由だけでなく、ダイエットブームや九〇年代にはじまった粗食の流行も影響して低栄養化が進み、いま日本人のエネルギー摂取量は開発途上国の平均に近く、たんぱく質の摂取量も減っている。健康のための偏食が原因で、見た目は普通でも血液中のアルブミン（もっとも重要なたんぱく質のひとつ）が低下する「新型栄養失調」が若い女性にも増えているらしい。

「平成25年国民健康・栄養調査報告」を見てみると、二〇〜二九歳女性の二一・五パーセントが、低体重の「痩せすぎ」である。一日当たりの摂取カロリーは、男女平均で一八八七キロカロリー。戦後間もない五〇年（昭和二五）の二〇九八キロカロリーを下回っている。

ことに深刻なのが、高齢者の栄養不足だ。筋力低下や骨や関節など運動器の衰えで歩けなくなったり、脳梗塞や認知症のリスクが高まったりと、さまざまな悪影響が出ることがわかり、厚労省は肉などのたんぱく質を十分摂取し、低栄養を防止するよう指導に乗り出した。つまり、生活習慣病を防いで健康寿命を伸長し、ふくらみ続ける医療費・介護費を抑制するために、中高年はほどほどに、お年寄りになったらたっぷりお肉を食べましょうということだ。いまも肉食は、国の政策に翻弄されているのである。

その一方で、ジビエに加え、「がっつり肉を食べられる」店の人気は衰えない。最近では肉塊が並んだガラス張りの冷蔵庫を一番目立つ場所に置く、まるで精肉店のような熟成肉レストランが静かなブームを呼んでいる。ステーキの立ち食い店も出現した。手頃な値段の輸入肉が入るようになっても、変わらず贅沢の象徴であり続けていた牛肉ステーキの、「安い、旨い、早い」ファストフード化は、本家アメリカにもなかった発想だ。立ってまでステーキを食べたいだろうかと思いきや、立ってまで食べたい人が行列し、立って食べるからこそガツガツと肉を満喫している気分がより高まるのだという。

二〇一〇年代になってから顕著な肉の再評価と肉料理のブームは、「糖質制限ダイエット」の流行も関係していると私は見ている。炭水化物の摂取量を減らし、そのかわりたんぱく質の摂取量を増やすことが奨励されるこのダイエット法は、とりわけメタボを自覚する糖尿病予備軍の男性にとっての福音となり、「肉をがっつり食べる」ことを正当化する理由を与えてくれたからだ。

滋養強壮の妙薬と信じられ、やがて富国強兵と密接に結びついた肉を、痩せる目的で食べる未来が来たことを、明治の日本人はどう思うだろうか。そもそも、平均身長が男性は一七〇センチ、女性は一五八センチ（ともに一八歳から四九歳の平均値）を超え、男女とも明治初期から一五センチ程度大きくなった現代人は、同じ日本人には到底見えないだろう。文明開化で目指された、肉食による体型の西洋化も、達成されたのである。

第2章

乳

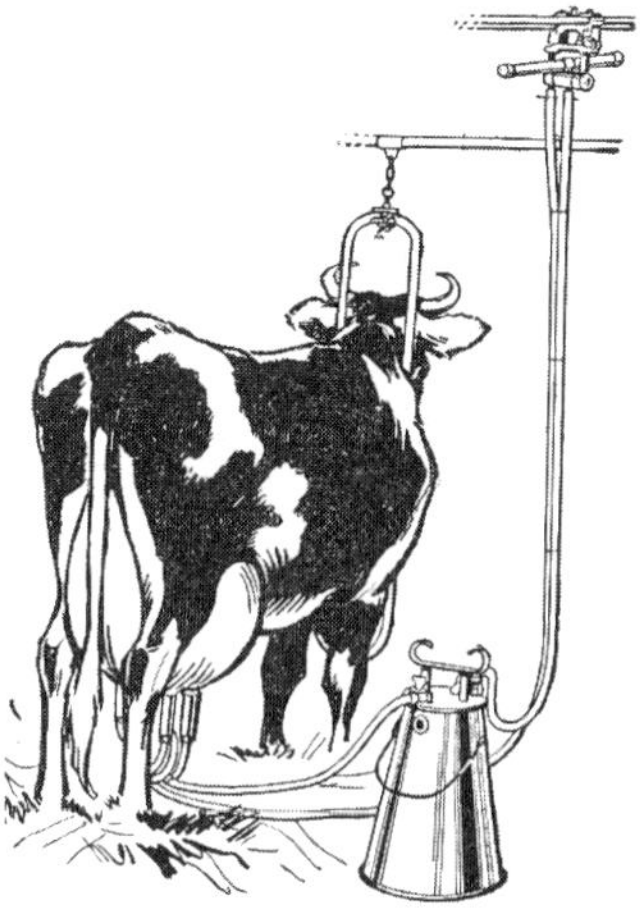

「牛乳は体に悪い」という言説

近現代日本における食の変遷において、牛乳ほど毀誉褒貶《きよほうへん》の激しい食品はない。

二〇一六年の夏、「牛乳」でインターネット検索をしてみると、「牛乳は超危険!」といったきわめて扇情的なタイトルで、定説とされている牛乳の健康効果を否定し、糾弾するページが山のように出てきた。

牛乳を飲みすぎると、「下痢を起こす」というのはよく聞く症状だから驚かないが、「骨折が増える」「骨からカルシウムが溶け出して骨粗鬆症《そしょうしょう》になる」「カルシウムの吸収を阻害する」と骨に対する悪影響の数々、「がんになる」「心臓病や脳卒中を引き起こす」などの生活習慣病関係、「アトピーを引き起こす」などのアレルギー症状、「白血病になる」「子どもの自閉症や発達障害の原因になる」……と、読むだに恐ろしい話のオンパレードだ。

えっ、牛乳ってカルシウムの宝庫じゃなかったの、体に悪いってどういうこと? そう困惑する人も多いだろう。インターネットの検索結果にはこれらの怖い話と並び、乳業会社や酪農・乳業関連団体などが「牛乳は体によい」と反論するページも数多く現れて、ほとんどネット上の牛乳論争状態だ。

かつて牛乳は卵と並ぶ「完全栄養食品」と呼ばれた。だからこそ子どもの生育に不可欠な健康飲料として、学校給食の定番になった。子どもが一日一瓶の牛乳を飲めるようになることが、敗戦国日本の目標だったこともある。

給食の「ミルク」が脱脂粉乳からホンモノの牛乳に全国で切り替わっていった高度経済成長期の一九六〇年代から七〇年代にかけて、ちょうど自分の成長期を過ごしていた私は、「牛乳をたくさん飲むと背が高くなる」と素朴に信じて、毎日せっせと飲んでいた。

当時は、配達の瓶入り牛乳よりかなり安く、一リットル入り紙パックがスーパーで買えるようになりはじめた頃。四六年から『週刊朝日』で、四九年からは『朝日新聞』で連載された『ブロンディ』は、アメリカ式ライフスタイルの物質的豊かさを見せつけて敗戦直後の日本人に衝撃を与えたアメリカン・コミック。そこに描かれた「大きな紙パックから注いだミルクをゴクゴク飲む」という、かつて羨望の的だった行為が、日本でも普通になりつつあった。

身長は期待したほど伸びなかったが、成人してからも乳製品に依存する食生活を続けているため、とりあえず挙げられている症状や疾病は現れていないが、本当に牛乳が危険だったら、重症に至るグループに属するだろう。

牛乳が人の健康に悪影響を及ぼすとする言説はいまにはじまったわけではないが、現在の「牛乳有害説」が世間に広まる大きな契機を作ったのは、二〇〇五年に発売された『病気にならない生き方』（サンマーク出版）だろう。

著者の新谷弘実は、胃腸内視鏡外科専門の医師。臨床医として三〇万件以上の症例を診た経験から、健康な人の「胃相・腸相（胃腸の状態の良し悪しを人相にたとえた著者の造語）」が美しいのに対して不健康な人ほど悪いので、胃相・腸相の改善効果が高い「ミラクル・エンザイム」を多く含む食品を摂取して、病気を防ごうというのが本書の趣旨である。ミラクル・エンザイムという聞き慣れない名前も著者の造語で、五〇〇〇種以上存在する体内酵素の原型になる酵素だそうだ。

現在、ダイエット食品とサプリメントに酵素ブームが続いているが、ミラクル・エンザイムはその火付け役のひとつにもなった。

具体的には、玄米などの漂白しない穀類と野菜と海藻類を中心に、動物性たんぱく質は魚介類を少量、できるかぎり自然なままの状態で食べればよく、元禄時代以前の食事をもっとも理想的な健康食に位置づけている。

ミラクル・エンザイムという一見、医学的なワードが根拠に使われているとはいえ、ここまではごく一般的な食養生の解説だが、本書の眼目は胃相・腸相を悪くする食品に対する完膚《かんぷ》無きまでの攻撃にある。病気の原因は動物性たんぱく質の多量摂取であると結論づけ、なかでも牛乳と乳製品の極端な害悪論を展開した。

要約すると、牛乳のカルシウムは体内のカルシウム量を減らし、飲みすぎると骨粗鬆症になる。世界四大酪農王国のアメリカ、スウェーデン、デンマーク、フィンランドに股関節骨折と骨粗鬆症患者が多いのは、そのためである。乳たんぱく質の八割を占めるカゼインは胃に入るとすぐに固まってしまうため、牛乳ほど消化の悪い食品はない。しかも市販の牛乳はホモゲナイズ（脂肪均質化）と加熱殺菌の工程によって乳脂肪が酸化して「錆びた脂」に変質し、腸内環境を悪化させて毒素を発生させる。それが証拠に子牛に市販の牛乳を飲ませると、四、五日で死んでしまう。さらにアトピーや花粉症が急増した原因は学校給食の牛乳にあり、子どもに白血病、糖尿病を発症させる原因にもなっている。

といったことが、素直な人なら読んですぐに牛乳を止めたくなるような断定的な筆致で書かれている。牛乳有害説を過激に主張する本はそれ以前にもあったが、約一年で一〇〇万部以上も売れ、〇五年度ベストセラー総合一九位、〇六年は五位にランクインした本だけに社会的影響力は大きく、それでなくてもダイエット志向で低迷していた牛乳消費量の減少に拍車をかけ、酪農・乳業業界は深刻なダメージを蒙った。

ヒートアップした牛乳論争

その状況に危機感を覚えたJミルク（旧日本酪農乳業協会）が、猛反撃に出た。連携組織の牛乳乳製品健康科学会議が『病気にならない生き方』に記されている各説の疑義をただし、それぞれを裏付ける科学的根拠の説明を求める公開質問状を二〇〇七年三月に新谷へ送り、同年一二月に両者のあいだで交わされた「牛乳論争」の内容を公開する記者発表まで行ったのである。

八つの説に対する牛乳乳製品健康科学会議の見解をざっとまとめてみよう。

一、ホモゲナイズと加熱殺菌によって乳脂肪が「錆びた脂」に変質する──▼乳脂肪は一般的な植物油より多価不飽和脂肪酸が十分の一以下と少なく、もともと酸化されにくい脂肪であるうえ、ホモゲナイズによって表面が乳たんぱく質で被膜されて酸化されづらい形態になり、しかも通常のホモゲナイズと殺菌は外気と触れない工程で行うため、脂肪が酸化する可能性はきわめて低い。

二、牛乳のカルシウムは、かえって体内のカルシウムを減らす──▼カルシウムはもともと消化吸収率の低い栄養素だが、牛乳のカルシウム吸収率は高く、若年日本人女性を対象としたカルシウム吸収率試験によると、牛乳は四〇パーセント、小魚は三三パーセント、野菜は一九パーセントと牛乳がもっともすぐれ、蓄積率も牛乳のほうが高く、牛乳を飲むことで体内のカルシウムが減ることはない。

三、牛乳を飲みすぎると骨粗鬆症になる──▼牛乳を飲むことによりカルシウムが摂取でき、骨粗鬆症の予防に有効であることは、世界中の研究者により報告されている。なお、ハーバード大学で米国人七万八〇〇〇人を一二年間追跡した論文では、牛乳を多く飲むグループと少ないグループの骨折リスクなどについて調査した結果、「牛乳あるいは食物起源カルシウムをより多く摂取すると骨折発生が減るという証拠は見出されなかった」とは記載されているが、牛乳を多く飲むグループが骨粗鬆症になるとの記載はない。

四、アメリカ、スウェーデン、デンマーク、フィンランドに股関節骨折と骨粗鬆症患者が多いのは、牛乳が原因──▼前述したハーバード大学の論文には、牛乳をたくさん飲むことで大腿部骨折と骨粗鬆症が多くなるという報告はない。北欧の女性には大腿部の骨折が他国に比べて多い傾向があるが、牛乳が原因だとは考えられていない。日本の骨粗鬆症学会、骨代謝学会、内分泌学会、産婦人科学会、整形外科学会などでも牛乳・乳製品を摂取することで骨粗鬆症になる、あるいはリスクが高まるという研究報告はない。

五、カゼインは胃に入るとすぐに固まり、牛乳ほど消化の悪い食品はない──▼牛乳たんぱく質のカゼインは胃の中で酸や酵素によって固まるが、それにより消化されにくくなることはなく、容易に分解される。食品たんぱく質の消化率を比較したデータによると、牛乳は九八・八パーセント、牛肉は九七・五パーセント、鶏卵は九七・一パーセントと、主要なたんぱく質食品の中でもっともすぐれている。

六、アトピーや花粉症患者急増の原因は、学校給食の牛乳である──▼アトピーや花粉症が単純に学校給食の牛乳に起因するという科学的根拠はまったくない。学童期のアトピー性皮膚炎は牛乳などの食物よりも環境要因が悪化因子となっている。

七、市販の牛乳を子牛に飲ませると、四、五日で死んでしまう──▼市販の牛乳を子牛に飲ませてもまったく安全で、健康に生育し、それが原因で死ぬことは決してない。実際に、通常どおり母牛の初乳を与えて受動免疫を得た生後四～一八日の子牛を対象に市販牛乳を四～一〇日間、一日に四リットル与える試験を行った結果、体調に何ら異常は認められず、その後も順調に生育している。

八、ヨーグルトの乳酸菌は胃に入った時点でほとんど殺される──▼ヨーグルトは乳酸菌が死滅しても、乳酸発酵生成物や菌体成分による健康に対する効果がある。また、ヨーグルトの乳酸菌の中には「生きたまま腸に届く」ことが検証され、効果を発揮するものもある。ヨーグルトや牛乳成分は、ビフィズス菌などの腸内細菌に利用されることにより、腸内で善玉菌が優勢になってヒトの健康に有益な影響をもたらす。

市販の牛乳を子牛に飲ませると死ぬなんて、いくらなんでもトンデモ話だと思っていたが、やっぱり。だが、実際に試験をしてみたところからは、事態の深刻さが伝わってくる。

対して、この質問書への新谷の回答は、難解なうえ、科学的根拠として引用されている論文とデータすべてが英文なのでお手上げだ。

だが、新谷が回答全体の論拠にしているのが、二〇〇三年にWHO（世界保健機関）が発表した「カルシウムパラドックス」であることだけは理解できた。欧米諸国のように牛乳からのカルシウム摂取量が多い国で、骨粗鬆症と骨折の発症率が高い現象のことである。

新谷は「カルシウムパラドックスという現実を直視することが全ての出発点」であり、WHOの研究と勧告が間違っているというなら「今からでも遅くはないのでWHOに堂々と抗議し、国際的な記者会見でも開かれてはどうでしょうか」と国際的権威を盾に、これまでの国際的な牛乳論争を無視して質問書を送りつける行為は「不勉強にとどまらず、事実の重みにさえ無頓着でありつづけるのは、まさに非科学というべき姿勢」だと噛みついている。

この回答書に対し、牛乳乳製品健康科学会議はさらに見解を出した。

まず、カルシウムパラドックスに関して、WHOはたしかに原因解明の必要性を指摘しているが、牛乳多飲が骨折の原因だとは一言も述べていないと否定。回答書で言及している論文とデータのすべてを検証した結果、新谷の主張は内外の論文と臨床データから「牛乳は体によくない」という結論を導くために都合のよい部分だけを、極端な場合はワンフレーズだけを引用するだけで成り立っており、「一言で申し上げれば、『病気にならない生き方』の牛乳乳製品に関する主張については、科学的根拠がまったくないという結論に達しました」と、きつい一撃を与えた。

また、新谷は回答の前段で、臨床医として三〇万件以上の症例を見るうちに、「牛乳をあたかも万人が飲むべき完全食品であるかのように訴える牛乳神話の危険性に思い至った」と述べているが、これに対しては「私どもは、牛乳が人間にとっての完全食品であるとは考えておりません。ご存じの通り、ビタミンCや鉄分は僅かにしか含まれておりません。食べものは、バランスよく摂取することが重要だと考えております」とあっさり認めている。

補足すると、牛乳は鶏卵と同様、たんぱく質、脂質、糖質、各種ミネラルやビタミンを豊富に含み、たんぱく質の必須アミノ酸価が高いため、各種の食品やたんぱく質を栄養評価する際の基準として扱われてきたが、ビタミンCと鉄分だけでなく、ビタミンDと食物繊維も十分ではない。それでも完全栄養食品と呼ばれ続けてきたのは、たしかに捏造といわざるをえない。

そこにフォーカスした憤りはもっともだとしても、各説に対する詳細な反証を読んでみるかぎり、新谷説の怪しさと危うさは明らかだ。だが、淡々とした科学的な解説より、「日本人は牛乳の栄養神話にだまされている」というプロパガンダが与えた衝撃は強かった。

牛乳論争はいちおう新谷側が論破されたかたちで終わり、協会側は市民講座などで安全性や健康効果をアピールする活動を続けているが、その後も牛乳有害説はすたれずに元気いっぱいで、バッシングは止まない。

乳糖不耐症とアメリカの「陰謀論」

なぜ、牛乳はこんなに嫌われるようになったのだろうか。

一般的に牛乳を飲むとお腹がゴロゴロしたり下痢をしたりなど、消化吸収が問題にされる原因は、「乳糖不耐」である。

牛乳中の糖質である乳糖（ラクトース）は胃ではほとんど分解されず、小腸内に存在する酵素（ラクターゼ）によって分解され、はじめて栄養素として吸収される。哺乳類は授乳期にラクターゼ活性が高く、離乳すると低下するが、日本人をはじめアジア系の人種にはもともとラクターゼが少ない人が多い。そのため分解されずに大腸へ運ばれた乳糖は、大腸内の腸内細菌に利用されて多量の酸やガスを発生して下痢や腹痛、膨満感などの不快な症状を引き起こす。これが乳糖不耐症である。

だが「症」とは呼んでも病気ではなく、哺乳類としては普通のことで、九割以上が成人しても高いラクターゼ活性が低下せず、乳糖耐性を維持する北ヨーロッパ人やアフリカ、中東の牧畜地域の人々以外は、人種にかかわらずかなりの割合で乳糖不耐が発生する。長い歴史の遊牧生活で乳製品に依存した食生活を営んできたモンゴル人ですら、乳糖不耐の出現率が高いという。

しかし実際には、牛乳を飲んで下痢を起こす日本人の割合はそれほど多くないようだ。牛乳乳製品健康科学会議が行ったヒト試験では、乳糖三〇グラム（牛乳七〇〇ミリリットル相当）を摂取したグループでは下痢は起こらず、六〇グラム（同一二〇〇ミリリットル）摂取のグループでは五割以上に起こったそうだ。一度に一リットル以上も飲むことは実生活ではめったにないから、この試験結果に従えば、コップ一杯程度ではゴロゴロするくらいですむことになる。

また、乳糖が小腸で分解されない場合でも、大腸内の乳酸菌やビフィズス菌などの有用腸内細菌が多い人はスムーズに分解・吸収される。苦手な人は無理に飲む必要はないが、少しずつ飲んだり、温めて飲んだりすることで分解しやすくなるし、ヨーグルトやチーズは、発酵によって乳糖が減少しているので消化不良が起こりにくい。お腹がゴロゴロする人向けに、あらかじめ乳糖を分解した加工乳も市販されている。

それでも、「日本人に牛乳は合わない」というワンフレーズは強力だ。「日本人の大半は乳糖不耐だから、栄養素を取り込めないどころか、消化不良を起こし、体に害を及ぼす牛乳を飲む必要はない」という言説は広く受け入れられて、牛乳有害説の基本中の基本になっている。「陰謀説」も、広く知られる牛乳否定言説のひとつである。

どんな陰謀かというと、体質的に合わない牛乳を日本人が「飲まされる」ようになった背後には、アメリカ産の余剰小麦や飼料用穀物を引き受けさせるために、日本人の食生活の基本を米と味噌汁からパンと牛乳に変えようと企むアメリカの意図があったというものだ。

占領期にアメリカが援助物資として脱脂粉乳を送ったのは児童から乳製品の味に慣れさせるためで、日本人は「完全栄養食品」という牛乳神話にマインド・コントロールされ、学校給食で半強制的に毎日飲まされた結果、伝統的な食文化は破壊され、健康が害されてしまったとする。

しかし実際には、援助物資として小麦粉かミルクのどちらにすべきかをＧＨＱが日本の有識者に意見を求めたのに対し、東北大学教授で衛生学者だった近藤正二が「たんに飢えを防ぐためよりも、子どもたちの成長のためにミルクがほしい」と答えたことで、学校給食で脱脂粉乳が採用されたという。

日本人の平均寿命は戦前まで男女とも四〇歳代と欧米諸国よりはるかに短く、老人病と呼ばれた脳溢血が若い年齢層にも多かった。近藤はその事実に危機感を抱き、戦中の三七年（昭和一二）から全国の村を地道にフィールドワークして短命の原因は白米の大食であることを突き止め、日本人の栄養改善に大きな功績を残した学者である。

牛乳を飲むのは自然の摂理に反する？

「牛乳は子牛が飲むもので、人間が飲むものではない」「他の動物の乳を飲むのは人間だけだ」「乳は赤ちゃんが飲むもので、離乳期が過ぎても飲み続けるのは人間だけ」「牛乳は人間にとって異種たんぱく質である」など、人間にとって牛乳は自然の摂理に反する食品であるとする言説も、さまざまなバリエーションで存在する。

人間に食べられることを目的に存在するものは自然界にひとつもなく、人間が他の動物の乳を食物として利用することを否定するのなら、世界各地で牧畜を営んできた民族は神に反する背徳者なのだろうか。人間だけが飲んだり食べたりするものはあまりにも多く、牛乳だけが自然に反した食品とするのは無理がある。

なかでも異様なのが「異種たんぱく」の話である。人間にとって摂取可能な、異種ではない「同種たんぱく」は母乳だけだからだ。人の肉も同種たんぱくだが、いうまでもなく人肉食はタブー。牛乳はもちろん、動物性、植物性を問わず人間が食べているたんぱく質食品はすべて異種たんぱくなのだが、過激な牛乳有害説では「母乳を赤ちゃんの静脈に注射しても同種のたんぱく質だから何でもないが、牛乳を注射すると、たちまち死んでしまう」ほどの毒性を有し、牛乳を飲むと「いろいろなアレルギー症状や炎症を引き起こして人体にダメージを与え、がんの引き金になる」とまでいっている。一瞬もっともらしく聞こえるかもしれないが、疑似科学の香りがプンプンだ。そもそも、母乳を静脈注射するなんて、ありえない。

動物福祉の観点から、牛乳を飲んではいけないと訴える人々も少なからずいる。

彼らの主張によると、乳牛は狭い牛舎に詰め込まれて自由のない「繋ぎ飼い」で飼育され、乳量を増やすために濃厚飼料を与えられて絶え間なく人工授精・妊娠・出産・搾乳のサイクルを繰り返された結果、五歳にもなると乳量が減るため屠畜されて食肉や皮革材料として出荷され、はかなく悲惨な一生を終える。劣悪な飼育環境のために乳房炎などの病気にかかりやすく、治療と予防のために投与された抗生物質が生乳に残存し、人体に害を及ぼす危険性が高いという。

また、妊娠中の母牛から搾乳するため、その乳には女性ホルモン（黄体ホルモン、卵胞ホルモン）が相当量含まれることになり、子どもの発育過程で悪影響を及ぼし、乳がん、子宮がん、前立腺がん、卵巣がんなど、ホルモンが関係するがんの原因になると警告する医学者もいる。Jミルクはこれに対し、抗生物質を飼料に添加することは法律で厳しく禁止されており、牛乳に含まれる女性ホルモンはごく微量で、人間の健康に影響するという報告はないと反論している。

ほかにも、乳脂肪は飽和脂肪酸のため肥満や生活習慣病のリスクを引き上げるとか、加熱殺菌によって酵素が死滅するとか、乳糖が分解されると生成される「ガラクトース」が白内障の引き金になるなど、医学的根拠を伴って説明される牛乳有害説は数々あるが、どんな場合でもよく言及されるのは、アメリカの経済戦略によって牛乳は「戦後になって飲みはじめたもの」であること、なかんずく「学校給食で子どもたちが強制的に飲まされた」ことに対する憤りと怒りである。「日本人の伝統的食生活が、人類史上例を見ないほどのスピードで激変したのは、外圧によるものだ。GHQの指導による栄養改善運動で、たんぱく質と脂肪分の摂取量が増えた結果、日本人の体格は急速に大きくなった。しかし、長期的に見るとその変化に適応できず、しわ寄せが体のいたるところに現れている。いまこそ日本人が健康で頑強だった、牛乳を飲まない戦前までの食生活に戻ろうではないか」

これが飲用戦後説の概要。陰謀論に近く、食の欧米化がさまざまな健康被害を生み出した元凶とされ、そのシンボルになっているのが牛乳である。

それでは、日本人が牛乳を飲みはじめたのは本当に戦後かというと、その認識は事実に反している。実際は戦前までに乳製品はかなり普及していたし、江戸時代以前も牛乳を飲む文化は皆無ではなかった。牛乳はどう飲まれてきたか、また有害説の根っこはどこにあるのかを考えるために、時計のねじを古代まで戻してみよう。

そもそも古代の牛乳は薬だった

古墳時代の五世紀、ウシは家畜としてすでに飼われていたが、牛乳の薬効や乳牛飼育法などの知識は六世紀、仏教が伝来した欽明天皇の時代、仏典、仏像と内外の医薬書、明堂図（人体の経絡やツボを描いた図）などを携えて百済から来日した呉国人の智聰によってもたらされたというのが定説だ。

六四五年（大化元）の大化改新の頃、智聰の子の善那（日本名は福常）が孝徳天皇に体を丈夫にする薬として献上したのが、牛乳の飲用に関する最初の記録（平安初期に編まれた『新撰姓氏録』）である。天皇は大いに喜んで、善那に「和薬使主《やまとくすしのおみ》」の姓と「乳長上《ちちのおさのかみ》」という役職を与え、善那の子孫は代々この役職を受け継ぎ、乳を搾って乳製品を製造する技術指導者として朝廷に仕えた。

仏教は肉食を禁じているが、牛乳の飲用は認めている。それどころか、釈迦は悟りを開く直前に、スジャータという名の娘に施しを受けた牛乳粥を食べることによって、六年に及ぶ厳しい苦行で痛み衰えた心身を回復し、菩提樹の下で瞑想して悟りを得たという神聖な食べ物なのである。

また、仏典の「涅槃経」には、涅槃経が最上の教えである喩えとして「牛より乳を出し、乳より酪を出し、酪より生酥《せいそ》を出し、生酥より熟酥《じゅくそ》を出し、熟酥より醍醐を出す」と書かれている。酪はおそらく液状のヨーグルト、酥はコンデンスミルクのような濃縮乳かバター、あるいはチーズ、醍醐は濃厚で甘いバターオイルやチーズ状のものだったなど、いろいろな説がある。乳を精製して得られる最高の状態である醍醐が、最上の美味、転じて物事の神髄を表す「醍醐味」の語源である。

現在のインドでも、卵も乳製品も食べない厳格なベジタリアン以外は、肉を食べない人でも牛乳、ヨーグルト、パニール（熟成させないフレッシュチーズ）、ギー（加熱後に乳酸発酵させた生乳から作るバターオイル）を豊富に摂取している。

古代の日本で製造されていた代表的な乳製品は酪と蘇の二種で、醍醐は作られていなかったようだ。酪はヨーグルトまたは練乳のようなクリーム状のもの、蘇は生乳を一〇分の一程度に煮詰め、濃縮したチーズのような固形状のもので、長期保存ができたらしい。

蘇は日本独自の乳製品で、吉田豊『牛乳と日本人』は「中国の文献ではすべて『酥』の文字であり、わが国でもそれを引用、紹介したときには『酥』が用いられたが、それ以外は『蘇』があてられている（貢蘇がすたれてからはだんだんと混用されるようになった）。すなわち、酥が何であるかは中国から伝わって知っていたが、日本ではそれとは実体のちがったものがつくられていた、と考えられる」と説明している。

仏教の教えが普及するにしたがって、上流階級のあいだで牛乳が高貴な食べ物として普及した。官営牧場の「牧」が全国に設けられ、ウシを飼って乳を搾り、加工した乳製品が朝廷に献納された。奈良時代には酪農行政がさらに整備され、乳長上は朝廷の医薬部門を担当する典薬寮所属になり、その下に「乳戸」（親族で構成された酪農集団）が設置され、蘇を租税として納める「貢蘇」の制度が確立した。

牛乳の存在が確認された考古学資料としては、平城京に隣接した長屋王邸宅跡から出土した奈良時代初期の「長屋王家木簡」が最初のものだ。一本には牛乳を持ってきた者に米七合五勺を支給、もう一本には牛乳を煮た者にやはり米を支給したことが記録されている。また、平城宮跡からは「近江国生蘇三合」と書かれた木簡が出土している。近江の国、いまの滋賀県から献納された生蘇の容器に荷札としてつけられたもので、生蘇は煮詰め方が少ない現在のミルクジャム状の柔らかな蘇だったかもしれない。医療用だけでなく、仏教儀礼用にも蘇の需要は高かったようだ。

現在、蘇は「飛鳥の蘇」、酪は「天平の酪」という商品名で再現され、古代をイメージさせる奈良の郷土スイーツとして人気がある。現代の酪はとろりとなめらかなミルクプリンだが、天平時代の酪はどんな味がしたのだろうか。また、飛鳥の郷土料理に「飛鳥鍋」と呼ばれる牛乳鍋がある。実際は昭和初期に開発された郷土料理だが、「飛鳥時代に貴重な牛乳で鶏肉を煮たのがルーツ」と紹介されるように、古代の酪農は現代のご当地グルメに有効活用されている。

平安貴族に愛され、鎌倉武士には嫌われた

平安時代になると蘇の需要は増え、貢蘇を負担する諸国は九州から東北地方まで五五ヶ国に達し、酪農は全国的に盛んになった。たとえば東京の新宿区に「牛込」という地名がある。いまの神楽坂や早稲田、市ヶ谷にまたがるエリアだが、この地名は古代に官営牧場が設置されていたことに由来する。

乳製品は皇族だけでなく、貴族のあいだでも愛用されるようになり、紫式部が仕えた中宮彰子の父、藤原道長も重病を患ったときに蜜を合わせた「蘇蜜煎」を服用したことが日記に書き残さ

れている。

平安時代の甘味料としては、甘葛《あまづら》（ツタの一種で、蔓から甘い液が採れる）、蜂蜜、水飴、唐から輸入した砂糖があったが、いずれも貴重な高級品だった。牛乳を煮詰めると天然の乳糖でほんのり甘くなるので、蘇自体が甘味としても賞翫《しょうがん》されたはずだが、ここに蜜を混ぜるとチーズケーキのような味になって、さぞやおいしかったろう。栄華を誇った道長らしい贅沢品だが、実は糖尿病がかなり進行していたため、甘い蘇は逆効果だったかもしれない。

これほど栄えた酪農だが、平安時代後期から武士が台頭し、貴族社会が衰退するにつれて貢蘇が滞りはじめ、鎌倉時代中期になるとほとんど行われなくなった。武士は野生動物の肉食は行ったし、武具材料として牛革と軍馬の需要が増大したため、牧畜自体は続けられたが、家畜を食用にはせず、乳製品も利用しなかった。

一三三三年に「建武の中興」で天皇親政を復活させた後醍醐天皇は、政策の一環として貢蘇の命を諸国に下した。酪農を振興した醍醐天皇の治世を理想とし、みずから「後醍醐」の号を定めた天皇だけに乳製品に対する取り組みも熱心だったが、すぐに南北朝の戦乱がはじまり、酪農文化の復興はならなかった。

牛乳と乳製品がすたれた原因は、仏教の肉食禁止令が浸透して乳も忌み嫌われるようになったことに加え、食品ではなく医薬品として扱われたことと、皇族と貴族が独占していたために武士や庶民がその価値や味に縁遠く、食文化のなかに溶け込んでいなかったことが大きいとされる。

徳川吉宗の酪農振興策

二世紀の空白のあと、牛乳が再び日本の食文化史に登場するのは、一五四三年にポルトガル船が種子島に漂着して以降のこと。その六年後にイエズス会宣教師のフランシスコ・ザビエルが来日し、キリスト教の布教が大々的に行われた。

イエズス会の報告によると、一六〇〇年には日本各地に三〇の修道院と司祭館が存在し、滞在する司祭は一〇九人、さらに一四人が来日予定とある。徳川幕府が一二年と一三年に禁教令を出し、キリシタンを激しく迫害するまでは平穏に布教が続けられ、一一年の信者数は三〇万人に達していた。宣教師たちは、牛乳が滋養に富んだ食品であることを信者に教えただろう。

鎖国後は、長崎出島のオランダ商館の敷地内でウシやヤギが飼われ、バター、チーズを自家製造していた。太陽暦の元旦に開催された饗宴には奉行所の役人や通訳が招かれ、バターを塗ったパン、バターを使った肉料理、チーズが振る舞われたという。こうした機会を通して、商館に駐在していたオランダ人医師から牛乳と乳製品の知識が伝播していったことは想像に難くない。

江戸前期に書かれた食物誌の『本朝食鑑』(一六九七)、図入りの百科事典である『和漢三才図絵』(一七一二)には、酪と酥が登場する。『本朝食鑑』の解説には、「酪は牛乳から作る。その方法は『本草綱目』に詳しい。酥は酥油ともいい、酪の上に浮いた皮から作る。本邦で酪と酥を作るものの多くは華産を用いている」とある。ということは、オランダ人以外に日本のどこかで酪農製品を作る集団が存続していたのかもしれない。一九三四年（昭和九）に出版された『大日本牛乳史』（牛乳新聞社）は、「華」は西欧を意味するとし、洋牛がすでに輸入されていた可能性に言及している。

『本草綱目』は一五九六年、明の時代に出版された中国の薬物書で、日本の本草学に大きな影響を与えた。ここから『本朝食鑑』に引用される酪の作り方は、「生乳を鍋に入れて煮立たせ、さらに乳を足して泡立つまで沸騰させ、縦横に攪拌する。容器に移して冷却を待ち、浮いた皮をすくい取る。その皮は酥を作るのに使う。残った乳に古い発酵乳を少し入れ、紙で封印すると酪が出来上がる」というもので、現在の生クリーム、バター、ヨーグルトの製造法と原理的にまったく変わらない。

生乳を最初に加熱殺菌し、冷却すると上に濃い生クリームの層が浮かぶ。すくい取って、よくかき混ぜると水分と乳脂肪分が分離する。この乳脂肪分のかたまりが酪で、ようするにバターである。残った乳はいまでいうローファットミルク。ここに種を入れて発酵させた酥は、ヨーグルトに該当する。乳脂肪を均質化していないノンホモ牛乳を使えば、この通りに自作することができる。

『本朝食鑑』には作り方のあとに、酪は顔色をよくするとか、酥は内臓を潤すとか、効能を細かく説明し、乳製品を服用すると気力が増して病気の治療にも役立つと結んでいる。薬というより、滋養強壮ドリンクのはしりという感じだ。

こうしてオランダ人の食習慣と中国本草学の知識が広まるにつれて、日本の医薬関係者から牛乳の栄養効果が少しずつ再認識されていったのではないだろうか。

牛乳が本格的に復活するのは江戸中期、「享保の改革」を行った八代将軍、徳川吉宗の時代である。国内産業を振興するには科学技術の発達が不可欠であることを認識していた吉宗は、海外の知識を得るためにキリスト教関係以外の西洋書籍の輸入を解禁し、オランダ語を理解できる学者を養成した。ここから蘭学の興隆がはじまる。蘭学の知識は、その後の牛乳の普及に大きな影響を及ぼすことになった。

破綻しかけていた幕府の権力と財政を立て直した吉宗は、酪農中興の祖でもある。

馬術に関心が高かった吉宗はまず、ウマの品種改良のために西洋馬を輸入して安房嶺岡（現在の千葉県南房総市）にある幕府直轄の牧場で飼育。洋式馬術や獣医学を学ぶために長崎のオランダ商館から招いた馬術師兼獣医から、ウマの医療には牛乳とバターが役立つと勧められ、一七二七年（享保一二）に白牛三頭（うちメス二頭）を輸入し、同じ牧場で飼うことになった。

この白牛はインド産コブウシだったとされている。インドからわざわざ輸入したとしたら相当な力の入れようだが、付加価値をつけるため神聖視される白牛の名を借りただけで、実際はオランダから輸入した短角の乳牛だったという説もある。三頭は順調に繁殖し、翌年から牛乳を搾って「白牛酪」が作られるようになった。

これが日本における近世酪農のはじまりだ。嶺岡牧場は明治維新で新政府の所管に変わって以降も千葉県の酪農拠点として発展し、現在は酪農資料館や乳牛研究所などを併設した牧場「酪農のさと」として一般公開され、酪農の原点として背中にコブがあるブラーマン種の白牛を飼育している。

また、日本料理でこの故事は、「嶺岡豆腐」に記憶されている。胡麻豆腐のように牛乳を葛粉で固めた冷菜で、牛乳が「嶺岡」と呼ばれていた江戸後期に生まれ、名づけられたという。大航海時代に来日したヨーロッパ人が、市場で売られていた豆腐をチーズと誤解して「日本人は肉食をしないがチーズはたくさん食べる」と記録を残したというエピソードも連想させる。享保年間に創業した江戸料理の老舗「八百善」が得意とする料理だが、いまは現代人の嗜好に合わせ、牛乳に生クリームを足してこってり濃厚に仕立てている店も多い。

白牛酪は、『本朝食鑑』に載っているバター状でも、ヨーグルトでもなく、牛乳をかき混ぜながらゆっくり煮詰めて濃縮し、冷却後に型に詰め、固めて乾燥させた一種の保存食だった。古代の蘇とほぼ同じ製法である。小刀で削り、粉薬のようにしてそのまま食べるか、湯に溶いて飲んだらしい。白牛酪が将軍家だけに献上される貴重品だったことも、薬として特権階級に独占された蘇を彷彿とさせる。

だが、白牛酪は後年、市販されるようになった。白牛が順調に繁殖して一一代将軍家斉の時代には七〇頭以上に増え、白牛酪の生産量も多くなっていたため、余剰分を販売して逼迫する幕府の財政の足しにするためだった。嶺岡牧場の白牛の数は、幕末に四〜五〇〇頭に達していたというから、繁殖技術はかなり上達していたのだろう。

家斉は白牛酪を愛好し、九〇キロも離れた嶺岡から取り寄せる手間を省くため、一七九二年（寛政四）に江戸城雉子橋門近くの厩舎に嶺岡から白牛一〇頭を移し、白牛酪を作らせた。このときから販売がはじまったが、病気の予防と治療に霊験あらたかと宣伝され、しかも将軍様御用達の高貴な妙薬であっても、非常に高価だったのと、やはり動物の血肉に対する禁忌感から、庶民にはあまり売れなかったようだ。

また同年、家斉は医師の桃井寅に『白牛酪考』というタイトルの啓蒙書を書かせている。嶺岡牧場の由来と白牛酪の効能を解説した全三二ページの小冊子だが、これが日本初の乳製品の専門書だ。精力減退、産後、便秘、虚弱体質、老衰など、この本で紹介されている効能は多岐に渡るが、とくに労咳（結核）の特効薬だと指摘していることは注目に値する。結核が爆発的に流行するのは明治維新以降だが、この頃から蔓延がはじまっているのである。

家斉は六九歳という長寿を全うし、歴代将軍の中でも飛び抜けて長い五〇年の在位期間を誇った。しかも側室を四〇人も抱え、子どもの数はなんと五五人。これだけ元気で長生き、精力絶倫だったのは、白牛酪を毎日服用するほど自身の健康に意識的だったからなのだろう。

最後の将軍慶喜の父、烈公こと水戸藩主の徳川斉昭が大の牛肉好きだったことは「桜田門外の変」に関連したエピソード——彦根藩は特産の近江牛味噌漬けを水戸徳川家に贈呈していたが、信仰心の厚い井伊直弼は屠牛を禁止し、味噌漬けをいつも楽しみにしていた斉昭が再三頼んだにもかかわらず、無下に断ったことが水戸藩と彦根藩の不仲の遠因になったという「食べ物の怨み」説――でもよく知られているが、乳製品の熱烈な愛好者でもあった。

水戸藩校「弘道館」の医学所ではウシを飼い、牛乳からバターを作るなど、酪農の研究も行っていたという。斉昭は朝食から牛乳を飲み、酒を混ぜた「牛酒」も嗜み、一日に五合も飲用していたそうだ。ご先祖の黄門さまこと、二代目藩主の光圀も外来の食べ物の取り込みに積極的で、中華麺を最初に食した日本人ということになっているし、餃子、牛乳、牛乳酒やチーズも嗜んだという。息子の徳川慶喜は豚肉を好んだことから「豚一様」と渾名《あだな》された。

斉昭の攘夷思想と乳製品の取り合わせは意外な感じもするが、食に対して開明的なのは、水戸徳川家の伝統だったのかもしれない。

乳汁は子牛の成育のためだけに与えるもの

こうして細々ながら酪農の素地ができた頃に、黒船が来航した。将軍家と上流武家が特権的に独占していた牛乳は、このときから公衆衛生に不可欠な健康飲料として表舞台に現れた。

開港で日本にやって来た外国人は、牛乳が飲みたくても手に入らないので困った。農家にウシはいても、農民は乳の搾り方を知らない。弱り果てた外国人の代表格が、一八五六年（安政三）

の夏、日米修好通商条約締結のため来日した初代アメリカ総領事、のちの初代公使タウンゼント・ハリスだった。

ハリスは伊豆下田の曹洞宗寺院、玉泉寺に領事館を構えて着任し、下田奉行に牛乳を手配してくれるよう依頼したが、にべもなく拒絶された。奉行の断りの言葉はこうだったという。

「日本の国民は牛乳をいっさい飲みません。牛は農民が田畑の耕耘と荷物の運搬のために飼うもので、繁殖はさせないのです。まれに子牛が産まれたときに、乳汁はその成育のためにのみ与えるものですから、あなたの要求はお断りせねばなりません」

現代の牛乳有害論者が多用するスローガンのひとつ、「牛乳は子牛が飲むもので、人間が飲むものではない」がすでに登場している。たしかに牛乳は子牛から母乳を横取りするものだから、酪農に無縁な時代の日本人にとっては、ごく素直な反応だったのだろう。

ハリスは、それなら牝牛を一頭購入して領事館の敷地内で飼い、自分で乳を搾りたい旨を伝えたところ、再び断られた。

「申し上げた通り、牛は農業と運搬のためだけに使用するもので、農民にとって大切な財産ですから、一頭たりともあなたに譲ることはできません」

牛乳が飲みたくて切羽詰まっていたハリスは、香港からヤギを輸入して寺周辺の野山で飼えないかと苦肉の策を出したところ、「山野で放し飼いはいけません」という答え。ならば敷地内で飼うことを約束し、やっと了承を取り付けたという。

だが、二年後の五八年には、ハリスは牛乳を飲めていた。その頃、幕府との交渉のため多忙を極めたハリスは重病にかかり、しばらく下田で療養していたのだが、近在の農家から一五日間で九合八勺（一・八リットル）の牛乳が届けられたことが、現地の名主日記などに書き残されている。これに対しハリス側が支払った対価は、一両三分八八文。なんと米三俵分に相当したという。

念願の牛乳が飲めたハリスは回復し、その年の夏、日米修好通商条約を締結して江戸に移り、麻布の善福寺に公使館を開いた。

牛乳の効用は、ハリス周辺の日本人に強い印象を残しただろう。下田奉行所の足軽として玉泉寺の世話係をつとめていた下岡蓮杖は、ハリスの通訳として随行していたヘンリー・ヒュースケンから写真術の手ほどきを受け、のちに横浜で写真館を開いて日本の商業写真家の開祖となったが、写真業のかたわら牧場を経営して牛乳を販売したこともある。

公衆衛生的な観点で牛乳に着目したのは、その効果をだれよりも理解していた幕末の蘭方医たちだった。

「肉」の章でも書いたように、西洋医術を学んだ幕府お抱えの奥医師、石川桜所、伊東貫斎、松本良順の三名は六七年（慶応三）三月に、牛羊牧養推進の建白書を幕府に提出した。

五八年（安政五）に、種痘の普及と西洋医学講習を目的に、江戸の神田お玉ヶ池に種痘所が設立され、四年後の六一年（文久元）から「西洋医学所」と改称されて種痘、医学教育、解剖の三科が設けられた。現在の東京大学医学部の前身である。

建白書では、「これまで房州の嶺岡牧場で白牛を飼育していたが、遠隔の地につき新鮮な牛乳は得がたく、なにかと不便なので、江戸近在の駒場や広尾、目黒などの水の便がよい地を選び、西洋法にならって野に放せばいたって容易に飼うことができる。現在三〇〇頭の嶺岡の白牛が、一〇年後には数千頭に増えて莫大な利益を生むだろう」。そして「酥と酪は西洋人が常食し、価格が非常に高い食品なので、製造して販売すれば利益は少なからず、医学所で学ぶ学生の教育、海外での伝習など人材育成に役立てることができる。また、徳丸や戸田原、小金原、那須野など不毛の荒野に牧場を作って牛と羊を飼い、その利益で病院、棄児院、貧院などを建設すれば、これ以上の恵みはないだろう」と、医学所に牧養いっさいを任せてほしい旨を願い出ている。

牛乳の効果については、「新鮮な牛乳は、無比の滋養品で、身体疲労や食欲不振の病人に素晴らしい効果を発揮し、母乳のない子どもを養育するのに、これ以上のものはない」と力説した。

母乳が出ない場合、当時は磨り粉（米をすりつぶした粉）を湯に溶いたものや重湯を与えていたが、それで赤ちゃんが生育するのに必要な栄養が足りるはずがない。江戸時代の乳幼児死亡率は異様に高く、日本人全体の平均寿命を押し下げて、男女とも二〇歳代後半だったというデータもあるほどだ。だが、無事に成人できれば六〇歳くらいまで生きられたので、日本は決して極端な短命国ではなかった。江戸時代の死亡者四人に一人は乳幼児だったというから、子どもを死なせずに育て上げることは、国家的な悲願だったのである。

本当に乳幼児死亡率が低下するのは、これから八〇年経った第二次大戦後からだが、同じ建白書で牛肉を「人身を養い、血液を補い、身体を健やかにして、勇気を増し、ことに軍人には一日も欠くべからざる品」だと、とりわけ軍事的なメリットが言及されているのに比較すると、牛乳は公衆衛生面での役割が期待されていること、鮮度が強調されていることは、明治以降に牛乳がたどる道を予言していたといえる。

また、母牛が子牛を育てるためのものだけに、牛乳にはあらかじめ母性的な性質が付与されているのに対し、牛肉ははっきりマチズモ的だったことも対照的だ。

建白書では牛乳と牛肉以外に、牛皮供給の必要性や、緬羊の飼育で陸海軍軍服用の羅紗（羊毛）が自給可能になって輸入を防げること、農耕にくらべて牧畜は天候に左右されづらいなどのメリットも説かれたが、提出の七ヶ月後に大政奉還が成立したため、酪農・牧畜政策は明治政府に引き継がれることになった。

オランダ医官ポンペと奥医師の松本良順

建白書を上奏した三医師のひとり、松本良順は普及に大きく貢献した牛乳史上のキーパーソンだが、なによりもまず日本の近代医学における最初期の重要人物として、医学史に名前を残している。その生涯は、吉村昭の『暁の旅人』、司馬遼太郎の『胡蝶の夢』で小説化されたほどドラマチックだった。

房州の佐倉で医学塾順天堂（順天堂大学の前身）を開いた蘭方医、佐藤泰然の次男として一八三二年（天保三）に生まれ、一八歳のときに徳川幕府の奥医師をつとめていた松本良甫《りょうほ》の婿養子になった。生家ではオランダ医学の素養を身につけていたが、幕府の医療は漢方医に独占されて蘭方医は排斥されていた。

養家の跡を継ぐために漢方医学を修得し、漢方医として往診に従事するようになってもオランダ医学を学びたい気持ちが募って五七年（安政四）、長崎に創設された海軍伝習所に伝習生の一員として参加することに成功し、オランダから派遣された医官から最新西洋医学を実地で学んだ。

医官のヨハネス・ポンペ・ファン・メーデルフォールト（通称ポンペ）は、来日したときまだ二

上：松本良順
下：ポンペ
いずれも長崎大学附属図書館所蔵

八歳の若さだったが、物理学、化学、生理学、人体に関する総論、病理学、解剖学、薬理学といった医学関連課目と、内科や外科、眼科など各科の基礎理論、日本初の人体解剖実習をすべてたった一人で日本人医学生たちに教授した。

そのかたわら、長崎市民に種痘をほどこし、町でコレラが大流行したときには治療と予防に奔走した。医学実践の場として入院設備のある養生所を設立し、基本的に貧しい人たちのために機能させて、みずから診療に当たった。ポンペが五年間に治療した患者は一万四五三〇人だったというから、猛烈な働きぶりだ。

「医師は自らの天職をよく承知していなければならない。ひとたびこの職務を選んだ以上、もはや医師は自分自身のものではなく、病める人のものである。もしそれを好まぬなら、他の職業を選ぶがよい」と、医学を立身出世や金儲けの道具にすることを戒め、貧乏人は無料で診察し、侍と町人、日本人と西洋人の区別をしなかった。ポンペの民主的な診療姿勢に、封建社会の身分制度にどっぷりつかって育った良順は医学の理想を見た。

養生所の場所選びに、ポンペは「陽光がよく当たり、通気のよい高所」という条件を挙げた。一八六一年（文久元）に完成した養生所は、病室八部屋に一二〇ベッドを備え、隔離病室と手術室四室、薬品や医療機器専用の部屋、洋食の調理室と浴室、散歩のできる運動場を付属する日本最初の本格的な西洋式病院だった。病院食は、パンとミルク中心の洋食だった。

手術や薬による治療と同等に、公衆衛生と予防医学を重んじる医療を身につけ、良順が江戸に戻った六三年（文久三）には、すでに幕府の蘭方医禁止令は解かれて奥医師に多くの蘭方医が進出し、西洋医学所も創設されて、蘭方医学と漢方医学の形勢がすっかり逆転していた。

良順は奥医師に任命され、西洋医学所の頭取に就任したが、これ以降がすごい。まず、第二次長州征伐のため京都に向かった一四代将軍、徳川家茂に随行して大阪城で死を看取った。死因は脚気だった。

この間、西本願寺内の新撰組屯所を訪ねて大勢の隊士が病人であることを知り、不潔きわまりない生活の改善と、清潔な病室を用意して滋養豊かな食事を与えるよう、近藤勇と土方歳三にアドバイスして大きな成果を挙げた。残飯を餌にブタとニワトリを飼っては隊士に食べさせて体力をつけ、屠畜したあとのブタの膀胱は氷嚢《ひょうのう》に使うよう指示したそうだ。

江戸に帰還した良順は、西洋医学所に「軍事医学」の課目を増設し、刀槍だけでなく銃砲による傷の外科治療を教え、続々と江戸に送られてくる戦傷者の治療に勤しんだ。

江戸開城後も幕臣として徳川家と運命を共にする覚悟で、戊辰戦争には軍医として参戦した。会津の戦いでは藩校である鶴ヶ城内の日新館を改装して病院を作り、オランダ製の弾丸摘出具を駆使して負傷者の手当をし、藩主の松平容保に直訴して食用にウシを手配してもらって患者に牛肉を食べさせた。回復に必要な体力をつけさせるためである。

その後、旧幕府軍の艦隊を率いていた海軍副総裁、榎本武揚と塩釜で会い、北海道に同行するよう請われたが、榎本と合流するため仙台に来ていた土方歳三に「先生のような世の中の役に立つ方は、江戸に帰るべきだ」と諭され、たまたま塩釜に停泊していたオランダの武器商人、エドワード・スネルの船に乗って横浜に密航し、スネルの商館に潜伏していた六八年（明治元）一二月、ついに捕らえられ、投獄された。

人気女形役者を使って吉原で牛乳のＰＲ

一八六九年の冬に釈放され、翌年の一〇月に早稲田で日本初の西洋式私立病院を開業したときから、松本良順は牛乳と深く関わるようになる。

実は良順の密航に協力したスネルは、横浜居留地で乳牛を飼育し、外国人相手の牛乳販売業を営んでいたこともあった。このスネルの牛乳屋で乳牛の飼育と搾乳法を覚え、六二年（六六年説もある）に横浜太田村（現在の中区山下町）に牧場を開き、乳牛六頭を飼って一合四銭で売り出した前田留吉は、日本人として最初に搾乳業を手がけた「牛乳開祖」である。

スネルから前田の話や搾乳方法を聞いていた良順は、牝牛と子牛を調達して乳を搾り、入院患者の食事に採用した。「病気回復に絶対の効能があるから、良薬と思うように」といわれて強制的に飲まされた患者たちだが、やがて体に力がついてきた、顔色がよくなった、味がいいという者も出てきた。

良順は牛乳の滋養と効能を確信していた。とくに病弱な人、身体虚弱な人には必要不可欠な食品であり、自分の患者だけでなく、世の中に広めるのが医師としての使命だと考えていた。そこで、旧旗本だった義理の叔父、阪川当晴に赤坂の自宅を利用して東京で最初の牛乳屋を開かせた。現在のプルデンシャルタワーのあたりだったらしい。

禄を失って貧窮していても、ウシの乳を飲むなんてとんでもないと難色を示した叔父を説得し、横浜の外国商人からアメリカ産乳牛を購入してはじめた「阪川牛乳店」だったが、日本人には気味悪がられてまったく売れず、買ってくれるのは築地の居留地に住む外国人だけだった。

牛乳屋開業の目的は商売ではなく、啓蒙だった。世間の人があまりに牛乳を嫌うことに困った良順は、よい方法はないかと思案して、患者の一人で当時スーパースターだった歌舞伎役者、美貌の女形の澤村田之助を吉原遊郭に連れて行って集まった大勢の芸妓の前で牛乳を飲ませ、「牛乳は美味しいものですね」と言わせた。芸妓から彼女たちの客に、牛乳の話題が拡散することを狙ったのである。宣伝チラシも作ったらしい。

いまでいうタレントを使ってのコマーシャルだ。良順の狙い通り効果はてきめんで、花柳界を通じて牛乳は評判を高めた。田之助が愛飲しているという牛乳を一度試してみようという気になった婦人も多かったという。この澤村田之助は幕末、宙吊り演技の最中の落下事故が原因で足が壊死し、ヘボン式ローマ字で有名なヘボン博士の執刀で、左足膝上から切断。そのあとも、米国から取り寄せた義足で女形を続け、芸を磨いたという特別な役者だったから、なおさらだった。

良順はまた、病人診療のため越後に赴いたとき、牛乳を飲むよう命じたが、ウシはいないと断られて、それならウマの乳を搾れと命じたが、ウマもいない。ならお産をしたイヌならいるだろうから、乳を搾って飲みなさいと命じたという真性の牛乳推進論者である。

初期の牛乳屋は良順の紹介で、一軒一軒と得意先を増やしていった。開業の翌年、赤坂から麹町五番町に移転した阪川牛乳店も順調に発展し、明治二〇年版の牛乳番付「大日本東京牛乳搾取業一覧」で西の横綱に輝いている。

その後、良順は山縣有朋に説得されて明治政府に仕えることを決め、陸海軍の医事を統括する兵部省軍医頭、続けて初代陸軍軍医総監に就任して「松本順」と改名した。同時に陸軍省に獣医部を創設し、獣医学校も設立してみずから校長になった。

それ以降もめざましい出世ぶりで、軍医制度を確立し、貴族院議員をつとめ、一九〇五年（明治三八）には男爵に叙勲され、七六歳という長寿をまっとうした。

公衆衛生と予防医学の観点から海水浴の効能を提唱し、神奈川県大磯に海水浴場を開設した「海水浴の父」としても有名だが（このときも尾上菊五郎などの人気役者を使って宣伝活動をした）、『大日本牛乳史』には「今日の市乳業の発達は何んと云っても松本先生に負う所が大である（中略）数百年来獣肉食禁制で伝統的に鍛え上げられた所を打破したのであるから、今日の乳業者は松本順を忘れてはならない」と記している。

「天覧乳搾り」と明治天皇の牛乳飲用

前述した牛乳開祖の前田留吉も、最初期の牛乳史におけるキーパーソン。一八四〇年（天保一一）、上総国長柄郡（現在の千葉県）の農家に生まれ、一八歳のとき江戸に働きに出た。二〇歳で横浜に移って菓子屋で働いていたときに居留地の外国人を見て、体が大きくて立派なのは肉食に理由があると閃いたらしい。

「これから身を立てて財産を作るには牧畜しかない。外国人について牛飼育法と牛乳搾取の術を極めよう。牛乳の搾り方を知る日本人はまだ一人もいない」と固く決意し、スネルのもとで三年間修業して二三歳で牛乳屋を独立開業した。客は居留地の外国人ばかりで、日本人には売れないどころか、まだ攘夷の空気も強い時期だったから反発も大きかったが、前田は全然めげなかったようだ。そのうち、母乳の飲めない赤ちゃんや病人によいことが徐々に伝わり、商売も成り立つようになった。

時代は明治に変わり、嶺岡牧場の管轄が明治政府に移り、新たに搾乳を開始して牛酪を製造することになった。ところが搾乳法が不完全だったため十分な量の牛乳を得ることができず、飼育していた白牛数百頭は屠畜して食用にするべきだという議論が起こったが、明治政府は殖産興業として酪農を積極的に推進する方針を固めた。

そこで必要になったのが、洋式の酪農法を知る技術者だ。徳川家斉の時代に創設された雉子橋の厩舎は維新後も存続していたが、ここに唯一の適任者だった前田が招聘され、搾乳や乳製品製造の方法を牧夫に指導した。

六九年（明治二）四月には、のちに東京府知事をつとめる由利公正の命で、前田が白牛から乳を搾るところを明治天皇に見せたりもした。史上初の天覧乳搾りである。おごそかな乳搾り実演の様子を想像すると笑ってしまうが、明治政府の熱心さが伝わるエピソードだ。ここから国策としての酪農が本格的に始動する。

翌年、雉子橋の厩舎は廃止され、築地に「肉」の章でも紹介した「牛馬会社」が設立されて東京での牧畜が本格的にスタートし、前田が技術指導のリーダーに起用された。

厩舎の白牛の大半は牛馬会社に移されたが一部は雉子橋に残り、七一年から、そこで搾った牛乳を明治天皇が一日に二度ずつ飲むことが習慣になった。

「房州嶺岡ニテ牧養セシ白牛ハ最モ美乳ヲ出ス由ニテ。此節雉子橋勧農役邸ニテ右ノ牛乳ヲシボリシテ宮内省へ御買上ニ相成、主上日々両度宛御服用遊サル由」

以上は『新聞雑誌』明治四年一一月第一九号の記事。牛肉を食べたことが報道され、肉食が解禁になる前の年である。天皇が牛乳を飲んだ事実は牛肉と同様、日本人の牛乳に対する抵抗感を解消するきっかけになった。

当時の明治天皇は一九歳、まだ成長期といってよい。アユやヒガイなどの淡水魚をとくに好み、酒豪だったことが分かっている天皇だが、一日に二度も飲用するのだから、きっとお嫌いではなかったのだろう。宮中の朝食は牛乳とパンで、肉食も一生続けた。だからということもないだろうが、明治天皇は大柄な体躯の持ち主だったようだ。

生前に身長と体重は一度も計測されたことがなく、遺体が一六六・二センチだったのが唯一の記録。外国の新聞に一七〇センチと記されたこともある。当時の日本人男性の平均身長は一六〇センチに満たなかったから、かなりの長身だったことは確かだ。世間に流布した軍服着用の堂々とした肖像写真は、欧風化のプロパガンダとして役立っただろう。

宮中御用の牛乳は、大久保利通の畜産増殖計画によって七二年(明治五)に開設された内藤新宿農事試験場(現在の新宿御苑)で、七五年から麻布笄町開拓使三号試験場、その後は現在の千葉県三里塚の下総御料牧場で搾られるようになり、一九六九年(昭和四四)に東京国際空港設置計画に伴って移転するまで皇室専用の乳製品や肉製品、卵を生産した。

現在の御料牧場は栃木県高根沢町にあり、東京ドーム五四個分の敷地で家畜と家禽が飼育され、皇族の静養の場としても活用されている。牛乳はホルスタイン種とジャージー種の混合で作られている。皇室と牧畜・酪農は深くつながっているのである。

日本初の「スーパーフード」は牛乳だった

松本良順と並んで、牛乳普及のもう一人の立役者が、慶応義塾を開いた福澤諭吉である。肉と牛乳の摂取を啓蒙し、絵入りの『西洋衣食住』で欧米のテーブルマナーと食器、酒類を幕末にだれよりも早く解説した福澤は、食の西洋化のオピニオン・リーダーでもあった。

幕末に遣欧使節団の一員として欧米を巡ったときは、牛乳特有の臭みが気になって口に合わなかった様子だが、発疹チフス（シラミによって媒介される感染症で、戦争、貧困、飢餓などの社会的悪条件下で流行することが多い）に罹り、かなり重篤な状態に陥ったときに医師のすすめで毎日飲用したところ、無事に全快した。これですっかり牛乳の信奉者になってしまった。

福澤諭吉が牛馬会社のために書いた『肉食之説』の牛乳のくだりは短いながら、肉よりさらに過剰で夢のような効能が記されている。現代語で要約してみよう。

「我が社ではすでに牛馬の飼育法を修得し、最近ではもっぱら牛乳の利用法を世に広めるために、さまざまな製品を作っている。乾酪（洋名チーズ）、乳油（洋名バタ）、懐中乳の粉（洋名ミルクパヲダル）、懐中薄乳の粉（洋名コンデンスド・ミルク）などである。

そもそも牛乳の功能は、牛肉よりさらにずっと大きい。熱病や結核はもちろん、身体虚弱な者すべてに欠かせない妙薬である。たとえどんなに素晴らしい薬品があったとしても、牛乳を根気

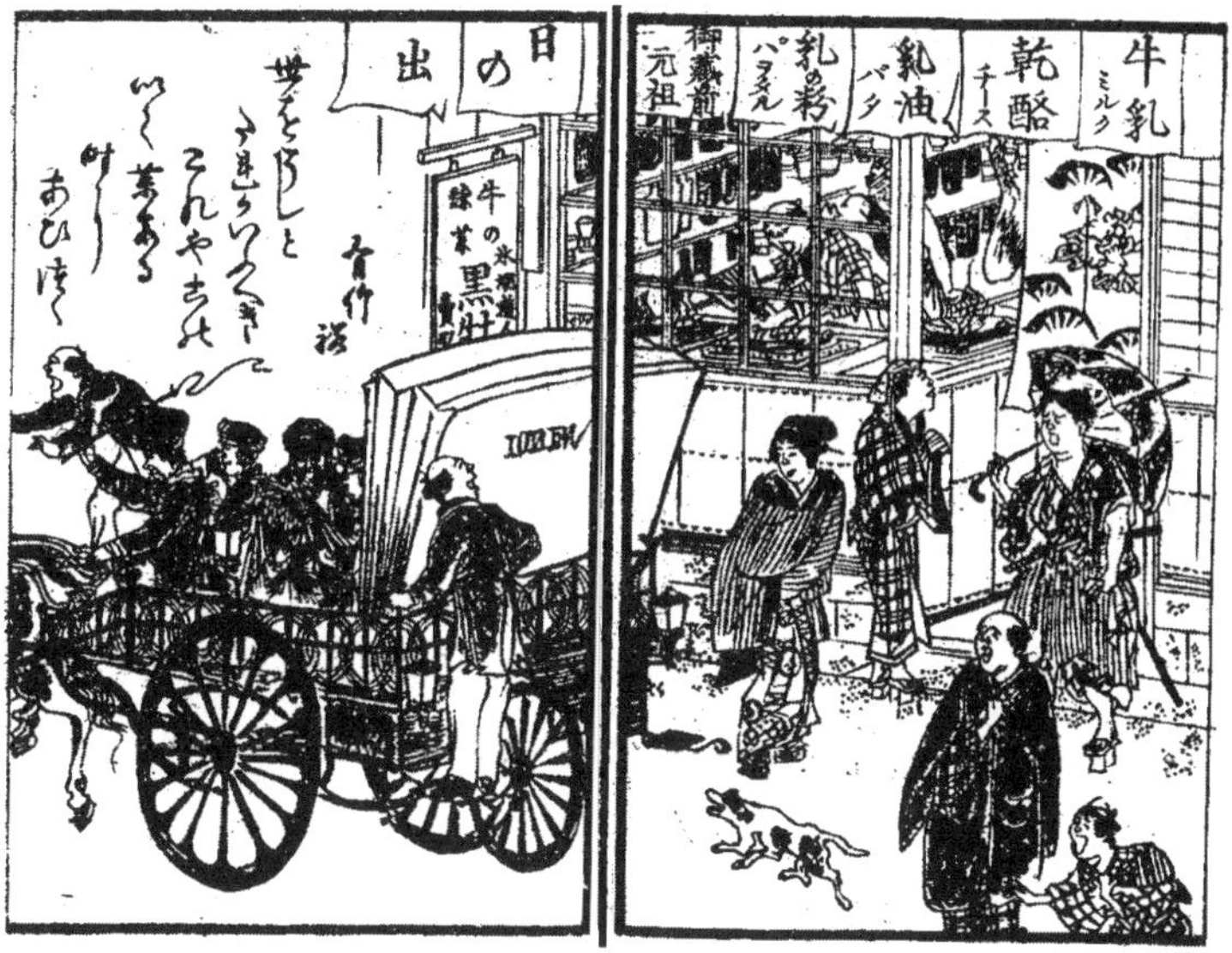

『安愚楽鍋』より。1871 年の出版当時、すでに乳製品が庶民の口に入っていた

よく飲んで体力と気力を養うことなくしては、役に立たない。まさに牛乳は万病に効く薬だといえる。

また、ただ病気を治すために用いるだけでなく、西洋諸国では食事として毎日飲むのはもちろん、チーズやバターを鰹節のように料理にも使っている。

たとえばスイスなどは山国で魚が手に入りづらいが、人々は牛乳だけで十分な栄養をまかなえているのだ。

どうか日本人も、これからは牛乳の効能を正しく見極め、適切に飲むことを願う。そうすれば不治の病は治って不老長寿が実現し、身体が健康になるうえに精神も活発になって、はじめて日本人としての名誉が傷つかずにすむのである」

牛肉以上の滋養強壮効果を発揮するだけで

なく、不治の病をも治す不老長寿の妙薬で、体のみならず頭もよくなる「健脳食」とまで断言しているからすごい。いまなら間違いなく薬事法や健康増進法に抵触する内容だ。発疹チフスの闘病時に、よほど効果を実感したのだろう。これを読んだら、みな抵抗感も吹っ飛んで試してみたくなっただろう。

こうして知識人による華々しいプロパガンダを引っ提げて登場した牛乳は、「これさえ飲めば健康になる」とうたわれた、元祖スーパーフードの栄養ドリンクだった。

続けて福澤は、牛馬会社で製造している乳製品を解説している。

牛乳製造の種類

一、牛乳（洋名ミルク）

牛の乳を搾ったもので、そのまま飲む。砂糖を加えてもよいし、慣れない人は濃く煎じた「コッヒー」（茶の類で舶来品）を混ぜて飲めばとても美味しい。体に必要な滋養が摂れ、消化を促して胃腸の調子をよくし、元気を増す。まさに百薬の長だ。また、赤ちゃんを牛乳で育てれば、乳母を雇う必要がなくなる。

一、乾酪（洋名チーズ）

牛乳を加工して乾いた餅のようにしたもの。塩気があって味がとてもよい。長期保存できる。

一、乳油（洋名バタ）

牛乳中に含まれる油脂分を集め、塩を混ぜて固めたもの。蒸した餅や芋につけて毎日の食事に。また、魚や肉を調理するときに使うと味がよくなる。消化を助ける効果もある。

一、懐中乳の粉（洋名ミルクパヲダル）

煮詰めた牛乳を乾かして粉状にしたもの。旅行に携帯できる。牛乳が入手しづらい土地の人は取り寄せて貯蔵しておくとよい。用いるときは湯、水、茶、「コッヒー」に溶かして飲む。効能は牛乳と変わらない。

一、懐中薄乳の粉（洋名コンデンスド・ミルク）

牛乳に白砂糖を混ぜて、濃度がつくまで煮詰めたもの。その状態は飴にそっくりで、用法と効能は粉と同じ。

この冊子が世に出たのは、一八七〇年（明治三）の秋。すでに牛乳からバターとチーズ、粉乳、練乳が製造されていたのだから、恐るべき早さである。現在でも主要な乳製品はこの五種にヨーグルトと生クリームが加わるだけだ。かんたんなレシピつきなのは、後年『時事新報』に新聞史上初の料理連載記事「何にしようね」を執筆したほど料理好きの福澤らしい。濃いコーヒーの牛乳割り、すなわちカフェ・オレを楽しんでいた様子も窺える。

最後に福澤は「日本国中の府藩県どこでも、牧場を開いて乳製品を広めようとする者があれば、我が社は喜んで酪農の方法を教えるから、ともに世の中の役に立てようではないか」と呼びかけているが、牛馬会社は一年足らずで閉鎖。民営の牛乳屋が次々に登場する。

日本初の哺乳瓶、「乳母イラズ」

牛乳の啓蒙には、新聞や雑誌、書物が重要な役割を担った。実質的には、政府による宣伝だった。

初期の牛乳は食品というより薬としての効能がうたわれたが、『肉食之説』に「赤ちゃんを牛乳で育てれば、乳母を雇う必要がなくなる」とあるように、乳幼児の成長に必要不可欠な滋養を含有し、母乳の代替品になることは、大人の滋養強壮効果と病気治療効果を上回る第一のセールスポイントになった。ここを突破口に、日常的な健康飲料として普及する道が拓かれていく。

「外国人ノ節二日本人ハ性質総テ智巧ナレ共根気甚乏シ是肉食セザルニ因レリ、然レ共老成ノ者今俄ニ肉食シタレバトテ急ニ其ノ験《シル》シアルニモ非ズ、小児ノ内ヨリ牛乳等ヲ以テ養ヒ立ナバ自然根気ヲ増シ身体モ随テ強健ナルベシ」（『新聞雑誌』明治四年五月第一号）

『新聞雑誌』は木戸孝允の出資で創刊された新聞。外国事情の紹介にも紙面を割き、文明開化を推進した。この記事も「外国人の説」では、「日本人は生まれつき頭がよいのに、根気がないのは肉食をしないのが原因だ。とはいっても年寄りが急に肉食をしても効き目はない。子どものうちから牛乳や乳製品で育てれば自然と根気が鍛えられて、身体も強健になる」と書いている。

『肉食之説』よりさらに牛乳の健脳効果が強調されていることに注目したい。

同じく明治四年『新聞雑誌』の「報告」欄には、ゴムチューブの先に乳首がついたガラス製哺乳瓶、その名も「乳母イラズ」がイラスト入りで掲載されている。パワフルな訴求力のある絶妙な商品名である。宣伝文を読みやすく直してみよう。

「上等器一両二分より、中等器三分二朱より、下等器二分より。乳は米国名産の牛より取るものを最上とする。病牛の乳ならびに他物の混じるものを禁ずる。

世間の乳汁に乏しい婦人はこの乳母いらずを牛乳を子に与えるときに用いれば人乳同様に飲みえて乳母を抱えて多分の給料を出し、またはその人の病疾あるいは性質の賢愚を選ぶ労費を省く

乳母いらず

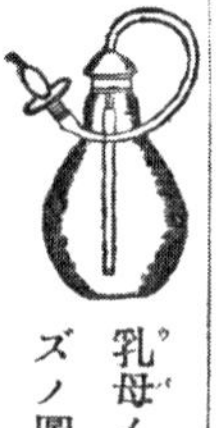

乳母《ウバ》イラズノ圖

上等器一兩二分ヨリ中等器三分二朱ヨリ下等器二分ヨリ　乳ハ米國《アメリカ》名産ノ牛ヨリ取ルモノヲ最上トス病牛乳並ニ他物ヲ雜《マジユ》ルモノヲ禁ズベシ

世間乳汁ニ乏シキ婦人ハ此乳母《ウバ》イラズヲ以テ牛乳ヲ小兒ニ與ユルトキハ人乳同様ニ飲得テ乳母ヲ抱ヘ多分ノ給料ヲ出シ又ハ其人ノ病疾或ハ性質ノ賢愚ヲ撰ブノ勞費ヲ省《ハブ》クノミナラズ成長ノ後モ自然無病ニテ強壯ナリ西洋ニテハ生子三月ヲ過レハ譬ヘ實親ノ乳アルモ之ヲ休メテ牛乳ヲ與ヘリ世人試ミテ其効顯ヲ知ルベシ

東京富士見丁南側中程唐物店　佐野屋重兵衛

（明治四年六月『新聞雑誌』第三號所載）

「乳母イラズ」の解説

のみならず、成長の後も自然無病で強壮になる。西洋では生後三月を過ぎれば、たとえ実の親の乳があっても、これを休んで牛乳を与える。世の中の人は試みて効顕を知るべし」

哺乳瓶は上等器が一両以上もする。両は円と等価で、明治七年の巡査の初任給が四円だから、とんでもなく高価である。上等器が下等器の六倍という値段の開きは、いったい何の違いだったのだろう。洋牛から搾った乳が最上で、病牛や牛乳以外のものが混ざっている乳は禁ずると、品質の正確な知識が早くも提供されていることに感心する。

愉快なのは、「乳母を抱える場合に支払う多大な給料と、乳母が病気にかかっていないか、賢い人かそうでないかを調べる労力を省ける」と、人工哺乳のお得感を宣伝していることだ。乳母は通常、住み込みで子どもの養育のかなりの部分を任せることになるから、人選には手間と経費がかかったのである。

注視すべきは、このあと、「のみならず、成長したあとも自然と病気にかかりづらく、体力のある元気な子になる。西洋では生まれて三ヶ月を過ぎれば、母乳が出ても牛乳を与える。日本人も試してその効果を知るべきである」と、小児に対する牛乳の特殊な効能をアピールしている部分だ。

日本には「七つまでは神のうち」という言葉があった。七歳までの幼児は、あの世とこの世の境界に存在する神さまの子どもという意味合いだ。

乳幼児死亡率が高く、身分や貧富にかかわらず、七歳まで死なせないだけでありがたかった時代に、丈夫な子に育つといわれれば牛乳に対する嫌悪感はかなり払拭されただろう。しかも明治天皇飲用のニュースが掲載されたのと同じ号だから、宣伝効果は抜群だったのではないか。乳幼児の死亡を防ぎ、身体強健、頭脳活発な子どもを養育することは、富国強兵の基盤でもあった。

『新聞雑誌』明治五年第四五号の付録「牛乳ヲ以テ兒ヲ育ル法」は、従来の母乳がわりに飲ませる磨り粉は養分が少ないため、赤子の生育が悪いのはいうまでもなく、「其兒往々軟弱ニシテ知識乏シク世ノ用ニ立タサルニ至ル」、つまり体も頭も弱く世の中の役に立たない人になってしまうことがよくあると前置きしたうえで、牛乳で養育する方法を細かく指南している。前置き、というより脅しである。

それによると、生母が健康な場合は生後九ヶ月間母乳を与えるが、三〇日後から牛乳を少しずつ与えて次第に増やし、九ヶ月で母乳を断つ。指南の内容は非常に具体的だ。

抜粋して紹介すると、「牛乳は朝夕二度、搾りたてを取り寄せ、すぐに土鍋で煮る。煮ている最中は一人つききりでかき混ぜ、一度煮立ったら火からおろし、冷めるまでかき回す。冷えたらガラス瓶に移し、冷水に浸けておけば暑い日でも腐らない。この乳五勺（九〇ミリリットル）と同量の沸騰した湯、半匙の砂糖を混ぜ合わせる。哺乳瓶は必ず一度使うたびに小豆入りの水でよく振り洗いし、ゴムチューブはこよりや細い竹などで掃除すること。生の乳がないときは、ブリキ缶入りのコンデンス・ミルクというものがあり、これも母乳よりはるかに養分が多い」

いかに牛乳が滋養品でも、不衛生に扱うと毒になる。加熱はよいとしても、細菌の知識が皆無だった時代だ。保存と哺乳瓶の殺菌は心許なかったはず。乳母イラズのイラストを見るとゴムチューブが長く、これを清潔に保つのは困難だったろうとゾッとする。なによりも牛乳の課題は安全性、黴菌との戦いだった。

引き出された古代の記録と天皇ブランド

一方、牛乳普及の最大の障壁になったのは、根強い「穢れ《けが》」の意識だった。

終生、朝食に牛乳を飲み続けた作家の内田百閒は、『御馳走帖』で幼少期の記憶を綴っている。「最初に牛乳と云ふ物を知つたのは幼稚園か小学校の初年級の頃」で、「珈琲沸しの様な形をした高さが二尺位もある大きな鑵に牛乳を入れて」牛乳屋が家に配達に来て土鍋に注いでくれた。「私は初めから牛乳がきらひではなかつたけれど、しかしさうやつて牛乳屋が蓋を取ると、鑵の中に何升も入れてある生の牛乳のにほいがぷんぷんにほつて来るので臭いと思つた。年寄りなどはけがらはしい物の様に思つてゐたらしいが、子供の滋養になると云ふので私に飲ませたのであらう」という。

百閒は一八八九年（明治二二）、岡山の生まれ。維新から三〇年が経っても、年配者はまだ牛乳を穢れていると嫌い、にもかかわらず子どもには飲ませたいと思わせる滋養食だったことがよく思い描ける逸話だ。

牛乳のにおいがぷんぷんといわれてもピンと来ないが、加熱も冷却もせず、搾ったままの生ぬるい牛乳は、いまの牛乳とは別物だったのかもしれない。そもそも餌が違う。現在の乳牛にはウシ本来の食べ物である牧草以外に、乳量を上げて乳脂肪と味を安定させるために穀物や米糠、大豆油粕、魚粉などを配合した濃厚飼料を大量に食べさせている。穀物飼育より牧草飼育の牛肉のほうが風味が強いのと同じように、当時のウシは青草や藁を中心に食べていただろうから、乳も自然と香りが濃厚だったのではないだろうか。

初期の牛乳配達は百間が書いているように、大きなブリキ製の輸送缶に入れて漏斗《ろうと》と柄杓《ひしゃく》をぶら下げ、天秤棒でかついで各家をまわって量り売りするスタイルだった。東京では明治一〇年代になると宅配専用の小容量の缶が、二〇年代にはガラス瓶が登場するが、地方ではしばらく輸送缶が続いたようだ。

明治政府は七二年（明治五）、牛乳に対する忌避感を払拭するために、元長州藩士の国学者、近藤芳樹に『牛乳考』を書かせた。古代以来の牛乳の歴史を記述した近代最初の牛乳論である。巻頭の文章を要約してみよう。

「牛乳は補益に最上の良薬である。常飲すると弱きを強くし、老いた体を若返らせる。しかしながら腐敗しやすいので、牧場が近くにない人は飲むのが難しい。そこで美留久《ミルク》というものに加工して利用する。美留久とはすなわち練乳で、効能は生乳と変わらない。

ところが古い考えや風習に固執する人は、牛乳は最近西洋から伝来したものであるから、飲むと穢れると忌み嫌う人が多い。だが、それは事実誤認である。

天皇の御代において牛乳の利用がはじまったのは、孝徳天皇の時代である。当時、朝廷に献上された牛乳を天皇が飲用し、いたく褒め称えて献上した者に和薬使主という氏姓を賜ったことが『姓氏録』の記録にある。その者の名は善那である」

と、牛乳の起源に遡り、『類聚三代格』『西宮記』などの平安時代の書物を数多く引用して天皇、中宮（皇后・皇太后・太皇太后）、東宮（皇太子）のみならず貴族も飲用していたことを明らかにし、賀茂真淵（江戸時代中期の国学者）も飲んだと幼い頃に聞いたことがあると、近世の歴史にもふれている。

次に、美留久は日本では蘇と呼ばれ、諸国から朝廷に献上されていたことに言及し、孝徳天皇の時代から一三〇〇年という長い歴史があるにもかかわらず、保元の乱から日本古来の乳製品が途絶えてしまったことを惜しんで「西洋から伝来した製法ではなく、皇国の製法を早く学び、断絶させてはならない」と提唱している。

「牛乳が穢れていないことは明らかなのだから、疑う心を棄てて試してみなさい。虚弱老衰に効くことがすぐにわかる」が結びの文。牛乳に対する偏見を覆すのに、ここでも天皇という強力なブランドが使われたのである。

幕末に西洋医学所で松本良順に学び、五代陸軍軍医総監をつとめた石黒忠悳《ただのり》も、陸軍一等軍医当時の七三年（明治六）に著した『長生法』で牛乳論を展開している。序文と校閲は松本良順が担当し、長生、つまり長生きするためのポイントを、衣食住と運動、睡眠、入浴、病気の対処法、妊娠中の注意と育児に分け、細かく解説した小冊子である。牛乳は「食物之事」と「小児養生之事」の項に登場する。

「食物之事」の書き出しは、「食物は身を養うものにして旨さを貪《むさぼ》るにあらず」。食は味覚を満足させるためでなく、体力と気力を育むものという医食同源の思想ではじまり、肉食と牛乳を強く奨励している。

「日本人も昔、肉食が盛んだった時代は体が強く、健康で寿命も長かったが、中世から肉を食べることが少なくなってしまった。

主上さえ牛羊の肉を御膳に供えて毎日牛乳を召し上がっている。人々は惑いを解いて天から授けられたこの最上の栄養食を食べ、体を丈夫にして寿命を延ばす土台を築かなくてはいけない」

やっぱり引き合いに出されるのは、天皇だ。

また、病人に淡白な食事を食べさせる従来のやり方は大きな間違いで、魚や鳥獣の肉はもちろん、鶏卵と牛乳を中心に与えれば回復が早く、戊辰戦争の負傷者で鳥獣の肉を食べた者と食べなかった者を比較すると、全快に要した時間の違いは著しかったと書いている。実際の臨床記録だけに、実際のところ「食物之事」でいちばん説得力があったのはこの部分である。

東京の都心には牧場がいっぱい

築地の牛馬会社閉鎖後の一八七一年（明治四）、リーダー役だった前田留吉は芝区桜川町（現在の虎ノ門）に牛乳屋を開いた。前述の阪川牛乳店の開業はその前年。牛馬会社設立のため一時廃止されていた雉子橋厩舎は、その後開拓使に転じる吉野文蔵に引き継がれた。御徒町で辻村義久が、浅草森下町で村岡典安が、木挽町（現在の東銀座）では守川幸吉が開業し、七一年に東京の牛乳屋は六、七軒、飼育乳牛の総数はわずか一五頭だったという。

辻村義久は牛馬会社で前田から搾乳術を伝授されたのが独立開業のきっかけだったが、もともとは彰義隊の一員として上野戦争に敗れたあと、箱館戦争でも戦ったという筋金入りの旧幕臣だった。前田留吉は農家の生まれだったが、阪川当晴が旧旗本、村岡典安が丹波山家藩出身というように、最初期の牛乳屋にはこのあいだまで武士だった人が多かった。

というのは、明治維新の東京は、元武士という失業者であふれていた。仕事をなくして生活に困窮した士族の救済策、つまり「士族授産」のひとつとして就業が奨励されたのが牛乳屋だったからだ。とりわけ、一時は国賊の汚名を着せられ、公職につけなかった旧幕臣に牛乳業にチャレンジする者が目立ったのは、そんなわけだった。

牛乳屋は、主を失って空き地になった大名屋敷などの武家屋敷跡を利用して牧場を作り、牛を

二、三頭飼えば、少ない資本でもすぐにできる。なにより、文明開化の最先端を行く進歩的で高等な職業というイメージがあったので、プライドの高い士族たちはこぞって牛乳屋商売をはじめたのである。

武家地は江戸府内の全域にあったが、江戸城西側の麹町、赤坂、四谷、牛込、青山、麻布、本郷など、本来の「山の手」だった地域の武家屋敷は高台に建っていたから、風通しと水はけがよく、牧場の立地によかった。

牛乳屋の正式名称は「牛乳搾取業」といい、牧場での牛の飼育、搾乳、乳製品の製造と販売を全部行わなければならないので、ハードな仕事だった。侍から牛飼いへの転身は、かなりのベンチャー・ビジネスに思えるが、なにしろ士農工商の身分社会を生きてきた人たちだ。商売の才覚よりも地道な労働と勤勉さで勝負できたので、侍向きの職業だったのだろう。失敗した人も少なくないとはいえ、「武士の商法」のなかでは数少ない成功例だった。

牛乳つながりでいうと、六九年（明治二）六月、横浜馬車道に「あいすくりん」と書いた幟《のぼり》を立てた氷水店を開き、日本で最初にアイスクリームの製造販売をしたことで歴史に名を残している町田房造も、勝海舟に私淑した赤坂育ちの旧旗本だった。

一方で、殖産興業として牧畜が一種の流行になり、明治政府の指導層や旧藩主などの有力者たちも牛乳搾取業に進出した。

代表的なのは、松本良順に北海道に同行するよう要請した榎本武揚だ。それからの榎本は箱館戦争で降伏後、東京で二年半投獄されたが特赦で放免され、北海道開拓使を皮切りに駐露特命全権公使、海軍卿、駐清特命全権公使、逓信大臣、文部大臣、外務大臣、農商務大臣を歴任し、新政府でも大活躍した。現在の東京農業大学の前身になった「育英学農業科」を設立したりもしている。幕末に酪農が盛んなオランダに五年弱も留学していたので、きっと乳製品が好きだったのだろう。七三年（明治六）に箱館戦争をともに戦った大鳥圭介、松平太郎と共同経営で「北辰社」を開業した。

北辰社の本社と売店は神田猿楽町、牧場は飯田町（現在の飯田橋）の榎本邸跡地に作られた。八〇年（明治一三）に、前田留吉の甥の前田喜代松に経営が移ってさらに発展し、八五年からフランス製の分離器を使って民間会社として日本最初のバター製造を手がけるなど、東京牛乳のトップブランドのひとつになった。

ほかにも有名人の名前がたくさん見える。松方正義は三田、山縣有朋は麹町三番町、副島種臣は霞ヶ関、由利公正は木挽町、旧桑名藩主の松平定教は浅草向柳原町（現在の東神田）、旧佐倉藩主の堀田正倫は麻布、のちに日本銀行第六代総裁をつとめる松尾臣善は飯田町で、牧場を経営した。北里柴三郎は東京医学校（東京帝国大学医学部の前身）在学中、学費と生活費を稼ぐために松尾が経営する長養軒牧場でアルバイトしたのが縁で、松尾の次女トラと結婚した。

短期間で牛乳屋は急増した。七二年から、とくに七七年の西南戦争以降は全国で急激に増えた。七二年における東京の搾乳量は一石二斗（二一六リットル）しかなかったのに、三年後の七五年に

「市乳の先覚者」として登場する人々。
右頁の中央が渋澤栄一。その右上に前田留吉、左下に阪川当晴。
左頁の右列上から二人目は村岡典安。中央は山岡鉄舟が書いた看板。
『大日本牛乳史』1934 年より

は一八石（三二四〇リットル）と、たった三年間で一五倍に達した。

この年、東京牛乳搾取組合が結成された。組合員は二〇名、頭取は阪川当晴だった。松本良順のバックアップのもと、陸軍病院という大口の顧客を抱えた阪川牛乳店は、赤坂から麹町五番町、現在の英国大使館付近に移転し、あっという間に東京を代表する牛乳屋に成長していた。さらに三年後、七八年の東京府統計表によると、牛乳搾取業者の数は四六軒で、搾乳量は二〇〇〇石（三六万七八〇リットル）。驚くばかりの急成長だ。

東京府統計表の推移を見てみよう。

一八八〇年（明治一三）　搾取業者数七〇軒、乳牛三六九頭、乳量四三万一〇〇〇リットル
一八八五年（明治一八）　搾取業者数一一七軒、乳牛八七〇頭、乳量九四万九〇〇〇リットル
一八九〇年（明治二三）　搾取業者数二三七軒、乳牛二一八〇頭、乳量二三七万四〇〇〇リットル
一八九五年（明治二八）　搾取業者数二四三軒、乳牛二四五五頭、乳量三五二万九〇〇〇リットル
一九〇〇年（明治三三）　搾取業者数三二九軒、乳牛三五五七頭、乳量五三五万八〇〇〇リットル
一九〇五年（明治三八）　搾取業者数三五七軒、乳牛五〇九二頭、乳量六四九万三〇〇〇リットル
一九一〇年（明治四三）　搾取業者数四四四軒、乳牛六四五四頭、乳量七七四万六〇〇〇リットル

まさに鰻登りである。八六年に、東京牛乳搾取組合が「東京府下牛乳搾取販売営業組合」に改編された。搾乳せずに小売りだけの業者が増えたためで、組合員は一三〇名。組合員は山岡鉄舟に書いてもらった同じ看板を店先に掲げた。八八年に発行された番付風の一覧に載っている店名

を数えると、一六〇軒もある。いちばん目立つのは阪川、北辰社、前田だった。

最初期の顧客は居留地に住む外国人と軍隊、次に支配者層の上流階級だったが、なにしろ江戸っ子は新しもの好きだ。徐々に一般庶民にも浸透していったことが、数字からはっきりわかる。

明治三〇年代から牧場の郊外移転がはじまるが、それまで東京の都心部は大酪農地帯。日本の近代酪農は、東京の真ん中で幕が開けたのだ。牛乳の先進地は北海道だったと思いきや、東京のほうが先だった。流通と保存の手段が未発達なまま客に毎日、ときには一日に二度も配達する必要があった牛乳は、生産地と消費地が接近していることが絶対条件だったから、酪農は都市型農業として勃興したのである。

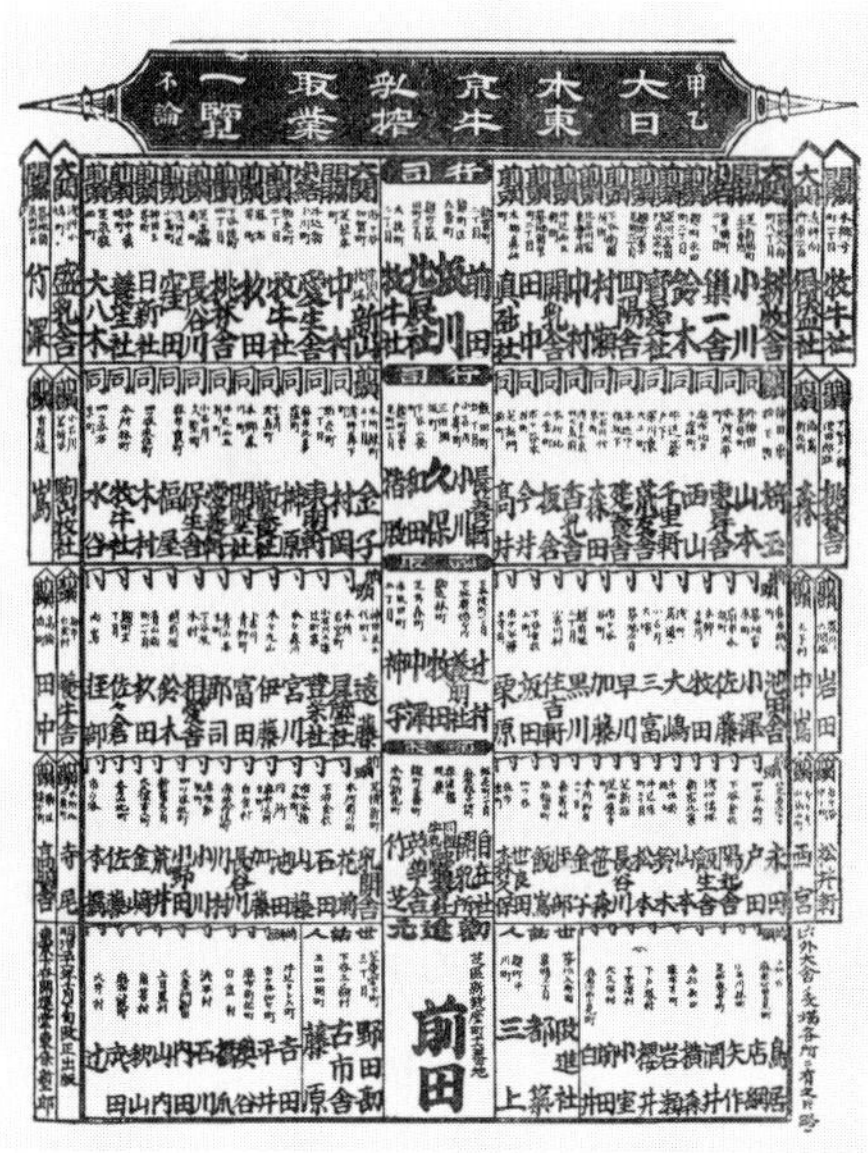

一八八八年「甲乙大日本東京牛乳搾取業一覧」。『大日本牛乳史』より

東京区部の牧場は、戦後も存続して七〇年代にはまだ二四軒もあった。いまも、二三区唯一で最後の牧場が練馬区大泉学園に健在だ。

日本の牛乳史で、私がいちばん好きなのがこの時代だ。いまは高層ビルが林立して空も小さくなってしまった都心部に牧場が点在して牝牛がのんびり草を食み、侍だった男たちがせっせと世話をして乳を搾っている風景を想像すると、楽しくなる。階級を突破し、穢れ意識を打破し、起農するには、現代の脱サラ農家とは比較にならない勇気が必要だったろう。それだけの牽引力が、牛乳にはあったということだ。

不潔で危険な健康飲料

牛乳屋の登場にともなって、一八七三年（明治六）に日本初の牛乳を取り締まる規則「牛乳搾乳ニ就テノ心得」が東京府知事から通達された。心得というだけあって、飼育場が糞尿で不潔にならないよう戒めるだけだったが、七八年に東京警視庁より発布された「牛乳搾取人取締規則」では、乳牛の飼育と牛乳の搾取には警視庁の鑑札が必要なこと、牛舎は掃除して清潔を保ち臭気を発してはならないこと、牛乳に他物や塵埃《じんあい》を混入させてはならないこと、配達と貯蔵には銅製の器具を使用してはならないことなどが定められた。行政による衛生管理のはじまりだ。七四年に創設された警視庁は、「健康ヲ看護シテ生命ヲ保全セシムル事」を職務のひとつとして、牛乳搾取や屠場、売肉などの食品衛生を管轄した。

その当時の牛乳屋は、自然科学の知識は皆無に等しく、配達の途中で凝固してしまった牛乳を客に攪拌したら飲めるといったり、発酵して酸っぱくなった牛乳に砂糖を入れたら飲めるといったりと、恐ろしい売り方をしていたらしい。注文があれば、かなりの遠方まで配達したので、とくに夏場の危険度は計り知れない。衛生対策は喫緊の課題だった。

同じく警視庁から八五年（明治一八）に、「牛乳営業取締規則」が発布された。「搾取」から「営業」への名称変更は、小売だけの業者が増えたためで、牛乳搾取と販売の営業者ともに警視庁の免許が必要なこと、牛乳は臨時で検査をして不良な場合は販売を禁じること、牛舎は一寸（約三センチ）以上の厚板で敷設し、牧場は一日一度掃除をして不潔な糞尿を溜めてはならないことなど、清潔と品質をより重視する項目が加わった。

続く九一年の改正では、隣地との距離を牛舎は五間（約九メートル）以上、牧場は三間（約五・四メートル）以上とり、牧場は柵で囲わなくてはならないことや、例外は認めるが原則的に搾乳所は市内には作れないこと、糞尿が地面に流出しないよう牛舎の床は不浸透質の材料（石やコンクリートなど水を通さない材質）か厚板で作り、糞尿置き場と桶も同じく不浸透質の材料を用いることなど、環境対策の項目が新たに定められている。きっと、ご近所に悪臭や糞尿公害を引き起こしていたのだろう。

そして一九〇〇年（明治三三）四月、内務省令として「牛乳営業取締規則」が公布された。この改正で画期的だったのは、牛乳と乳製品の成分規格、具体的には全乳と脱脂乳の比重と脂肪量、練乳の脂肪量と蔗糖量が明確に定められたことだ。牛乳を水増しすると比重が低下するから、これで違反行為がだいぶ減っただろう。全乳の比重一・〇二八～一・〇三四、脂肪量三パーセント以上は、今日の成分規格とまったく同じ。牛乳は一〇〇年前から濃くも薄くもなっていないのである。

ほかにも、牛乳の搾取と乳製品の製造販売には地方長官の認可を受けなくてはならないこと、牛舎と搾乳場、製造所の構造設備は地方長官の定めた基準を充たすこと、牛乳と乳製品を取り扱う場所は衛生技術員の検査が必要なこと、腐敗した牛乳・異常な色の牛乳・粘りや苦みがある牛乳・他物の混合した牛乳は販売してはならないこと、牛乳や乳製品を取り扱う場所は常に清潔に保つこと、病気のウシから搾ってはいけないこと、「結核病、癩病、梅毒、及伝染病」の者は牛乳や乳製品を取り扱う場所に立ち入ってはいけないこと、容器と計量器には銅製・真鍮製・有害な釉薬を施した陶器製・鉛を含んだ琺瑯《ほうろう》を塗った鉄製のものは使ってはならないことなどが定められた。

いくらなんでも変色した牛乳や粘った牛乳はないだろうと呆れるが、度々の規則改正にもかかわらず、不衛生はなかなか改善されなかった。九二年（明治二五）に衛生学が専門だった陸軍医、森林太郎（森鷗外）が行った東京の都心部の市乳検査では、全社の牛乳から牛糞が検出されたという。配達人が牛乳を水増しして小遣い稼ぎをする程度は、日常茶飯だったらしい。

この規則によって、乳牛の飼育から製造販売まで、衛生と品質管理の水準が劇的に上がり、乳業界は大きな衝撃を受けた。公衆衛生を前提にした営業が求められ、飼育技術や乳質の向上のために専門的な勉強が必須になったからだ。高品質の製品を販売していることをアピールしようと、全国の牛乳屋で「衛生舎」とか「模範舎」とか「優良舎」といった名前が流行した。

また、衛生基準を満たすためと、人口増加にともなって都心部の地価が上昇したこともあり、牧場の郊外移転が進んだ。郊外といっても、荏原郡や北豊島郡、南豊島郡などの郡部で、新宿、渋谷、巣鴨など、現在は二三区内に含まれる地域である。運搬の便利さから、中山道、青梅街道、甲州街道など、都心に通じる幹線道路の近辺に放射状に集中し、なかでも豊島区は明治中期から戦後しばらくまで、なんと約六〇もの牧場が集まる酪農地帯だった。

牛乳の衛生管理をリードしたのが、東京帝国大学農科大学獣医学科教授の津野慶太郎である。ドイツ、オーストリア、イギリス、アメリカに留学して家畜衛生学や獣医行政を学び、『市乳警察論』（一八九二）、『牛乳消毒及検査法』（一九〇二）、『牛乳衛生警察』（一九〇七）、『牛乳検査法実験』『現代之乳業』（一九一五）、『乳肉衛生』（一九一六）などの専門書を次々に刊行し、おまけに家庭向け牛乳料理の本まで書いている。

市乳警察法の役割、牛乳と乳製品の検定基準、乳牛や牛舎の検査法、牛乳の搾取および販売、飲用の注意点、成分の分析法などを詳述した『市乳警察論』は、牛乳営業取締規則にそのまま反映されている。この本を出したとき、津野は駒場農学校を最優等で卒業した五年後の助教授時代、まだ二九歳だった。

学問の進歩に対して衛生警察の制度が遅れていることへの懸念が津野の執筆の動機で、英独仏語で書かれた三〇〇冊余りの書籍雑誌を参考に編纂したと序文にあるが、日本の実情に合わせて欧米の研究をよくここまで整理し、組み立てたと感嘆する内容だ。猛スピードで欧米の先端知識を吸収、咀嚼して近代化を牽引した明治の科学者たちの勉強ぶりは、尋常ではなかった。

搾ったままの生乳から殺菌乳へ

一八九九年（明治三二）に刊行された『牛乳飲用の栞』は、ユニークな本だ。出版元の愛光舎はこの年、神田三崎町に創業し、日本初の殺菌牛乳を販売した牛乳屋である。

創業者の角倉賀道《すみのくらまさみち》は『種痘全書』『牛痘新論』の著書もある高名な医師で、天然痘ワクチンの牛痘を製造販売するため牧畜に着手し、アメリカ視察旅行から帰国後、牛乳業に進出した。この本は、愛光舎の宣伝になっているのはもちろんだが、その時期の牛乳が抱えていた問題がよくわかる。序文を要約してみよう。

「牛乳は乳児を養い、病人の栄養を補給し、健康な人をもっと健全にする。公益がこの上もなく大きいことは、すでに多くの人が正しいと認めるようになった。近頃では需要が高まり、供給者が増加して競争が起こるとともに、さまざまな弊害が生じている。

巧みに他の物質を混入させて顧客を欺き、あるいは乳牛の選択を誤り、かつ搾乳の注意を欠いて恐るべき結核その他の伝染病を顧客に感染させることもある。

こうなると唯一の栄養品である牛乳は、かえって害毒を流す媒介者となり、牛乳の信用は地に落ちて飲用する者はいなくなるだろう。公衆衛生上の大きな損失であり、文明国としては失格である。

我が愛光舎は害を正し、もっとも完全で栄養分の多い無菌牛乳を顧客に提供するため、まだ理想の半分にも達していないが、乳牛の選択に努め、搾取に注意し、さらに完全な殺菌法を施して万一の危険を回避し、公衆衛生上の欠点のない、文明国の乳業者として恥ずかしくない牛乳を販売しているつもりである。

本書の目的は、牛乳飲用者の注意を喚起し、世の警戒を促すことである。読んでいただいて牛乳の利益と危険を知り、あわせて我が舎を認めていただきたい」

というわけで一般向けの啓蒙書であり、PR本でもあるので、口絵の写真もたくさん掲載されているし、専門的なことが素人でも理解しやすく書かれていて、いま読んでもとてもおもしろい。乳の成分表には牛乳と人乳だけでなく、ヤギ、ヒツジ、アルパカ、ラクダ、ゾウ、ウマ、ロバ、ラバ、ブタ、カバ、イヌ、ネコ、イルカまで紹介されていたりする。

序文にあるように、牛乳でもっとも恐れられたのは病原菌、とりわけ死病である結核菌が混入する可能性だ。結核は人畜共通の感染症だから、結核牛の牛乳を飲むと人にも感染することがあり、社会問題になっていた。結核の特効薬だと宣伝されていた牛乳が、一転して感染源になったのだから、由々しき事態である。

一九〇〇年の牛乳営業取締規則では、結核、牛疫（リンドルペスト）、炭疽、狂犬病など一五の疾病に罹患したウシの乳を搾ってはならないことを定めているが、本書はさらに「つべるくりん診断」で少しでも結核の疑いのあるウシは排除したうえで、殺菌の必要性を強く説いている。

愛光舎牛乳の特色は、乳牛は世界的に名声の高いジャージー種、ホルスタイン種、エアシャー種、ショートホーン種、ガンジー種の五品種のみ飼育し、牛舎の構造はロンドンの市乳業者にも劣らない最新式。健康管理は獣医が行い、搾乳者は専用の搾乳着を着用して手をよく洗浄し、乳房及び下腹部を殺菌微温湯でよく拭いてから行った。

その「完全な殺菌法」に関しては、こう記述されている。

「通常の沸騰させる程度の殺菌では、結核菌は死なない。それどころか、主要成分のたんぱく質は凝固し、脂肪の一部分は分離して乳糖は酸化し、栄養上の莫大な損失あるのみならず、消化しづらい物質となって当初の飲用の目的に齟齬《そご》する。

乳業者の業務は公衆衛生に基づき、多数の健康を増進させることだ。殺菌しない牛乳が危険なことを知った以上は、完全に殺菌して供給するべきである。近年、アメリカ各都市では殺菌牛乳が人々の信用を勝ち得て、従来の乳業者はほとんど顔色を失うに至っている。

我が愛光舎は過熱流通蒸竃式の完全な殺菌装置を備え、朝晩必ず完全な殺菌法を施行している。この殺菌装置は、世界的に有名なフランスのせねすと・へるせる商会の製品に原型をとり、工学者伊藤為吉の考案製作したものである」

生乳を瓶に詰め、綿栓で蓋をして一〇〇度で二〇分間煮沸消毒を施し、なおかつ常に科学的試験で菌の有無をチェックしたらしい。従来のように家で煮る必要がなく、瓶の口から直接飲めるのがポイントだった。

微笑ましいのは、「これだけ経費をかけた高品質の無菌牛乳のため、普通牛乳のような値段で販売するのは不可能で、けっして利を貪るわけではないが、一合六銭に定めた」と説明しているくだり。普通の牛乳は一合三、四銭だったから相当のブランド感だが、高くてもよく売れたのだろう。愛光舎の牧場は巣鴨と埼玉県大宮の二ヶ所にあり、最盛期には三〇〇頭余りの乳牛を飼育し、東京を代表する牛乳屋のひとつに成長した。

角倉家は、安土桃山時代から江戸初期の豪商、角倉了以の子孫で、代々医師の家系だったらしい。賀道の息子の角倉邦彦はたんぱく質研究の権威として知られた医科学者で、その娘が千住博、明、真理子の千住三兄妹の母、千住文子である。

なお、殺菌装置を製作した伊藤為吉は明治から戦前に活躍した建築家、発明家で、息子に舞踊家の伊藤道郎、オペラ歌手の伊藤祐司、舞台美術家の伊藤熹朔、俳優の千田是也、作曲家の伊藤翁介がいる。角倉、伊藤ともプロテスタントのキリスト教徒だったので、共通した倫理観をもって牛乳の安全性に取り組んだのかもしれない。神田三崎町の愛光舎はいまも健在で、昭和四〇年代までは牛乳を販売していたようだが、ウシつながりで、現在はハンバーガーがおいしいアメリカ風のカフェに変わっている。

なお、角倉は牛痘苗採取に使って免疫ができたウシの預託事業も起こし、東京の多摩郡、関東地方、遠くは伊豆半島まで、計七八四頭のウシを農家に預けて飼育させた。この事業が都心の酪農を地方に広げ、農家に乳牛の飼育や牧場経営のノウハウを得る機会を作った。また、ホルスタイン種をはじめとする優良な種牛をアメリカから大量輸入し、自分の愛光舎牧場だけではなく、東京、千葉、静岡、愛知、北海道といった、のちの主要な酪農地帯に供給して、乳牛の品種改良に大きく貢献した。

愛光舎に続き、一九〇〇年（明治三三）に、東京きっての老舗だった阪川牛乳店が津野慶太郎の指導のもと、牛乳消毒装置を導入した。また、アメリカの名門、ウィスコンシン州立大学農学部で学んだエリート、田村卓馬も帰国後に「蒸気殺菌牛乳」の看板を掲げ、日本橋と大塚の「強国舎」で販売した。同年公布の牛乳営業取締規則に殺菌の項目はまだなかったが、この頃から徐々に生乳は殺菌牛乳に切り替わっていき、搾りたての生乳が家に届く牧歌的な時代は終わりを告げることになる。

牛乳配達が早朝の風物詩になった

明治の東京の職業風俗を描いた名随筆『明治商売往来』は、牛乳配達をこんなふうに描写している。

「街燈の残光が黄いろく暁靄《ぎょうあい》をにじませている町々にはまだ人通りもなく、時折り牛乳配達の車が轍《わだち》の音をたてて走ってくる。明治の朝は新聞配達と、牛乳配達の物音から明けて行った。

その小さな箱車を後傾させて停めると、前の扉をあけて中から幾本かの硝子壜を取り出しては、ガチャガチャ触れあう音をさせながら、近くの牛乳受函に入れて廻る」

「わたしの憶えている大きな牛乳屋は水道橋近くの神田三崎町、いま日大の校舎になっているあたり、角倉医院の隣りにあった愛光舎で、間口が広く、その店頭には配達手車が二十数台もずらりと並んでいて壮観だった。（中略）それからまた九段下の飯田橋通りにあった北辰社も有名な牛乳屋で、ここの出資者は子爵榎本武揚だった、と誰かから聞いていた。また阪川牛乳店の配達車を到るところで見かけた」

著者の仲田完之助は一八八八年（明治二一）、日本橋生まれ。明治二〇年代から三〇年代の東京の早朝風景には、すでに牛乳配達が欠かせないものになっていて、牛乳受けの木箱が定着していたこと、愛光舎と北辰社、阪川が人気ブランドだったことがわかる。

配達用の牛乳容器は、衛生意識の向上に並行して変わっていった。最初は大きなブリキ缶に入れて、一合の半分の五勺（九〇ミリリットル）単位で量り売りをしたが、七七年（明治一〇）以降、一合入りのブリキ缶に切り替わっていった。酒器のちろりのような形で、口には蓋はなかったが、やがて口が細くなって紙蓋をするようになった。これを籠に入れて天秤棒で担ぎ、得意先に配達したという。配達人は、背中に店名を染め抜いた揃いの半纏という粋な姿だった。

ガラス瓶が登場するのは八九年（明治二二）頃。ソース瓶のような首の細長い形で、口には紙を巻いて販売した。九二年頃に、口に紙を貼って口金で蓋をする牛乳瓶を北辰社がはじめて使用し、他の牛乳屋が追随した。一九〇〇年（明治三三）の牛乳営業取締規則公布以降、大都市では蓋は金具付きの機械口になったが、ガラスの瓶のほとんどが色つきで、青と黄色みを帯びているものが多く、形も丸型、四角、六角、八角と店によってバラバラだった。中身の状態が判別しやすい透明のガラス瓶の使用が定められたのは、ぐっと時代が下って、一九二八年（昭和三）の牛乳営業取締規則改正時だった。

大手が殺菌牛乳で名声を集めていた頃、まだ山の手のところどころにあった小さな牧場の様子を、版画家の川上澄生は『明治少年懐古』で挿絵と一緒に淡々と記録している。

「私の家の右隣は麦畑であり左隣は牛乳屋であり裏は水田をへだてて青山墓地であった。牛乳屋には牛舎があつて乳牛が何頭も居た。牛舎に続いて牛達の運動場があつた。牛は別に運動もしないでぢつと立つて居たり又寝そべつて居た。私は弟とよく牛乳屋へ牛を見に行つた。牛乳配達はうちへ帰ると押切りで藁をざくざくと切つて居た。それから大きな飼料桶に鋸屑のやうな感じのするふすまを入れ水を入れてかき廻はし牛の鼻先に置いて歩るく。牛舎の匂ではなかつた。牧夫達は長靴をはいて牛舎を掃除して居た。腰掛けに腰掛けて男は手繰り出すように乳をしぼつて居た」

これは川上が東京・青山で少年時代を過ごした明治三〇年代の思い出。牧場を併設する小規模の牛乳屋は、まだまだ牝牛の世話、乳搾り、配達まで自分で全部やっていたのである。

アララギ派の代表的な歌人で、小説家としては『野菊の墓』の作者として知られる伊藤左千夫は、牛乳屋でもあった。

二二歳から四年間、佐柄木町（現在の神田須田町と淡路町）の「豊功舎」という牧場で朝は五、六時から夜は一〇時まで、一日一八時間労働という過酷な修業を積み、八九年（明治二二）、本所竪川町（現在の錦糸町駅前）に「乳牛改良社」を独立開業した。気合を感じる社名である。シンプルだが力強い短歌、「牛飼いが歌よむ時に世の中の新しい歌大いにおこる」は、まさに伊藤の実体験から生まれたリアルなマニフェストだったのである。

伊藤の牛乳商売は順調だったが、一九〇〇年の牛乳営業取締規則から、人口密集地にある牧場は衛生面でバッシングされることが多くなった。この件に関して、師匠の正岡子規は『病牀六尺』でひとくさり論じている。

「警視庁は衛生のためという理由を以て、東京の牛乳屋に牛舎の改築または移転を命じたそうな。そんなことをして牛乳屋をいぢめるよりも、むしろ牛乳屋を保護してやつて、東京の市民に今より二、三倍の牛乳飲用者が出来るようにしてやつたら、大に衛生のためではあるまいか」

脊椎カリエスと結核で身動きもできないような状態だった子規は、ほとんど毎日、ココアや紅茶を入れた牛乳を飲んでいた。病床にあった子規の食に対する執念は凄まじく、毎日きっちり三回、重病とは思えないほどの大食を続け、食べたものの記録を詳細に書き記し、〇二年に三五歳という若さで亡くなった。死ぬ直前まで書き続けた私的日記の『仰臥漫録』は、生きるために喰いまくった子規の生命力が、なにより圧倒的だ。

ところが、現代の牛乳有害論者や肉食否定論者、少食論者は、『仰臥漫録』を食養生の視点から読み解いて「暴飲暴食が体をさらに痛めつけ、とりわけ動物性たんぱく質の過剰摂取が血液を酸性に傾かせ、なかんずく飲めば飲むほどカルシウムが骨から溶け出す牛乳が脊椎カリエスを悪化させ、死期を早めた」と分析し、「天才を早世させた元凶は、明治の欧化思想と高カロリー・高たんぱく質・高脂肪の動物食への盲信」と、西欧から導入した近代栄養学を糾弾している。

子規が本当に近代栄養学を信奉していたかどうか、確実な資料を見たことはないし、そもそも日本で栄養学が成立したのは大正時代なのだが、いま『仰臥漫録』が近代栄養学の間違いを正す格好の症例記録として利用されたり、日本の伝統食を好む少食のベジタリアンだったら長生きしただろうと惜しまれたりしていることを知ったら、あの世の子規は「ただ書きたかっただけなんだけどな」と苦笑いするかもしれない。

ホットミルクと官報が学生のトレンドに

明治三〇年代になると、ついに牛乳を看板に掲げた飲食店が都市部に登場し、あっという間にブームになった。その名も「ミルクホール」である。

一八九七年（明治三〇）、大阪・中之島に日本初の本格的なビヤホール「アサヒ軒」が、九九年には東京・銀座で「恵比寿ビヤホール」が開店直後から大繁盛した。これが引き金になって、「ホール」がついた飲食店が次々に現れた。ミルクホールはその代表格で、ビヤホール、ミルクホールどちらも和製英語である。ちなみに現存する浅草「舟和」の「みつ豆ホール」も明治三〇年代の開業で、モダンなインテリア、洋式のテーブルでみつ豆を食べさせるという画期的な店だった。

ミルクホールは、ホールといってもたいがい小規模な店で、小資本でも開業できたので、明治後半から大正時代にかけて経営ノウハウの解説書がいくつも出版されている。

そのなかの一冊、一九一四年（大正三）に博文館から刊行された石井研堂の『独立自営営業開始案内』に、「ミルクホールは、手軽に、休憩所となり、中食所となり、新聞雑誌縦覧所」「牛乳の一杯売り所、お酒の方の縄のれんの格」とあるように、気楽に軽い食事をとりに寄れる庶民的な店で、新聞と雑誌、そして必ず官報が置いてあるのが特徴だった。

『明治商売往来』の、ミルクホールの描写はとても具体的でわかりやすい。

「日本橋、京橋あたりには見かけなかったが、神田、牛込、本郷、三田など学生街には到るところにミルクホールがあった。

店先には『ミルクホール〇〇軒』と書いた白金巾《かなきん》の暖簾が下がっていた。そして硝子戸にも『官報新聞縦覧所』などと書いてあったり、店によっては『官報あります』と貼紙がしてあった。

ミルクホールと官報とは密着していた。官報には高等学校や、官立専門学校の入学試験の告示や、その合格者が発表されるので、進学志望の学生たちはそれをミルクホールに見にいく必要があったのだ。また店によっては地方新聞を取って備え付けていたから、地方から上京して来ている学生たちは、故郷のニュースを知るためにもミルクホールに読みにやって来た」

ようするに、若者が情報を求めて集まる場所だったわけだ。無料Ｗｉ－Ｆｉと電源コンセントを備え、パソコンやスマートフォンで仕事や勉強に勤しむ一人客で埋めつくされる現代のカフェのルーツという感じである。

インテリアとメニューは、こんな感じだった。

「店内には秋田木工の曲木の籐椅子四脚をセットした粗末な円卓が三つ四つおいてあった。食事時にはミルクにトーストが一番簡単で安上がりでもあったが、テーブルの上にはカステラのロール巻と、ジャミ入りのワップル（その頃ジャム入りのワッフルをこう云った）が蓋付きの高台硝子器に入れておいてあった。これが典型的なミルクホールの内部なのである。

日露戦争後から大正初期にかけては、カッフェ・パウリスタが銀座にあったくらいのもので、軽く飲物をとれるところはなかったから、このミルクホールに入っては、砂糖を入れた温かいミルクにのどをうるおして、友人とだべったり、新聞を見たりして休息するのだった」

シンプルで、若者向きのちょっとおしゃれな空間だ。焼き菓子がガラス器に盛ってあるのもかわいい。大正時代の男の子は、甘い物が大好きだったようだ。客に関しては、ユーモア作家の玉川一郎が『たべもの世相史・東京』で、魅力的に語っている。

「官立大学とか、国立の高等学校への受験を希望する「浪人」が、ミルクが飲みたくなくてもミルク・ホールに来るのであった。（中略）

絣《かすり》の袂《たもと》のついた着物に袴をはき、ハンティングをかぶった受験生が、ミルクをすすりながら官報を隅から隅まで読んでいる姿……。今のバカづらをしてオートバイを乗り回している暴走族なんかと、同じ年ごろの人類だったとは、とても考えられないネ」

ミルクに官報、たしかに青雲の志を感じさせる、清く正しい青春の図だ。

『独立自営営業開始案内』で紹介されている神田区今川小路（神田神保町）の某店のメニューは、「ゼルシー牛乳五銭、純良牛乳四銭、玉子入牛乳八銭、チョコレートとココア七銭、氷牛乳五銭、ジャムバタ付食パン五銭」。発刊当時の大正初期、牛乳は配達の場合でも一合四銭したから、温めて砂糖をつけてくれて、そのうえ新聞、雑誌と官報が読め、しかも雰囲気がおしゃれなのだから、安い。これで、はやらないはずがない。

ミルクホールの流行が、牛乳の普及をいっそう加速したことは間違いないだろう。また、牛乳が嫌われるいちばんの原因だった特有の匂いをやわらげ、飲みやすくするためにコーヒーを混ぜて出してくれるミルクホールも多く、それが牛乳とコーヒー両方の普及を促したともいわれている。守山乳業（神奈川県）が日本初のコーヒー牛乳を製造販売したのは、一二三年（大正一二）だった。一本二〇銭とかなりの高級品だったが、飛ぶように売れたそうだ。

牛乳はいつから「完全栄養食品」になったのか

万病に効く不老長寿の妙薬として明治維新に颯爽と登場した牛乳だが、いつから「完全栄養食品」と呼ばれるようになったのだろうか。

一八七九年（明治一二）に刊行された『健全論』（イギリスの生理学者、エドワード・スミスの『*Health : a Handbook for Households and Schools*』の翻訳書）での牛乳の解説は、「牛乳ハ諸飲料中ノ最良ナルモノニシテ滋養ノ質ハ獣肉ニ譲ラズ」ではじまり、「疾病夭死ヲ減ズルノ牛乳ニ及ブモノナシ」で結ばれている。最良とはいっているが、完全とまではいっていない。

学校衛生（学校保健）の生みの親であり、母子衛生法の改良に大きく貢献した医学博士、三島通良が九二年（明治二五）に出した『はゝのつとめ　子の巻』には、「牛乳は実に人乳に能《よく》似て居て、充分完全な滋養物ですが、只人乳より濃厚ゆえ、夫《それ》は水の割合をたてて薄め、乳糖の少なきところは、乳糖或は砂糖を足して、甘くしますれば、殆ど人乳と同様になります」と、条件つきだが「完全」の語が使われている。初版後すぐに増刷され、近代的な育児書ブームの火つけ役になった本だから、影響力は小さくなかったろう。

『日本酪農史』によると、「牛乳に対する栄養学的関心が払われるようになり、さらに動物性蛋白などの栄養的評価が明示されるようになった」のは一九二七年（昭和二）四月二三日、鈴木梅太郎が両国の本所公会堂（のちの両国公会堂）で牛乳の栄養に関する研究発表を一般大衆向けに講演して以来だという。

畜産組合と牛乳商同業組合の合同主催、農林省、警視庁、東京府、東京市の後援で三日間開催された「牛乳デー」のメインイベントだったこの講演会は、ラジオで全国放送され、新聞には写真とともに内容が掲載された。

牛乳デー自体、「東京市内七大百貨店の休憩室又は屋上にて森永ビスケットと共に牛乳無料接待」、「市内電車全線全車にポスター掲示」、「府下各警察署交番にポスター掲示」、「牛乳瓶形宣伝ビラ一五万枚を新聞折り込み、百貨店休憩室、配達各戸に配布」、「栞八万部を都下小学校に配布」、「リーフレット五万部を会場に配布」、「パンフット三万部を会場に配布」、「辻看板を都内要所に配置」、「自動車三台、トラック二台に装飾して市中を巡回」するという未曾有の大宣伝大会だった。

鈴木梅太郎は、一九一〇年（明治四三）に世界ではじめて米糠からオリザニン（ビタミンB1）の抽出に成功し、当時の国民病だった脚気の原因究明と治療に大きな功績を挙げたことで名高い農芸化学者だが、二三年（大正一二）に粉ミルクの「パトローゲン」を開発するなど、牛乳との縁も深かった。

粉ミルクの国産第一号は、一七年（大正六）に和光堂から発売された「キノミール」、第二号は二一年発売の森永乳業「ドリコーゲン」だが、先行二種とは違ってビタミンとミネラル類を強化して「完全母乳代用粉乳」をうたったパトローゲンは、今日的意味で最初の調製粉乳だったといわれる。

鈴木は後年、『ヴィタミン研究の回顧』で、たんぱく質研究に励んだドイツ留学から帰国し、日本人に特有な米中心の食生活の研究からビタミン発見に行き着いた経緯を、このように記している。

「この研究の動機と云へば、種々の空想もあったが、外国に留学した時に日本人の体格の貧弱なことを痛感したのが主なものである。日本人が外国の学者と競争して勉強しても一時は負けないが、どうしても永くは続かない。その原因はどこにあるかと、始終考へて居った」

相も変わらず西洋人に対する劣等感と、「追いつけ、追い越せ」を原動力に、世界初のビタミン発見の快挙を成し遂げたわけだ。負のパワーはすごい。だが、オリザニン発見は日本語で発表したがために、翌一一年（明治四四）に同様の方法で抽出した物質を、生命（vita）に欠かせない窒素を含む化合物（amine）という意味でビタミン（vitamine）と名づけ、イギリスの生化学雑誌に発表したポーランド生まれの生化学者、カシミール・フンクに先んじられた格好になってしまった。さぞや口惜しかっただろう。

『日本酪農史』には、牛乳デーでの鈴木の講演『栄養学上より見たる牛乳及乳製品』の内容が紹介されている。それによると、牛乳成分中の脂肪、たんぱく質、乳糖、ビタミンとミネラル類について詳しく解説し、欠点も説明したうえで、「単一の食品で長く動物の栄養を維持し得る」のは牛乳のほかになく、「各養分を殆ど過不足なく具備して居る故に最も安全な食物」と呼び、「元来、日本人の食物には澱粉過多にして良質の脂肪及び蛋白質が少ない。之れを補うには牛乳が最も適当」だと提唱している。

インパクトが強いのは、結びの部分。

「有名なマッカラム博士（註：ビタミンAの発見者）の如きは、畜産物少なく牛乳を飲用せざる東洋人は体力に於ても智力に於ても完全の発育を遂げ得ざるべく到底最高文明に達することが出来ないだろうと極言して居る。

兎に角我が民族の発展には先ず強健なる体力を造らなければならぬ。国家は須《すべか》らく之が為に百年の大計を樹つべきである。畜産振興の如きは単に経済上の問題ではない」

マッカラム博士の人種差別観もひどいが、日本民族は牛乳で強い体と頭を作り、発展すべきというプロパガンダも息を呑む強烈さだ。しかも、鈴木は人種改良にまで言及している。戦争に向かっていったこの時期、母性的だったはずの牛乳も、国威発揚に荷担せざるをえなくなっていたのだろうか。実際、日清・日露戦争時には牛乳の需要が急増したし、戦前で牛乳の生産量がもっとも多かったのは、太平洋戦争開戦の年である一九四一年（昭和一六）の二一〇万石（三億七八八二万リットル）だった。

鈴木梅太郎と、同じく理化学研究所でビタミンを研究していた井上兼雄共著による『栄養読本』は、一九三六年（昭和一一）に初版が発刊以来、戦中・戦後にかけて何回か改訂が繰り返され、栄養読本のスタンダードになった一冊である。この本の序文も強烈だ。

「我民族が世界に雄飛するには、もつと大きく丈夫にならなければならない。然るに最近壮丁(註：若者)の体格は益々低下しつゝあると云ふ誠に心細い状態である。

他の文明国に比して幼児の死亡率が高く、結核で斃れるものが多く、さうして平均年齢が低いことは実に寒心すべき事実であり又我国の恥辱でもある。

これが対策としては栄養の知識を普及せしめ食事の改善を計ることが最も緊要であると信ずる。吾々がどうして生きているか、又どうしたら健康を保ち天賦の能力を充分に発揮することが出来るか、と云ふことは人生最大の問題であるに拘はらず、これを考慮するものが存外少なく、寧ろ食物なぞに頓着しないことを誇りとして居るものが多いことは遺憾の至りである。(中略)

本篇はこの意味に於て最近進歩した斯学の概念を極めて平易に記述したもので、成るべく多くの人に読まれんことを希望するものである」

確かに戦前、日本人の平均寿命は男女とも四〇歳代と、欧米の先進国と比較すると著しく低かったが、それを恥辱とするのはどうよ、と思う。牛乳の解説部分を抜粋してみよう。

「牛乳は母牛が仔を哺育する為めに分泌する養分であるから殆ど完全に近い食品であることは言ふまでもない。

牛乳の消費量は最近非常に増加して一人当り一升六合位になったが、然し欧米の一——一・四石に比較すれば遙かに少ない。

牛乳の蛋白質は発育保育に必須なトリプトファン、リヂン及その他の貴重なアミノ酸に富み、その栄養価は完全であるばかりでなく消化し易い状態にある。

又牛乳の脂肪も栄養価の高い分子の小さい脂肪類から造られ而も微粒状で含まれるから非常に消化され易く、その他細胞核に必要なレシチンや脳神経の成分をなすコレステリン等を含むばかりでなく、他の食品中の脂肪に比較して有害成分を含まない。

乳糖には脳神経の成分をなすガラクトースが含まれ、又乳糖は他の糖類に比較して発酵し難く、消化は極めて良好であるのみならず大腸内の乳酸菌の繁殖に適して居る。

牛乳には塩類の量も多く発育に必要な成分は総て備わり灰分の反応も塩基性であって、三大栄養素が比較的多いにも拘わらずアルカリ性の食品である。又牛乳はビタミンをEを除く外は総て含まれ殆ど非の打ちどころのない完全に近い食品である」

科学用語は難解だが、消化がよく、栄養成分が完全に近い状態で含まれた食品であることはよく伝わる。

一転して、共著者の井上兼雄が終戦直後の四六年（昭和二一）、食糧難を生き延びるための基礎知識をまとめた『栄養の常識』では、「牛乳はすべての栄養素を完備した栄養食品であります」と単純明快な説明に変わっている。戦後、牛乳が完全栄養食品として本格的に普及していくきっかけは、栄養機能をだれもがわかるシンプルなレッテルに張り替えたことだったかもしれない。

マクロビオティックの元祖が唱えた「牛乳能毒論」

それでは、「牛乳有害説」はいつ生まれたのだろうか。

牛乳が母乳の代替品になることは、明治前半の普及啓蒙期における重要なキーワードだったが、だからといって牛乳のほうが母乳よりすぐれていると極限する言説はなかった。明治二〇年代からは、育児には母乳に勝るものはないと説く育児書が数多く現れた。

大正時代に入ると、牛乳の害をはっきり指摘する言説が確認できるようになる。

自然食による食餌療法や健康法の本を精力的に書きまくって、戦前期の売れっ子学者作家だった井上正賀《まさよし》は、牛乳排斥論者のパイオニアでもある。

一九一四年（大正三）刊行の『自然育児法』で「余は元来牛乳排斥論者である、人乳万能論者である」、「牛の乳なるものは元来自然に牛の児に飲ますやうに出来てをるもので決して人の子に飲ましむ可き筈のものではない」、同年の『効験如神　胃腸病食事療法』では「元来乳児に最も適するものは母の乳である。牛乳で育てるのは不自然の甚だしきものである（中略）牛乳で小児を育てる習慣などはもと欧米諸国から来たもので之れ等は確かに悪しい習慣の一つである」と、牛乳による人工保育を厳しく批判している。

また、多くの食品に比較して牛乳は消化が悪く、ましてや成人の牛乳を消化吸収する力は小児より弱くなるため、「牛乳の最も適するものは自然の意味から云ふと牛児であって人の児でもない。況《いわん》や大人には必ずしも適当な様には造られてはない（中略）大人には不用の成分があるし、また、成分のあるものが不足して、牛乳のみにては健全を保てないのである」（『中央公論』一九二四年九月号「食料問題と栄養の観念」）と、成人に対する滋養効果にも疑義を呈し、とくに胃腸の機能が衰弱している病人が飲むとますます病状を悪化させると警告している。

もともと井上は農学専門で、初期の著作である〇四年（明治三七）の『食物論』では「牛乳は近来我邦にて消費すること漸々多量となり都会にては日常之れを飲用するが如き有様となり之れ全く人体に必要なる栄養分含めるのみならず他の家畜の乳汁を得るよりも多量に且つ其価安きに由るものにして将来はますます之れが需要多きに至るや明らかなり」と肯定的だった。

しかしその後、牛乳の消化不良による下痢症と、医者の間違った指示から二児を失うという辛い経験から「自然的食餌療法」の研究を進め、アンチ近代医学、アンチ牛乳の言論活動を活発に行うようになったようだ。牛乳に言及するときは、必ず「牛児の飲むもので人の飲むものではない」が前提として挙げられているから、「牛乳は自然の摂理に反する」という説の元祖は井上かもしれない。

とはいえ、井上は現代の牛乳有害論者のように、絶対に飲むなと全面否定するわけではなく、哺乳に限っての話だし、健康体であれば「好適の滋養物」だと認めている。

赤痢菌発見で知られる細菌学者、志賀潔も一四年（大正三）の『肺と健康』で、消化器が健全ならば栄養として消化吸収できるが、小児は牛乳で胃腸を害しやすく、「一旦消化不良に罹ると殆ど快復の見込はない、嘔吐を発し下痢または便秘し食欲は減退して日に痩せ衰え遂には声音枯れ痙攣を発し如何に名医の治療も乞ふも及ばず」と、症状を克明に記述している。

志賀は母乳で育てない近代女性が許せないらしく、続けてハイカラ思想批判を展開。

「近来所謂新しい教育を受けし女子は、西洋崇拝の為か何かは知らんが自ら其小児に哺乳するを嫌ふ傾がある。或は愚昧なるハイカラは哺乳せざるを以て名誉の如く考へて居る。有害なる虚栄の夢で実に歎ずべき風潮である」

「西洋の乳児死亡率が高い所以は何故であるかといふに人工的栄養即ち牛乳を用ふる為である。母親は容姿の衰ふるを憂へて哺乳を嫌ふ」

「日本にても近来交際社会の婦人は哺乳を嫌ふの風あると伝ふ。ハイカラを灰殻と訳したのは斯る軽薄なる志想を諷し得て極めて妙である。激烈なる競争場裡に打って出で大いに発展を計らざるべからざる大和民族には斯るハイカラ分子の存在を許さぬのである」

当時、国際的に湧き上がりつつあった女権拡張思想と、「不健全なる女子教育」は人口減少と民族の衰退を招くと怒ったりもしている。大正時代とはいえ、ずいぶんな女性差別だ。ドイツ留学中のトラウマでもあったのだろうか。

しかし、なんといっても過激だったのは、石塚左玄である。一八五一年（嘉永四）、福井藩の漢方医の家に生まれ、維新後に近代医学や薬物学を学んで陸軍少将薬剤監にまで上り詰めたが、陸軍退役後の九六年（明治二九）に出した『化学的食養長寿論』で、人類は元来、穀物食動物だから肉を食べる必要はないという説を展開し、肉食礼賛の風潮にパンチを食らわせた医師・薬剤師である。

左玄は心身のあらゆる病気の原因は食にあり、玄米と菜食中心の正しい食事（正食）で体質を改善すれば、すべての病気は治ると考えた。「食養（食物修養の略）」と名づけたこの食事療法は、海外でも人気の高い食事法「マクロビオティック」の直系の祖先となり、現代の自然食や粗食など、多くの東洋的な食事療法に大きな影響を与えている。

〇七年（明治四〇）に設立された「食養会」は、機関誌の刊行などを通して全国規模の運動に発展した。一七年（大正六）に山陰正食普及会から刊行された『食養の枝折』に左玄が寄稿した一五ページにわたる「牛乳能毒論」には、仰天するような内容が書かれている。ざっくりと要約してみよう。

「北方は寒冷な気候で南方のように穀類が生産できないので、牧畜を盛んにして農業に代えざるをえず、穀食動物の本義を尽くすことができないため、穀食のかわりに乳食する者が多い。それゆえ腸満（註：腸閉塞などによる腹部の膨張）、結核、腹膜炎のような疾病に悩むのである。

温和な気候の我が国は、連綿と米を常食してきた。ところが、ヨーロッパの雑食人種のように、穀食の本義に逆らってまでも滋養があると信じ、牛乳を進んで飲もうとする雷同的な人がいる。

妊娠中から牛乳を飲用する人がいよいよ多くなり、生まれた赤ん坊は白ん坊となって、胴体が肥大して手足が短小なこと、あたかも犬か猫の子のようだ。

この子に牛乳を飲ませて育てれば、頭部はきれいな円形にはならず、正面からは南瓜を逆さまにして横から見たような形に、後頭部は扁平な巾着形になる。米の成分と比べ、牛乳には硬化成分とナトロン塩（註：ナトリウムのこと）が少なく、仰向けに寝かすとひしゃげるからだ。獣のように早熟で歯が生えるのは早いが、足腰は弱く、二本脚で立てるようになるのは遅い。

一年、二年、三年と育つにつれ体は痩せ、顔色は悪く、痙攣が起こりやすく、脳膜炎に罹りやすい体質になる。日本の風土を度外視して、ヨーロッパや支那の寒冷な国と同じように育てた因果応報である。

十歳以上になると白ん坊時代の体形は一変して米食の児童より背は高く、胴体は短く、手足は長くなるが、頭はいっそう小さくなり、全体から見ると福助の反対、杉の木の形のような貧助体形になる。これにも懲りず、就学期においても牛乳を多く飲めば、腹膜炎と結核になりやすい体質になる。

日本人が牛乳を飲用すれば、発育時には体質の変形を来たし、成長時には知能を減じる。成人後も続けて飲用すると、必ず取り返しのつかない大きな病気になって後悔するだろう。貧乏神のような姿に変身するのも知らず、牛乳は第一の滋養品だから、これさえ飲んで運動していれば福の神のような優美な身体になると妄信し、食の道理を理解することなければ、結核体質となって若死にするのである。

有識者に牛乳の善悪を質問すると、ただ単に牛乳には多量の蛋白質があり、大いに滋養になるのが欧米の定説だと答えるのみで、確固たる見識は感じられない。もっぱら世間の風潮に乗じ、蛋白質の身体を養う効果は穀粉の十分の一程度に過ぎないにもかかわらず、先覚者の蛋白滋養説に賛同して世間に対する責任も軽くすませるのは、意気地のない当世の流儀ではないだろうか」

人は風土にあったものを食べるべきで、日本では乳食の必要はないというのが食養の基本的な考えだが、頭や体型の話はあまりに突飛すぎて当惑する。若死に説は、いくらなんでも非科学的だ。一方で、知識人がもてはやしている牛乳を毒とまで断じるのは、勇気が必要だったとも思う。牛乳の流行が左玄には安易な現象に映り、強い危機感を抱いたのだろう。内容は支離滅裂だが、左玄の思想は現代の牛乳有害説に確実に受け継がれている。

ヨーグルト不老長寿説と低温殺菌牛乳

目下、「腸内環境を整える」のが、健康法、ダイエット法として流行中だ。腸内細菌叢を指す「腸内フローラ」という言葉も浸透した。生きて腸まで届き、腸内菌のバランスを改善してすぐれた保健効果をもたらすプロバイオティクスのヨーグルトは、ドリンク系も含めて多種多様な製品がスーパーやコンビニに並んでいる。トクホ（特定保健用食品）指定のヨーグルトも人気だ。善玉菌を殖やそうと、せっせと食べている人も多いだろう。

ところが、一〇〇年前の日本人もヨーグルトは腸内環境を整えることを知っていた。ノーベル生理学・医学賞を受賞した微生物学者、イリヤ・メチニコフが『老化、長寿、自然死に関する楽観主義者のエチュード』を刊行し、「ヨーグルト不老長寿説」を発表したのは一九〇七年。メチニコフは老化の主要な原因は、腸内に腐敗菌が繁殖して有害物質を発生させ、血液の循環とともに身体各部の細胞の機能を阻害するためだと考えた。腐敗菌を抑制するにはヨーグルトの乳酸菌が有効だという仮説を立て、研究とみずから食事療法の実践をはじめたのは一九世紀末だった。

乳酸菌のなかでも、一〇〇歳以上の老人の数がヨーロッパでもっとも多い長寿国、ブルガリアのヨーグルトから分離培養したある菌には、とくに腸内腐敗を防止する働きが高く、ブルガリア人の健康を担っていることにメチニコフは着目した。研究と実験を続けた結果、「ブルガリア菌（桿菌）」と命名したこの乳酸菌の摂取が、不老長寿の秘訣であると唱えたのである。

『老化、長寿、自然死に関する楽観主義者のエチュード』は、早くも一二年（大正元）に『不老長寿論』のタイトルで大日本文明協会から翻訳出版された。序文を当時七四歳の大隈重信が献じていることからも、この本の注目度がわかる。ブルガリア菌の解説にある「早老早衰が身体組織の中毒に基くとすれば、腸内腐敗を抑圧する諸動力は、同時に老衰を延期し又緩和すべきものなることは明白なり。身体の諸臓器が害をうけず、組織細胞が若々しいまま延命する」という効果を読んで知ったら、だれもがヨーグルトを食べてみたくなるだろう。

ヨーグルト不老長寿説はあっという間に話題になり、ブルガリア菌を販売する会社が何社も現れた。当初はヨーグルト、ヨグールト、ヤウールト、ヤウルトと呼び名も一定ではなかったが、酸乳を製造販売する牛乳屋が増え、一七年にはチチヤス（広島県）が日本初のガラス瓶入りヨーグルトを発売した。

それまで酸っぱくなって凝固した牛乳は、有毒な腐敗物と危険視されていたが、突如として不老長寿食に昇格してしまったのである。モンゴルの乳酸飲料をヒントに開発された「カルピス」が、「初恋の味」の名コピーで爆発的人気を博するのは二二年。酸っぱい乳酸菌食品の味わいは、漬け物になじんだ日本人の舌にマッチしたのである。

大正時代から戦前にかけては、現代では理解しがたい奇妙な方法も含め、各種の健康法や運動法、断食、民間療法が流行し、ノウハウ本が多数出版された時代でもある。

世界中の不老法を論評した一五年刊行の『不老不死』で、「遠い外国から輸入したブルガリア菌でヨーグルトを製造しても、本国と同じ効能があるか頗《すこぶ》る疑問」、「仮に生きてピンピンしているブルガリア菌が生息する純良なヨーグルトを飲用しても、胃から腸に送られる間に大部分は死滅してしまい、果たして不老不死の効果を挙げられるか頗る疑問」と疑り深くコメントした、青柳有美のような辛口ジャーナリストもいた。同書によると、「不老食養法」には噛んで噛んで噛み抜く「完全咀嚼主義」を唱える米国派と、メチニコフ派の二大系統があり、両派とも早老の原因は「食物による自己中毒」に帰する点では同一だという。

それにしても「よく噛んで食べる」のようなごく普通の行為が、かつて画期的な学説として登場し、次第に定着したことを知ると、ちょっと驚く。多くの食の常識が、こうした理由で作り出され、上書きされてきたのだろう。戦前には小学校で「咀嚼教練」なるものが行われたこともあるそうだ。

ブルガリア菌が話題になる一方で、牛乳デーのすぐあと、二七年（昭和二）五月に結核牛問題が勃発した。牛乳業界を揺るがす不祥事になった。

前述したように牛乳営業取締規則では、結核牛からの牛乳の搾取は禁止しているが、軽症の場合は消毒のうえ、販売してもよいことになっていた。

乳牛には定期的にツベルクリン注射をして検査し、重症の場合は手当金を与えて撲殺する規定があったが、軽症の場合の規定はなにもなかった。だが、軽症とはいえ結核が判明したウシから乳を搾り続けるわけにはいかない。自発的に処分するのが普通だったが、買い叩かれて購入した値段の三分の一に下落してしまうため、さまざまな手段で罹患を隠蔽していたことが発覚したのである。たとえば、ツベルクリン注射後に発熱、下痢などの症状を起こした結核牛に、解熱鎮痛薬のアンチヘブリンを飲ませてカモフラージュすることが広く行われた。

こうした不正行為が一流の牛乳会社、多数の牛乳屋で横行していた事実を各新聞が大々的に、半年にもわたって報道し、牛乳不正問題の構造を追究して告発した。牛乳業者は「コレラ菌以上の有害物を市民に飲ませている」と世間の非難を浴び、牛乳消費量は一気に半減してしまったの

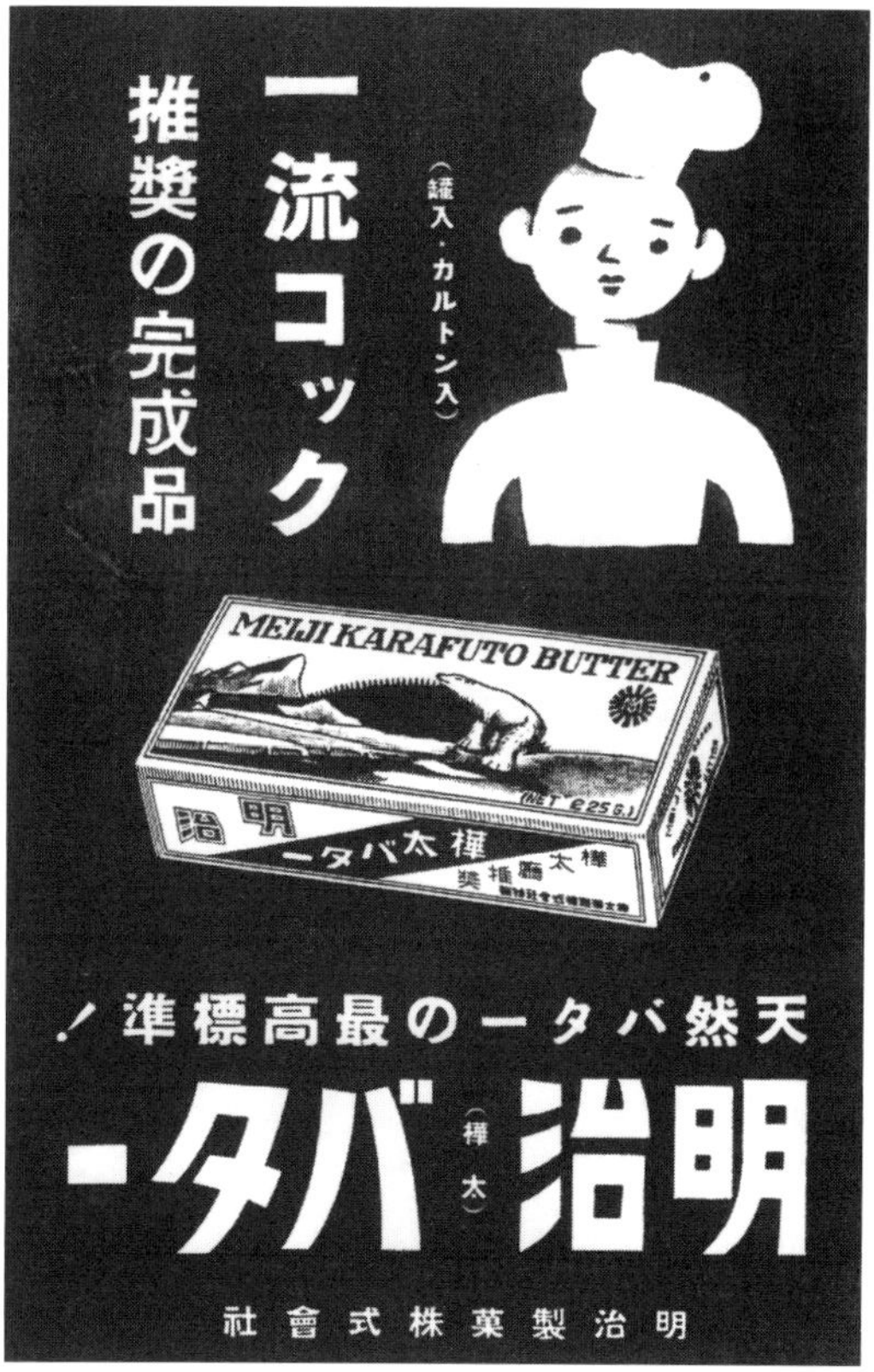

明治製菓発売の「明治樺太バター」の広告。
『文藝春秋』臨時増刊号より。1938 年 7 月

である。

その結果、この年の一一月一日に警視庁令で牛乳営業取締規則が改正され、六三度以下で三〇分以内の加熱殺菌をすること、ただし伝染性疾患の乳牛から搾取した牛乳は六三度以上で三〇分以上加熱し、その場合は容器に「加熱殺菌」の文字を表記すること、小売りや配達用の牛乳容器は無色透明のガラス瓶を使用して王冠栓で密閉し、王冠栓には屋号と瓶詰の日付を記載することが義務づけられた。

特筆すべきは、この改正によって従来の手工業的な殺菌が全面的に排除され、近代的な殺菌処理装置を設備して牛乳と乳製品を加工製造する「ミルクプラント」が強要されるようになったことだ。

ミルクプラントの建設には、莫大な資金を要する。それまでの、台所の片隅で牛乳を殺菌し、そのまま車を曳いて配達に出かけるといったような原始的な方式は、もう許されなくなった。牛乳生産方式の近代化、工業化は多くの零細業者に大打撃を与え、合併、合資、共同、明治や森永などの大手との提携を余儀なくされ、東京市内に約三〇〇軒あった牛乳搾乳業者は六〇ヶ所あまりのミルクプラントに収斂された。同時に生産者、ミルクプラント、小売業者の分業化も進んだ。牛乳屋は生業から企業に変わったのである。

さらに三三年（昭和八）の改正では、「摂氏六三度〜六五度で三〇分の低温殺菌」または「摂氏九五度以上で二〇分の高温殺菌」し、摂氏一〇度以下で冷却保存することが定められた。また、いくつかの厳しい条件をクリアした高品質・高脂肪、細菌数が少ない生乳と低温殺菌牛乳に限り、「特別牛乳」、あるいは「小児牛乳」「優良牛乳」など、品質の高さを暗示する名前で販売できるようになった。

現在の牛乳は、摂氏一三〇度で二秒間の超高温瞬間殺菌が主流だが、低温殺菌牛乳のほうが味、香りの両方とも上だ。加熱なしで家に届く絞りたての生乳はさぞや美味だったろうが、家で沸騰させて加熱殺菌するよりは、ミルクプラントでの低温殺菌のほうが質は安定していただろう。この頃の低温殺菌牛乳は安心安全で、なおかつ美味。日本の牛乳史上、最高の品質だったかもしれない。

ララの贈り物、脱脂粉乳でミルク給食がはじまった

一九三七年（昭和一二）、日中戦争が勃発し、翌三八年に「国家総動員法」が制定され、牛乳も軍事体制に巻き込まれていった。

牛乳にとって不運だったのは、乳たんぱく質の八割を占めるカゼインが、飛行機の接着剤に不可欠な成分だったことだ。飛行機の部品を接着剤で結合し、しかも原料が牛乳だったとは驚きである。

戦時色が濃くなるにつれて牛乳生産は軍需が優先され、四〇年一一月には「牛乳及び乳製品配

給統制規則」が施行、母乳が足りない満一歳以下の乳児や病弱者だけに配給されるようになった。牛乳を使ったキャラメル、チョコレート、ビスケットなどの菓子類も軍用と乳幼児用に制限され、コーヒー用の牛乳の供給もストップした。戦局が悪化すると飼料が枯渇して乳牛を飼うどころではなくなり、戦前までの牛乳文化は壊滅した。

敗戦の四五年（昭和二〇）は大凶作に見舞われ、食糧難は戦中よりさらに悪化した。二合三勺だった米配給量は二合一勺まで減り、肉と乳製品の配給はほぼゼロだった。

食べ物のない戦中・戦後に成長期を過ごした子どもたちは、明らかに体が小さくなった。「学校保健統計調査」のデータによると、いちばん落差が激しかったのは一四歳男子で、平均身長と平均体重は三九年（昭和一四）の一五二・六センチ、四三・五キロから、四八年は一四六センチ、三八・九キロと、身長は実に六・六センチ、体重は四・六キロも減ってしまった。お腹をすかせた子どもたちに栄養のあるものを食べさせたいと、親たちは切実に願ったことだろう。

そこに登場した救いの神が、ララ物資の脱脂粉乳である。

ララとは、「Licensed Agencies for Relief in Asia（アジア救済公認団体）」の頭文字をとって略称LARAと呼ばれたボランティア団体。四六年六月、アメリカの宗教団体、社会事業団体など一三団体が加盟して組織され、五二年（昭和二七）三月までに一万六〇〇〇トン以上、当時のお金で四〇〇億円を超える膨大な救援物資を日本に届けてくれた。そのうちミルク類、穀物、缶詰、バターやジャムなどの食料品が四分の三を占め、衣料や靴、医薬品、ビタミンや肝油、石鹸、学用品のほか、四五頭の乳牛、二〇三六頭のヤギが含まれていた。

ヤギもミルク用である。母乳の代替品としても盛んに利用された。ヤギはウシより少食で、粗食で育ち、荒れた土地でも飼いやすい。餌は草だけでたくさんミルクを出す。しかもヤギの乳にはカゼインが含まれない。戦時中から乳牛の代用として飼育が奨励されていたが、戦後は飼育ブームが起こって、五七年には飼育頭数で六七万頭に達した。「白やぎさんからお手紙ついた黒やぎさんたら読まずに食べた」ではじまる『やぎさんゆうびん』（まどまちお作詞、團伊玖磨作曲）が世に出たのも五三年。この頃、ヤギが身近な動物だったことがわかる。在来種とスイス原産のザーネン種との交配から、日本ザーネン種という品種が作出されたのも戦後だ。

ララ設立のかげには、サンフランシスコ在住の日本人ジャーナリスト、浅野七之助の努力があった。終戦まもなく日本救済運動を立ち上げて「日本難民救済会」を結成し、募金活動をはじめた。だが、当時のアメリカでは慈善活動の対象地域はヨーロッパに限られ、敵国だった日本救済に対して世論は冷淡だった。しかも銀行はライセンス（米大統領救済統制委員会の許可）を得ていない日本難民救済会の募金を受け付けなかった。

そこで浅野は、戦前に東京・港区の普連土学園で英語を教え、戦時中は帰国してアメリカ政府に日本爆撃即時中止や邦人抑留キャンプでの待遇改善を訴えた知日家の平和主義者、米国フレンド奉仕団のエスター・B・ローズに協力を求めた。ローズの尽力でようやく日本へ支援物資を送ることのできるライセンスが下り、設立されたのがララである。ローズは再び来日して日本側の受け入れ窓口「ララ救援物資中央委員会」の委員をつとめた。

また、浅野は日本語新聞『日米時事』を創刊してララ物資募集の報道に努め、その活動はアメリカのみならず、カナダ、メキシコ、ブラジル、ペルー、アルゼンチンなどの日系社会に広がっていった。ララ物資に貢献した日系団体は三六団体に上り、救援物資の二割は海外在住の日本人と日系人からの贈り物だった。

ララ物資をもとに、四七年（昭和二二）一月からまず主要都市の児童三〇〇万人に対し、学校給食が開始された。大きなバケツから柄杓でアルミのお椀に注いだ脱脂粉乳（湯に溶いたもの）とおかずの組み合わせだった。四九年からはユニセフからも、脱脂粉乳が届くようになった。

五〇年には、全国八大都市の小学生に対し、アメリカから寄贈された小麦粉を使った「コッペパン・ミルク・おかず」の完全給食がはじめて実施された。ところが、五一年のサンフランシスコ平和条約調印に伴い、給食用物資の財源だったガリオア資金（アメリカの占領地域救済政府資金）が打ち切られ、学校給食は中止の危機にさらされた。これに対し、国庫補助による学校給食の継続を要求する運動が全国で繰り広げられ、法制化が叫ばれた結果、五四年（昭和二九）に学校給食の基本的な枠組みを規定した「学校給食法」が成立した。

脱脂粉乳は匂いも味も最悪で、アメリカでは家畜の餌で人間用ではないと陰口を叩かれ、「飲まないと死んじゃうからと先生にいわれて嫌々飲んだ」「鼻をつまんで一気に飲んだ」と、いかに不味かったかがいまだに語り継がれている。

また、主食がパンのミルク給食は、日本をアメリカの余剰小麦の大消費地として引き受けさせるのが目的だったという陰謀説も、広く語り継がれている。小麦粉とミルクの寄贈はアメリカ人の善意からのように見せかけて、実は子どもの頃から日本人の舌をパン食に慣らし、主食を米からパンに転換させようという長期的な意図を持ち、推進された経済戦略だったというものである。

今日、牛乳を激しくバッシングしている人たちの多くは、アメリカの陰謀によって、学校給食で強制的に飲まされたと考えている。たしかに、牛乳を本格的に普及させたのは、戦後の学校給食だ。かりに陰謀説が真実だったとしても、脱脂粉乳のおかげで児童の栄養状態が劇的に改善されたのは消しようのない事実である。

いまのスキムミルクと違って当時は品質が悪く、臭くて不味かったかもしれないが、牛乳から脂肪分と水分を除き、保存性の高い粉状に加工しただけなので、牛乳の高たんぱく質、高カルシウムの栄養価は変わらない。実際に、四八年に一四六センチ、三八・九キロと痩せて小さくなってしまった一四歳男子は、五三年に一四九・九センチ、四一・六キロ、五八年は一五三・六センチ、四四・二キロ、六三年は一五七・一センチ、四六・六キロ、六八年は一五九・二センチ、四八・四キロと、年を追うごとにメキメキと大きくなって、二〇年間で身長は一三・二センチ、体重は九・五キロも増えた。とりわけ身長の伸びが顕著なのは、動物性たんぱく質の摂取量が増えたおかげだろう。なお、二〇一五年の一四歳男子は、一六五・一センチ、五三・九キロのスマート体型だ。

六四年から、脱脂粉乳から牛乳への移行がはじまった。当初の二年間は牛乳と脱脂粉乳の混合乳だったが、六六年（昭和四一）前後から瓶入り牛乳が導入され、中身が牛乳一〇〇パーセントになったのは七〇年。最初の給食から二三年、思えば長い道のりだった。

個人的には、脱脂粉乳に悪い思い出は皆無だ。大きなヤカンからトプトプとアルミ椀に注がれるなまぬるいそれを、嫌がらずに飲んでいた。すでに高度経済成長後期だったので、品質が向上していたのかもしれない。ココア味、紅茶味などフレーバーや砂糖入りの日より、プレーン味が好きだった。小学校二年生の途中で瓶入り牛乳に切り替わったが、家で飲んでいる牛乳より薄く感じてがっかりした。現在、販売されているスキムミルクと当時の脱脂粉乳はまったく味が違うので、いまでは絶対に飲めない幻の味である。

なお、ララ設立に尽力したローズはその後、普連土学園の理事長・学長に就任し、その間にエリザベス・G・バイニング夫人の後任として、皇室の英語教師を一〇年間つとめた。浅野七之助は八七年五月一六日、日系人への貢献、ララ物資の送付、日米親善などの功績が認められ、サンフランシスコ市長より表彰されて、その日が「サンフランシスコにおける浅野七之助デー」に制定された。

栄養改善運動のトップスター、憧れの完全栄養食品

学童が給食の脱脂粉乳で体力を少しずつ取り戻した占領期、GHQ指導のもと、厚生省主導で「栄養改善運動」がスタートした。飢餓や餓死と隣り合わせだった日本人の栄養不良を改善するべく、アメリカの食生活を手本に、炭水化物の比率を減らして動物性たんぱく質、油脂、ビタミンやミネラル類の量を増やして健康増進と体位向上を図るというものだ。

戦後の食の洋風化は、これが出発点。明治維新の欧化政策から、二度目の「上から」促された食生活の大改変だった。なにしろ約四三万人の連合国軍兵士がすべての都道府県に進駐したのだから、明治維新とは規模が違う。はじめて見る「ガイジン」の背の高さ、肉付きのよさに、日本人はあらためて敗戦を実感し、肉体的なコンプレックスを抱いたのではないだろうか。

敗戦から一九四九年（昭和二四）まで、牛乳の生産は極端に落ち込んだ。だが、五〇年に統制が解除され、牛乳は再び食の洋風化のシンボルに返り咲き、そして理想的な「完全栄養食品」として、栄養改善運動のトップスターに躍り出た。

連合国による占領が終わり、独立を回復した一九五二年には「栄養改善法」が公布された。毎年の国民栄養調査、都道府県による栄養指導、市町村による栄養相談が定められ、「たんぱく質をとりましょう運動」「ビタミンを食べましょう運動」などが全国で展開された。五四年からは栄養指導車（キッチンカー）が日本全国の保健所から遠隔地にある町や農村を巡回し、実際に調理をしながら栄養指導講習を行って栄養知識を啓発。牛乳とバターを使った料理の実演は、キッチンカーの定番だった。

五〇年は、朝鮮戦争による特需がはじまり、日本経済が急速に上向いた年である。農林省は「自立経済畜産三カ年計画」（五一年）、「有畜農家創設要綱」（五二年）、「畜産振興十年計画」「集約酪農地域建設要領」（五三年）などの政策を次々に打ち出し、乳牛導入資金を農家に貸し付けたり、西洋種の乳牛輸入の助成をするなど、酪農振興が進んで牛乳の生産は順調に伸びた。五三年には酪農ブームが起こり、この年の牛乳生産量は戦前最高時だった四一年（昭和一六）の二倍を突破。五五年から六九年（昭和四四）まで年間コンスタントに約一〇パーセントずつ伸び、生産量は四・五倍になった。

戦前の牛乳は、母乳の代替品や滋養食品として、あるいは都市住人の嗜好品としてかなり浸透してはいたが、庶民的な日常食品と呼ぶにはほど遠かった。しかも戦争でいったん途絶えていた需要は、四八年から五三年までの五年間に限れば、約二〇倍という驚異の伸びを示した。牛乳・乳製品の一人当たりの年間消費量は、戦後二〇年間で約一〇倍に増加。高度経済成長と足並みを揃え、牛乳は国民的飲料として定着していったのである。

主婦連合会（主婦連）が五四年に生産者と連携してはじめた「十円牛乳運動」は、中間業者を排除した産地直売システムの先駆けになった。日本の消費者運動史上、記念すべき出来事とされている。六〇年に成立した池田勇人内閣の「国民所得倍増計画」に、社会党が「全国民に牛乳三合を」のスローガンを掲げて対抗したこともある。牛乳は、社会の安定と国民の健康を映し出すバロメータにもなったのである。

五〇年代前半からは早くも、「ミルクスタンド」で牛乳を一気に飲み干すサラリーマンの姿が、鉄道駅の風物詩になった。六二年、東京駅では一日平均一万九〇〇〇本、新宿駅は一万三五〇〇本もの牛乳がミルクスタンドで売れたという。いまでこそ、各種の茶飲料や清涼飲料水、テイクアウトのコーヒーを持ち歩く人が増えたが、少し前までは冷たい牛乳と菓子パンで出勤前の腹ごしらえをする男性が多かった。

農水省「食料需給表」を見ると、七〇年の飲用向け生乳の一人当たり一日の供給量は、六九・三グラム。牛乳瓶の容量は七〇年までは一合（一八〇ミリリットル）、七〇年以降は二〇〇ミリリットルに移行したから、三日で一本の計算になる。

牛乳の算数
いつくるか『一日一本《みんながのめる》の時代
〝牛乳はダブつき出した〟というけれど……
六百万石を一年でのむ

『新週刊』1962年8月14日号より

だが、考えてみたら一日たったの三分の一本である。戦後の栄養改善指導者たちの悲願は、一人一日一本の牛乳を飲めるようになることだった。「日本の栄養学の母」と呼ばれ、女子栄養大学を創立した香川綾は、最低でも一日一本半を必ず飲むよう提唱した。牛乳を飲まなければ文明国とはいえない、欧米人並みにいつの日か一日に三本飲めるような日本を目指そうと、栄養学者や経済学者はメディアで夢を語った。

だが、理想と現実の距離は遠い。一人当たりの供給量は、九四年の一一四グラムをピークに、ゆるやかな右肩下がりで減少を続けている。二〇一四年は、八三・四グラム。最近ではミルク色の飲料にも豆乳、アーモンドミルク、ライスミルク、ココナッツミルク等々、選択肢が増えているので、よっぽどインパクトの強い栄養効果が発見されたりしない限り、いまさら牛乳ブームは起こらないだろう。

ただし、飲用に限定しない牛乳及び乳製品全体の供給量は、九四年からの二〇年間ずっと二四〇〜二五〇グラム台をキープし、この数字は六〇年の約五・五倍。現代の日本人は牛乳離れしているように見えて、加工食品の形で牛乳と乳製品をたくさん摂っているのである。

牛乳の殺菌法は、五一年（昭和二六）に制定された「乳及び乳製品の成分規格等に関する省令」（乳等省令）に基づき、「保持式により摂氏六三度で三〇分間加熱殺菌するか、又はこれと同等以上の殺菌効果を有する方法で加熱殺菌すること」と規定された。

六三度三〇分殺菌は、正式には低温長時間殺菌法（LTLT法）と呼ばれ、戦前の低温殺菌と変わらないが、七二〜七五度で一五秒間加熱の高温短時間殺菌法（HTST法）が五二年に導入された。さらに五七年には、一二〇〜一五〇度で一〜三秒間の超高温瞬間殺菌法（UHT法）が導入されてまたたく間に普及し、現在では九割以上の牛乳がこの方法で殺菌処理されている。

超高温瞬間殺菌法は、ほぼすべての細菌が死滅するため保存期間が著しく伸び、大量生産・大量流通に向くのがメリットだが、たんぱく質とカルシウムが熱変性を起こし、独特のねばつき感が生まれて香りも悪くなる、超高温によって悪玉菌だけでなく善玉菌も殺されて栄養価が低下すると、批判の声も少なくない。いまでも低温殺菌牛乳には一定の需要があり、自然食志向や健康志向の強い人、「本物の味」を求める人は、とくに低温殺菌を好む傾向がある。

実際に飲み比べてみると、低温殺菌のほうがさらっとして淡白な印象だ。国民生活センターが二〇〇三年に行ったテストでも、匂いは超高温瞬間殺菌と高温長時間殺菌（七五度以上で一五分間以上加熱）がやや強く、ねっとり感では高温長時間殺菌がやや強いという結果が出ている。

また、戦前の牛乳から変わったのは、脂肪球を均質化（ホモジナイズ）するようになったことだ。乳脂肪中の脂肪球の大きさにはばらつきがあり、大きい粒は浮き上がりやすいため、絞りたての生乳を置いておくと上に生クリームの層ができる。つまり、上は濃く、下は薄い牛乳になってしまうわけだ。これを防ぐために、圧力をかけて脂肪球を小さく砕くのがホモジナイズで、均一な味になるのが特徴。脂肪球が細かくなって、消化吸収もよくなるとされる。また、ホモジナイズによって熱処理が円滑に進むようになり、超高温瞬間殺菌には不可欠な工程でもある。

日本初のホモジナイズ牛乳、五二年発売のビタミン入り「森永ホモ牛乳」は大ヒット商品になり、牛乳のホモジナイズは最先端科学のイメージでブームになった。森永は「ホモ」を商標登録して独占したため、他社は「ホモゲ牛乳」「ホモジ牛乳」「均質牛乳」などの名前で対抗した。その後、言及する必要もないほどホモジナイズは普通の工程になり、ホモ＝ホモセクシャルの意味合いのほうが有名になった。いまホモ牛乳と聞いて、脂肪均質化をイメージできる人はよっぽどの牛乳通だ。

戦前は差をつけられていた明治乳業を追い越し、乳業界最大手になった森永乳業は、五五年（昭和三〇）の「森永ヒ素ミルク事件」で、雪印乳業にその座を明け渡した。乳質を安定するために添加する第二リン酸ソーダに、コストを下げるために純度が低く、大量のヒ素を含んでいた工業用を使ったことが原因で、全国で一万三〇〇〇人もの中毒患者を出し、約一三〇人もの幼い生命が奪われた。日本における牛乳・乳製品の歴史上、最悪の食品公害である。

その雪印乳業も、時代がぐっと下った二〇〇〇年の「雪印集団食中毒事件」で、ナショナルブランドとしての権威を失墜させた。大阪工場で製造された低脂肪乳を飲んだ児童約一万五〇〇〇人が下痢・嘔吐・腹痛などの症状を訴えた事件で、原料の脱脂粉乳が病原性黄色ブドウ球菌に汚染されていたことが原因だった。症状は比較的軽かったものの被害者数が多く、戦後最大の食中毒事件といわれる。細菌と戦ったかつての牛乳屋の苦労を忘れ、超高温瞬間殺菌を過信した結果だ。牛乳は本来、腐りやすい食品なのである。

一方、ホモジナイズは牛乳の成分を壊してしまうので不自然だとか、脂肪を均質化しない「ノンホモ牛乳」のほうがゆっくり吸収されて体によい、乳糖不耐の人でもお腹がゆるくなりづらいなどの意見もある。牛乳有害論者にも、放牧で健康的に育った乳牛から搾り、低温殺菌したノンホモ牛乳に限り、「自然に反していない」から飲むという人もいる。

科学的に分析すると、超高温瞬間殺菌の牛乳、低温長時間殺菌の牛乳、ノンホモ牛乳はすべて、

「森永ホモ牛乳」の広告。1955年

栄養面での違いはないらしい。だが、コストのかかる低温長時間殺菌牛乳とノンホモ牛乳を作っているのは、乳牛の飼育から牛乳の製造までを一括で行い、飼料の栽培にまでこだわって自給しているような中小メーカーが中心なので、もともと生乳の質がよく、それが結果として製品の味に反映されるのだろう。

牛乳の完全栄養食品神話に陰りが見えはじめたのは、七〇年代である。乳牛に成長促進のため与えるホルモン剤、乳房炎治療用の抗生物質、飼料の残留農薬ＢＨＣに発がん性があると問題視する学者、有識者が現れたのだ。

急先鋒の一人が、「牛乳能毒論」を著した石塚左玄の系譜に連なる医師の森下敬一。六〇年代から食事療法と自然療法によるがん治療を実践し、動物性たんぱく質と脂肪は血液を汚し、体内のいたるところに炎症を発生させるという持論を展開して栄養改善運動を批判。おびただしい数の健康本を出版したメディアの売れっ子医師だった。

八四年に森下は『牛乳を飲むとガンになる⁉』という過激なタイトルの健康本を出し、牛乳は大量生産・大量消費のアメリカ文化の象徴で、「畜産工業」の産物に堕し、発がん性だけでなく、超高温殺菌によって肝心のたんぱく質とビタミン類も失われていると糾弾している。現在の牛乳有害説の原型といってよいだろう。

成人病（生活習慣病）が問題になりはじめた七〇年代後半から、日本の伝統的な食生活を見直そうという声が大きくなった。九〇年代の中盤からは、食生活の洋風化を推進した栄養改善運動は実は日本人の栄養状態を「改悪」し、動物性たんぱく質と脂質の過剰摂取が日本人の健康を損ない、そのうえ日本食を破壊して食料自給率を下げたという言説がポピュラーになり、栄養改善運動のシンボルだった牛乳は攻撃と排除の対象になった。

二〇一五年に、新潟県三条市の小中学校が学校給食の牛乳を廃止した。それ以前から和食のおかず中心の完全米飯に切り替えていた三条市の給食には「牛乳は合わない」のが理由だという。牛乳を軸に発展した給食文化を揺るがすこの「事件」は、賛否両論が大きく報道された。そもそも和食がユネスコ無形文化遺産に登録された一三年以降、牛乳の肩身はますます狭くなってきた感もある。

牛乳問題には、栄養学だけでなく、感情論やイデオロギーがからみすぎているから厄介だ。かんたんに是非は割り切れない。だが、日本には古代より牛乳と乳製品の文化が存在していたことも、また確実な史実なのである。

第3章

米

美容体操からダイエットへ

近現代日本のダイエット史をふりかえると、洋装のモダンガールが出現した大正後期から昭和初期に、ブームのかすかな萌芽があった。

モダンガールはアメリカ無声映画のスター女優たち、たとえばクララ・ボウやルイーズ・ブルックスのファッションをお手本に、体型が目立たない和服を脱ぎ捨てて、果敢にも細身の膝丈スカートとハイヒールに挑戦した。ヘアスタイルは断髪。前髪を切り揃えたボブに、花飾りや羽根飾りのついた帽子が定番だった。

記録写真を見ると、和製モダンガールはものすごくイケている。個性的で可愛くて、洋服自体、現代でも十分通用するセンスのよさだ。「ローリング・トゥエンティーズ（狂騒の二〇年代）」と呼ばれる一九二〇年代のアメリカで流行の最先端だった、上から下までストンとくびれがなく、体を締めつけない動きやすいドレスは、痩せて寸胴体型の日本人女性にもぴったりだった。だが、ふくよかタイプには、いかんせん難しい。当時の婦人雑誌や美容の本には「痩せる法」がしばしば話題に取り上げられた。「痩せ薬」もかんたんに買えたようだ。

戦争がはじまり、食料事情が悪くなると痩身どころではなくなって、戦後の最悪の飢餓状態から脱出してもしばらくは、いかに栄養を摂るかのほうが大きな課題だった。

一九五三年（昭和二八）にミス・ユニバース世界大会で伊東絹子が三位に入賞し、その体型を喩えた「八頭身美人」が流行語になった。欧米人に対する肉体的コンプレックスを覆すこの快挙は、敗戦後わずか八年で女性の体型が国際水準に近づいたと日本人を元気づけ、一般女性がメリハリのあるボディラインに目覚めるきっかけになった。

翌年にＮＨＫテレビで主婦向け番組『美容体操』が、六一年（昭和三六）からは読売テレビで「和田式美容体操」の和田静郎が体操と食事の指導をする『テレビと共にやせましょう』がスタートし、美容体操ブームが起こったが、痩せるというより、健康的で美しいプロポーションを獲得することのほうが主眼だった。

和田式は、日本の美容体操の草分けである。創始者の和田静郎は、興味深いことに一八七五年（明治八）に台東区で創業した「和田牛乳」一族の出身。和田牛乳は、アメリカ製の低温殺菌機を導入し、日本で最初に低温殺菌牛乳を製造販売した名門牛乳店だった。麻布獣医学校で学んだ静郎は、馬の飼育と調教をヒントに、美容体操のノウハウを考案したそうだ。

ちなみに、初代の和田半次郎は大政奉還まで将軍家に仕えた鷹匠で、維新後に「牛乳開祖」の前田留吉から搾乳を学んで牧場を開いたという。和田牛乳は三三年（昭和八）、明治製菓（現在の明治乳業）に買収合併されてしまったが、三代目の夫人だった和田津るはそのあと陸軍御用達のジンギスカン専門店、高円寺「成吉思荘」の雇われ女将に転身した。昭和期の人気女優、木暮実千代も一族の出だった。

現在のようなダイエット志向は、六〇年代後半に登場したミニスカートによって誘発された。ことに六七年（昭和四二）、脚が小枝のように細長くてボーイッシュなイギリス人モデル、ツイッギーが来日してミニスカート旋風を巻き起こしてからは、日本女性の身体観が変わった。

六八年、二〇歳女性の平均身長は一五三・七センチ、平均体重五〇キロ、平均座高八四・四センチ。対して二〇一四年は、平均身長一五八・三センチ、平均体重五一・七キロである。五センチも背が高くなったのに、体重は一・七キロしか増えていない。現在、座高は身体検査項目から除外されているので数値は不明だが、おそらく座高より足の伸び率のほうが高いだろう。

ミニスカートは、膝上一〇～二〇センチが普通だった。いまと比べると、だいぶんふっくらして胴長、大根足だった当時の日本女性にはけっして適したファッションではなかったが、当時は流行するとなると全員が右向け右。若い女の子のみならず、主婦のスカート丈も縮まった。すでに「歌謡界の女王」に君臨していた美空ひばりですら、ミニを着てゴーゴーダンスを踊りながら「真赤な太陽」を歌ったのである。

メリハリのあるグラマーから、スラリとしたスリムへ。理想とする体型の規範ががらりと変わった日本女性の前に現れたのが、『絶対やせる　ミコのカロリーBOOK』だった。「和製ポップスの女王」と呼ばれた歌手の弘田三枝子が、六〇キロから四二キロ、実に一八キロもの減量に成功した体験を綴ったこの本は、七〇年度ベストセラー総合一二位に食い込むほどの売れ行きを見せ、その後に数多くの大ヒットを生み出す「タレント・ダイエット本」の元祖に、弘田三枝子は

「カリスマ・ダイエッター」の第一号になった。

タレント・ダイエット本にはキワモノのイメージがあるが、弘田式はカロリー計算が基本で、栄養はあるが低カロリーの料理を選んで食べ、よく歩き、摂取カロリーが消費カロリーを超えないように注意して三食の合計を一五〇〇キロカロリー程度におさめるという、ごく常識的な方法だった。

食品のカロリーは大正時代に栄養学が確立して以降、よく知られた概念だったが、この本でカロリーを気にして食べることが一般的になったといわれる。

タレント・ダイエットと一品ダイエットの蔓延

以来、次々とダイエットブームが起こった。八〇年代はタレント・ダイエットの全盛期。荻野目洋子や竹内都子の「りんごダイエット」、マッハ文朱の「ハトムギダイエット」、瀬川瑛子の「酢大豆ダイエット」などが反響を呼び、偏った食べ物だけを一定期間食べ続ける「単品ダイエット」が台頭した。と同時に、うつみ宮土理の「カチンカチン体操」、海老名美どりの「3分間体操」、川津祐介の「骨盤体操」など、タレントのフィットネス系ダイエットも注目を集めた。

なかでも、木下恵介や小林正樹ら数々の巨匠作品で印象的な演技を残してきた名優、川津祐介の『こんなにヤセていいかしら』は、「一回たった三〇秒の骨盤体操＋西洋薬膳で一日一キロ痩せる」というお手軽さが受け、なんと二〇〇万部を突破し、八八年度ベストセラー総合一位に輝いた。戦後もっとも売れたタレント・ダイエット本であり、その後に続出する骨盤健康法の先駆けでもある。

のちに「白塗り仮面」と呼ばれ、お茶の間のアイドルと化したダイエットの女王、鈴木その子が『やせたい人は食べなさい』でデビューしたのは八〇年。あのインパクトの強すぎる風貌からは突飛な方法が想像されるかもしれないが、鈴木が提唱したのは「ダイエットはあくまでも日常の食生活で実践すべきもので、特別食ではいけない」という正論である。

鈴木式ダイエットは、無理をしないのが原則だった。具体的には、主食は三食それぞれ白いご飯を茶碗一杯きちんと食べる。おかずは野菜と海藻、小魚をメインに油を極力使わずに調理して、カルシウムとヨード、ビタミン、繊維質を多く摂る。高たんぱく質・高脂肪の肉類と乳製品、添

上:『絶対やせる　ミコのカロリーBOOK』弘田三枝子、1970年、集団形星
下:『マッハ式やせてびっくり!』マッハ文朱、1982年、講談社

加物や加工食品は避けて、塩分控えめの和食メニューで総摂取カロリーを低減するという、弘田式と同様、しごく真っ当な方法である。

だが、八〇年代は基本的に「飽食の時代」だった。フランス料理、激辛エスニック、B級グルメ、イタめしと、次々に起こった華やかなブームのかたわらで、ダイエットは刺身のつま的な存在。奇抜で笑えるタレント・ダイエットが主流だったくらいだから、本気度は低かった。ダイエット旋風が激しく吹き荒れるのは、バブルが弾けた九〇年代以降である。

九〇年代から二〇〇〇年代にかけては、『午後は◯◯おもいッきりテレビ』(日本テレビ系列)、『ためしてガッテン』(NHK)、『発掘!あるある大事典』(関西テレビ・日本テレビワーク)の三巨頭を代表とする「健康バラエティー番組」から、次から次へと単品ダイエットが生み出され、めまぐるしくブームを繰り返した。

とくに大きなブームを呼んだのは、ココア(九五年)、赤ワイン(九七年)、ゴマ(九八年)、ウコン(九九年)、ザクロ(二〇〇〇年)、豆乳(〇四年)、にがり(〇四年)、寒天(〇五年)、納豆(〇七年)、朝バナナ(〇八年)だった。

この中で悲惨だったのは、にがりである。番組では脂肪の分解を阻害して吸収されにくくし、糖分の血中への吸収を阻害する効果があると提唱されたが、その後に科学的根拠がないどころか、深刻な健康被害をもたらす恐れがあることが判明し、実際に死亡事故も発生した。また、寒天はあまりのブームから一時は店頭から消え、原料が高騰して値段が上がったうえ、韓国産が大量に輸入されて多くの国内メーカーが打撃を受けた。

いちばん悪質だったのは、納豆である。『発掘！あるある大事典』が、「納豆を朝晩一パックずつ、よく混ぜ、二〇分放置してから食べるだけでみるみる痩せる」という効果を提唱し、放送直後から各地のスーパーで納豆が品切れになるほど爆発的な反響が起こった。ところが二週間も経たないうちに番組の内容はすべて捏造だったことが週刊誌でスクープされ、番組は打ち切り、テレビの放送倫理に関わる社会問題にまで発展した。

こんな事件が続いてもなお、単品ダイエットの信奉者は減っていない。最近は「スーパーフード」という新しい名前で、チアシード、もち麦、アサイーなどがダイエットとアンチエイジング、美容にも高効果をもたらす健康食品として広く浸透しつつある。

「医学的に正しいダイエット」の台頭

以上のように、従来のダイエットは、カロリー制限と単品ダイエット、ふたつの流派に大きく分かれたが、二〇一〇年前後から別系統のダイエット法が出現した。

ひとつは一日一食、断食、少食、不食、ファスティングなどの、極端に「食べない」ダイエットである。食べなければ痩せるのは当然だが、不治の病が根治したり、寿命が延びたりなどの奇跡的な効果をもたらすと喧伝される。究極にストイックなダイエット法だから、精神修養的な性格も強く帯びている。

一日一食ダイエットの提唱者の一人が、みずから実践して一五キロ痩せ、実年齢より二〇歳若く見える容貌を獲得した医師の南雲吉則。一二年に出した『「空腹」が人を健康にする』は、一日一食で体を空腹状態におき、「長寿遺伝子」と「若返りホルモン」を働かせることが究極の健康法と提唱し、その年の年間ベストセラー総合一一位に入った。

一六年現在、食べないダイエットのもっとも過激な提唱者は、医療・環境ジャーナリストの船瀬俊介である。『〇〇はいけない』というタイトルの本を多数出し、体や環境に悪影響を及ぼす食品や日用品、性能に問題がある家電製品を実名で告発して九九年に一〇〇万部を超えるベストセラーになった『買ってはいけない』の著者の一人でもある。

なお、『買ってはいけない』は、その社会的影響力の大きさから、『「買ってはいけない」は買ってはいけない』『「買ってはいけない」は嘘である』など多くの批判書が刊行され、根拠に使用しているデータの恣意的なこじつけや誇張、間違いが指摘された問題の書だった。

『「長生き」したければ、食べてはいけない⁉』（二〇一一年、徳間書店）、『3日食べなきゃ、7割治る！』（二〇一三年、三五館）、『やってみました！1日1食』『若返ったゾ！ファスティング』（ともに二〇一四年、三五館）、『かんたん「1日1食」‼』（二〇一五年、講談社）、『できる男は超少食――空腹こそ活力の源！』『10年後、会社に何があっても生き残る男は細マッチョ』（ともに二〇一五年、主婦の友社）、『食べなきゃ治る！糖尿病』（二〇一六年、三五館）、『超少食で女は20歳若返る』（二〇一六年、光文社）と、同じテーマで五年間に九冊も立て続けに出している。もはや飢餓のカリスマだ。

船瀬の主張によると、体を空腹状態に置くことによって痩せるのみならず、頭が冴えて集中力が上がる、仕事の効率が上がってバリバリ働ける、疲れづらくなる、短い睡眠時間でも大丈夫、若さが甦る、肌がきれいになる、精力絶倫になる、加齢臭が消える、長生きする、病気が治癒する、免疫力と自然治癒力がアップする、心の病も治るなど、多数の効果を実感できるという。真偽はともかく、片岡鶴太郎、タモリ、三枝成彰、ビートたけし、サンプラザ中野くんなど、一日一食が健康の秘訣と公言している有名人男性の実践者はとても多い。

しかし、食べないダイエットとは比較にならないほど広く一般に普及し、現在ダイエットの決定版としてブームが続いているのは「糖質制限」だろう。

納豆、寒天のごとく平凡な食品が、突如として奇跡の妙薬に祭り上げられた単品ダイエットの蔓延がゼロ年代の特徴だったとしたら、一〇年代には医師や栄養学の関係者が書いた「科学的」で「医学的根拠」に基づくダイエット本の刊行が相次いでいる。なかでも批判書を含め、目立って多いのが糖質制限の関連書だ。

ここで栄養学のおさらいをすると、人間が生きていくために必要な「三大栄養素」と呼ばれるのは、炭水化物・たんぱく質・脂質の三種類。炭水化物と聞くと、全部が太りそうなイメージがあるが、実は「糖質」だけでなく「食物繊維」も炭水化物に分類される。つまり、食品成分表に記載されている炭水化物の量は、糖質量と食物繊維量を足した数字なのである。

食物繊維は腸内環境を整える、生活習慣病を防ぐなど、多くの健康効果を持つ重要な栄養素だが、消化酵素で分解されないのでカロリーにはならない。食べると素早く分解・吸収され、一グラムにつき四キロカロリーの熱量を生み出すのは、糖質だ。ご飯やパン、麺類、イモ類、根菜類、甘い果物やお菓子に多く含まれ、食べすぎると肥満する「ダイエットの敵」であると同時に、不足すると体がエネルギー切れになって疲労感や倦怠感を招くと考えられてきた。

なお最近は、糖質・たんぱく質・脂質・ビタミン・ミネラルを「五大栄養素」、これに食物繊維を加えて「六大栄養素」とする考え方が主流になりつつある。

血糖値と「肥満ホルモン」を制御して痩せる

糖質制限は、その名の通り糖質の摂取を制限するというダイエット法で、元来は糖尿病患者向けに考案された食事療法だった。

二〇一四年の厚労省「患者調査」で、糖尿病の患者数は三一六万六〇〇〇人。前回の一一年調査から四六万六〇〇〇人も増加し、過去最高を記録した。また、同年の「国民健康・栄養調査」によると、糖尿病が強く疑われる人の割合は、男性で一五・五パーセント、女性は九・八パーセントもいる。四〇歳以上になると三人に一人が血糖値に問題を抱え、七〇歳以上では男性の四人に一人、女性は六人に一人が糖尿病患者だそうだ。今日、もはや糖尿病は国民病なのである。

糖尿病とは、血糖値（血液中のブドウ糖濃度）が高くなる病気である。食事によって糖質を摂ると、小腸でブドウ糖に分解されて血液中に吸収され、全身の細胞に取り込まれてエネルギーとして利用される。糖質摂取後に血糖値は上がり、身体活動によってブドウ糖が消費されると血糖値は下がる。健康な人の場合は、インスリンの働きで血糖値は一定の範囲内にコントロールされている。

膵臓で作られるインスリンは、血糖を下げる働きをする唯一のホルモン。インスリンの作用が不足してブドウ糖を利用できなくなり、高血糖の状態が継続するのが糖尿病だ。筋肉や内臓にブドウ糖が運ばれず、全身のエネルギーが足りなくなった結果、目や腎臓、神経の障害、動脈硬化症など、全身にさまざまな合併症が引き起こされる。悪化すると失明したり、腎臓の機能が失われて人工透析を受けたり、足が壊死して切断を余儀なくされたりする恐い病気だ。初期は自覚症状が乏しく、気がつかないうちに悪化していることが多いために「サイレントキラー」と呼ばれている。

日本人は遺伝的にインスリン分泌が弱い人が多いといわれるが、世界中いたるところで糖尿病患者が爆発的に増え続けている。国際糖尿病連合（ＩＤＦ）が一五年に発表した糖尿病人口ランキングでは、一位が中国で一億人を突破、二位はインド、三位はアメリカが並び、日本は九位。糖尿病で死亡する人の数は年間約五〇〇万人、七秒に一人が世界のどこかで亡くなっているという。飽食が原因の「豊かな先進国に多い病気」というイメージは完全な誤りで、現在の有病者の四分の三は低・中所得の国に集中している。

日本糖尿病学会のガイドラインによると、空腹時血糖値＝一二六㎎／dℓ以上、食後血糖値＝二〇〇㎎／dℓ以上が、糖尿病と診断される基準値。空腹時血糖値＝一一〇～一二五㎎／dℓ、食後血糖値＝一四〇～一九九㎎／dℓが糖尿病予備軍と呼ばれる状態で、これに対して正常な人は七〇～一三〇㎎／dℓのあいだを変動する。

糖質・たんぱく質・脂質のうち、血糖値を上げるのは糖質だけだ。インスリンは一日中、一定量が膵臓から分泌されているが、糖質を摂って血糖値が急上昇すると、インスリンも大量に分泌される。これを「追加分泌」といい、食後血糖値の急上昇とインスリン追加分泌の繰り返しが、糖尿病のみならず、ほとんどの生活習慣病と肥満の要因になる。空腹時血糖値と食後血糖値の差が激しいほど血管内皮が傷ついて、動脈硬化や心筋梗塞のリスクを高めるという。

しかし、三大栄養素で糖質だけが血糖値を上げるという事実が明らかになったのは、それほど昔のことではない。最近まで、戦後に糖尿病が増加したのは、食生活の西洋化で脂肪の摂取量が増え、高カロリーな食生活に変化したことが原因だと考えられていた。

そのため、日本糖尿病学会が推奨している糖尿病治療食は、糖質五〇～六〇パーセント、たんぱく質は二〇パーセント以下、脂質二五パーセント以下を理想的な割合とするカロリー制限食である。かなりの節食を強いられるため続けるのが辛く、体重が減ったとしても、食後血糖値の上昇が改善されないのが問題だった。いくらカロリーを低くしても、血糖値を上げる糖質が半分以上を占めれば当然だと素人でも思うが、「過食をしない」「偏食をしない」「規則正しく三食を摂る」の三点が重視され、糖質そのものはまったく着目されなかったのである。

こうした状況のもと、かねて漢方治療で定評のあった京都の高雄病院が一九九九年から糖質制限食を試みたところ、血糖値が正常値に戻り、体重が短期間で低下した臨床結果が多く得られた。江部康二院長（当時）がその成果を紹介した『主食を抜けば糖尿病は良くなる！』を刊行したのが二〇〇五年。作家の宮本輝がこの方法で糖尿病を克服し、しかも八キロも痩せたことをメディアで盛んに公表した一〇年前後から一気に有名になった。それ以降、メディアで取り上げられる機会が増え、治療食としての効果以上に、即効性が高く、確実に痩せられる驚異のダイエット法として若い世代にまで急速に浸透した。

実は糖質制限の出現前に、ふたつの糖質制限系のダイエットが注目されたことがある。ひとつは、九四年刊行の『世にも美しいダイエット』で提唱された「三木式食事療法」。大阪大学医学部元教授の三木一郎（文中では「M先生」）に心酔したノンフィクション作家の宮本美智子がその理論をまとめた一冊で、糖質制限批判を展開している健康・料理評論家の幕内秀夫も、その名も『世にも恐ろしい「糖質制限食ダイエット」』という本の中で、糖質制限が「日本で大きなブームになったのは、『世にも美しいダイエット』という本がきっかけでした」と述べている。

もともと女性ファッション雑誌『FRaU』の連載だっただけあって、本の雰囲気も、イラストで紹介されている料理もスタイリッシュだが、理論自体は非常にラジカルで、以下のような前例のない特殊なメソッドである。

○青菜が主食。食事全体の半分を葉野菜にする。ただしキャベツとホウレンソウは禁止。

○米、イモ類、豆類、実の野菜は食べてはいけない。炭水化物はパスタなど小麦製品を青菜の半分までならOK。

○たんぱく質は一日当たり二〇〇グラムを目安に摂る。ただし豚肉とその加工品、魚介類の内臓は禁止。牛乳、バターと硬質チーズ以外の乳製品は禁止。

○一日当たりバター一一〇グラムと紅花油を中心に、油脂類はたっぷり摂る。

○一日二五グラムの自然塩、夏は五リットル、冬は三・五リットルの水を摂る。

○糖を断つ。砂糖の入った菓子・飲料・加工食品・混合調味料、酢、酒は禁止。

一日にバター一一〇グラムは常識外の数字だが、主食が低カロリーの青菜なら、むしろそれぐらい摂らないとエネルギー不足になるのかもしれない。油脂を控えると動脈硬化が予防できると思われているが、実はそれを実証する臨床試験結果はなく、逆に控えることで糖尿病患者の血糖値が悪化したデータもあるという。また、動物性脂肪などのコレステロールの多い食品を摂りすぎると血液中のコレステロール値が増え、健康に悪い害を及ぼすとずっと信じられてきたが、いままではコレステロールに対する考え方が従来の悪者から「体にとって必須な成分」に一変し、厚労省は『日本人の食事摂取基準２０１５年版』で食事でのコレステロール摂取制限を撤廃した。

それよりも、塩をこんな大量に摂って大丈夫だろうかと心配になる。２０１５年版で推奨されている食塩摂取目標量は、２０１０年版より厳しくなって、成人男性一日当たり八グラム未満、成人女性は七グラム未満なのである。

だが、三木式は「海は生命の源」「塩は命の泉」が基本理念。塩には免疫力を高め、万病を癒し、脳を活性化する力があり、人間は海の生物の三分の一の塩が必要と考え、ミネラル分を含む海塩ならば、摂りすぎても最後には排出されて血圧を上げることはないとされる。

塩と水と油脂の大量摂取を除けば、あとのコンセプトは糖質制限と共通する。「野草が主食だった原始時代の人類のように青菜が主食。でんぷんは体に無理をさせ、血糖値を上げて糖尿病や肥満、アレルギー、ガンの原因になるため、米食は不可。小麦も本当はやめたほうがよいが、少量を許容。血糖値は八〇mg／dℓを保つ」という基本的な考え方もそっくりだ。だが、宮本が講演中に高血圧による脳内出血で倒れ、そのまま復帰できずに五一歳という若さで、最後は多臓器不全で亡くなったために安全性が疑問視されて、いつしか忘れ去られてしまった。

もうひとつは「低インシュリン（インスリン）ダイエット」である。そのものズバリで、食後血糖値の上昇をゆるやかにしてインスリンの分泌を抑え、痩せようというものだ。

インスリンは血液中のブドウ糖が消費されるのを促すと同時に、残った余分なブドウ糖を脂肪細胞に蓄える働きを合わせ持つことから、「肥満ホルモン」「太らせホルモン」と呼ばれる。そこで食品が体内でブドウ糖に変わって血糖値が上昇するスピードを数値化した「ＧＩ値」を基準に、血糖値を急上昇させる高GI値食品を避けて低GI値食品を中心に食べ、その働きを阻害しようというのが、低インシュリンダイエット理論である。

低GI値食品によるダイエットは、カナダ・トロント大学教授のデビッド・ジェンキンスが八〇年代に考案し、日本では二〇〇二年刊行の『食べてやせる！低インシュリンダイエット』で紹介され、いっときブームになった。

GI値はブドウ糖を一〇〇として、七〇以上が高GI値食品、五五以下が低GI値食品に分類される。たとえば、主食は八八の白米ではなく五五の中華麺や全粒粉パン、同じ緑黄色野菜でも八〇と予想外に高いニンジンより二五のブロッコリー、といった具合に選ぶ。だが、いちいちGI値表で調べるのが面倒なうえに、いくらGI値が低くてもカロリー制限をせずに食べすぎれば痩せない、GI値には個人差が大きいなどの批判が巻き起こり、ブームは沈静化した。

主食を否定した糖質制限ダイエット

そして登場したのが、真打ちの糖質制限だった。かんたんにいえば、主食を抜き、副食ばかり食べる。それだけなので、先行二種よりはるかに取っ付きやすく、普及度も比較にならなかった。

一大ブームになるにつれ、糖質を制限しすぎると「早死にする」「元気が失われる」「悪玉コレステロールを増やす」などの批判論も次々と湧き起こり、話題性も満点。カロリー制限食を推奨する日本糖尿病学会は、「長期的な食事療法としての遵守性や安全性など重要な点についてこれを担保するエビデンスが不足しており、現時点では薦められない」という提言を発表し、これに対して糖質制限論者は「カロリー制限食にもエビデンスはない」と反論している。

ノウハウをもうちょっと詳しく説明すると、米、パン、麺類やイモ類、根菜、甘い菓子や飲料など、糖質が主成分の食品を控え、そのかわり糖質を含まない肉、魚、卵、大豆製品などのたんぱく質食品、根菜以外の野菜はお腹いっぱい食べてよい。アルコールは蒸留酒なら何でも飲め、醸造酒は赤ワインなら飲んでもよい。脂肪も血糖値を上げないため、制限する必要はない。面倒なカロリー計算もしなくてよい。

糖質さえ摂らなければ、たんぱく質と脂質をどんなに摂ってもインスリンの追加分泌がなく、体脂肪を蓄えづらくなる。空腹感に苛まれることなく、お酒も飲めるのに、短期間で痩せる魅惑のダイエット法として、糖質制限はまず糖尿病とその予備軍のメタボ男性から絶大な支持を得た。だが、ここで気になるのは、脳の働きを阻害しないかということ。脳の唯一の栄養はブドウ糖だったはずだ。

これに対しても、糖質制限論者は理論武装している。人間のエネルギー源には、ブドウ糖のほかに「ケトン体」というシステムがあって、脳はブドウ糖だけでなく実はケトン体も使えるので、まったく問題はないという。

ケトン体は、脂肪酸を分解して肝臓で作られ、血液に出される。血液中に二四時間存在し、心筋や骨格筋、神経、腎臓などのさまざまな臓器で日常的なエネルギー源として使われているが、糖質を摂取するとエネルギー源はケトン体からブドウ糖に切り替わる。だが、糖質制限食ではケトン体が使い続けられるため、体に蓄えた脂肪が燃焼しやすくなる。また、ブドウ糖が足りなくなると、人間は肝臓内でアミノ酸と中性脂肪を材料としてブドウ糖を作ることができ、この「糖新生」自体でかなりのエネルギーが消費される。これが、糖質制限で痩せるメカニズムだ。

これを知ったときは、これまでの常識はなんだったんだと衝撃を受けた。いまでも頭をよく使うときは、甘いお菓子を食べて脳の栄養補給を心がける人が少なくないだろう。通常、体はブドウ糖しか利用せず、あくまで飢餓など非常事態用の代替エネルギーと見なされていたのが、ケトン体が語られなかった理由のひとつのようである。

農水省ホームページの「めざましごはん」というコンテンツでも、「朝ごはんはとても大事！脳の唯一のエネルギー源であるブドウ糖」と堂々と宣言している。だが、よく見るとブドウ糖に（注）がついて「絶食が続いた場合など、特別な状況を除きます」と地味に補足しているのである。続きは、こうだ。

「脳の活動エネルギーは主にブドウ糖の働きによるものですが、ブドウ糖は体内に大量に貯蔵しておくことができず、すぐに不足してしまいます。つまり、空腹な状態で起きた朝の脳は、エネルギー欠乏状態…。朝にしっかりごはんを食べないと、脳のエネルギーが不足し、集中力や記憶力も低下してしまいます。

不足したエネルギーを補うには？おすすめは、ずばり！お米を食べる『ごはん食』です！ごはんは粒食なので、ゆっくりと消化・吸収され、なだらかに血糖値を上げて、長時間維持します。つまり、脳にとって非常に安定したブドウ糖の供給源なのです。さぁ、気持ちよくシャキッと1日を始めるために、朝からしっかりごはんを食べましょう！」

朝食欠食率の低減と米のプロモーションが目的の文章だが、これが従来のブドウ糖の考え方。ところが、糖質制限の流行でケトン体という耳慣れない言葉がにわかに有名になり、最近では「ケトン体ダイエット」なるものまで登場し、ダイエット界の注目株になっている。ケトン体を活発に作動させれば脂肪が燃焼して痩せるだけでなく、脳波によい影響を与えると提唱する医師もいるほどだ。一方で、極端な糖質制限は死亡率を高めるなど、危険視する医師も少なくない。

その是非はともかく、体を生化学的にコントロールするという発想は、ダイエットというより人体改造に近い気がする。女性が流行のファッションに合う体型を手に入れるために励むものだったダイエットは異次元の領域に入り、いまやダイエットは、「男流」の時代である。

糖質制限のパイオニアである江部康二や、二〇万部を超えるベストセラーとなって糖質制限の認知度を飛躍的に高めた『炭水化物が人類を滅ぼす』の著者、形成外科医の夏井睦ら、主要な糖質制限論者はまず前提として、「人間の体は穀物食には適していない」という仮説を立てる。

人類七〇〇万年の歴史で穀物を食べるようになったのは、農耕の誕生以来の一万年にすぎず、狩猟採集生活では動物性たんぱく質を中心に、木の実や野草、果実を食べて、人類は血糖値の上昇とは無縁に暮らしていた。三木式食事療法と同様、糖質制限食こそが人類本来の食生活だと主張する。

江部が理事長をつとめる高雄病院が、患者の症状や希望に合わせ、三食とも主食を抜く「スーパー糖質制限食」、朝食と夕食は主食を抜くが昼食だけは主食を許容する「スタンダード糖質制限食」、夕食だけ主食を抜く「プチ糖質制限食」の三パターンを用意して糖質に対してやや寛容なのに対し、『炭水化物が人類を滅ぼす』には、きわめて激しい糖質否定の言説がちりばめられ、話は文明論、生命論にまで発展する。この部分が刺激的で、読み物としても圧倒的におもしろいから、健康本の枠を超えて広く読まれたのだろう。

どうして炭水化物が人類を滅ぼすのか、この本で展開されるもっともラジカルな仮説は、糖質を嗜好品と断定し、主食のご飯やパンを完全否定していることだ。三大栄養素の概念がそもそも間違っており、糖質は人類にとって必須な栄養ではなく、「体」ではなく「心」が要求するのだと、近代栄養学をも根底から否定する。「農耕誕生以降、嗜好品である糖質の習慣性が労働者支配の手段として有効に作用した」とまで話が拡大すると、筆が乗りすぎ、単純化しすぎの嫌いがあるが、仮説に一貫性はある。

数あるダイエットで「主食を減らす」のは当たり前だったが、否定までされたことはない。主食がここまで忌み嫌われるのは、日本のダイエット史上初だろう。

糖質、とりわけ主食の穀物を否定する糖質制限は、ダイエットのパラダイムシフトであると同時に、食と栄養の常識を根底から覆す、きわめて過激な思想だといえる。医学と栄養学の関係者だけでなく、和食の伝統を守ろうとしている伝統派の人々からも、批判と懸念の声が高まっているのも当然だろう。

主食依存の食生活が生み出した恐るべき病気

糖質制限言説を読んでいると、糖質が気の毒になってくる。説得力があるために、だんだん自分でも食べる気が失せ、糖質食品を前にすると後ろめたさが湧いてくるのでなおさらだ。糖質には罪はない。これまで主食としてお腹を満たしてくれた恩を忘れて突如として人類の敵だ、不健康な栄養素だと糾弾され、かわいそうだ。

本当に糖質が嗜好品だとしたら、それなればこそ人類は糖質を求めて文明を築き上げ、食文化を育んだのである。ヒトには遺伝子にできないことを学ぶ学習能力がある。なによりも、主食抜きの日本の食は、これまではなかったし、これからもありえないと思う。主食をめぐっては、さまざまな言説や論争が生まれてきた。糖質制限を含め、今後も新たな議論が生まれるだろう。

主食とは、主要なエネルギー源になる食べ物である。国や地域、民族によって、世界中で食べられている主食は多種多様だが、どれも主成分は糖質（＝炭水化物）なのが共通し、大部分が小麦、トウモロコシ、米、豆などの穀物とイモ類だが、アフリカの一部ではプランテン（料理用バナナ）

を利用し、イヌイットの伝統的な食生活のように、穀物はいっさい食べず、生魚、アザラシやセイウチの生肉が主食になる例もある。

日本の食文化は、米を基盤に築かれたと考えられている。近世には「石高制」という米を中心とした経済システムも確立し、すべてのモノの価値が米に換算された。和食をユネスコ無形文化遺産に登録申請したとき、日本政府は和食の特徴のひとつとして「一汁三菜を基本とする日本の食事スタイルは、理想的な栄養バランス」であることを挙げている。

一汁三菜とは、飯と汁、菜（副食、おかずのこと）三品からなる献立。もともとは本膳料理で膳に飯、汁、香の物に、膾《なます》（生の魚介類を刻んで酢に浸した料理）、平皿、焼き物の三菜を添えた形式から来ている。

本膳料理とは室町時代に成立し、江戸時代に発達した武家の儀式的な料理様式である。いまでは伝統的和食の記号と化した感のある一汁三菜は、実際はあくまで上流階級だけが食べられた高級フルコースのようなもので、庶民や下級武士の日常食では副食の重要度はきわめて低かった。三菜どころか野菜か魚のおかず一品がつけば十分で、汁と漬け物だけで飯をひたすら食べるのが、庶民レベルでの伝統的和食だったわけだ。文字通りの主食である。

当時、米一石（＝一〇〇〇合、一五〇キロ）は、一人が一年で消費する量と見なされた。一日に換算すると、約二・七四合になる。武士の俸禄（サラリー）の最小単位として支給された「一人扶持」はもっと多く、一日当たり男が五合、女は三合。五合の米は、炊くと茶碗大盛り一〇杯になる。かなりの量だ。お腹は満たされるかもしれないが、おかずが少なければ、栄養バランスがよい食事とはとてもいいがたい。もっぱら主食の糖質に依存し、たんぱく質と脂質が欠乏した食生活を営んでいた江戸時代の日本人は、歴史上もっとも低身長だったといわれている。

元禄時代以降、江戸や大阪などの都市部では庶民も精白米を食べるようになったが、それ以外の地方では主食は近世以前と同様、米を節約するために玄米に麦や雑穀を混ぜる「かて飯」を食べていた。江戸詰の武士たち、仕事を求める出稼ぎ人など、地方から集まった人々は、江戸でふっくら柔らかい白飯のおいしさを知り、ボソボソして硬い故郷の飯との違いに衝撃を受けただろう。白飯が食べられることは、都市で暮らす大きな魅力でもあった。精米によって出た大量の糠を有効利用した野菜の発酵食品、糠漬けが発達したのも江戸時代からだ。

日本人の主食が米なのは間違いないが、実際に米を享受できたのは一部の人々だけだった。農学者の渡部忠世は、『日本のコメはどこから来たのか』で、日本人は米食民族ではなく「米食悲願の民族」だと表現している。かて飯から抜け出して白いご飯をお腹いっぱい食べることを夢見た日本人が、それを実現できたのはやっと戦後、それも高度経済成長期のことである。

玄米を搗いて白米にすると、九割に目減りする。それだけ贅沢な主食で、たしかに食味もすぐれているが、栄養面で大きな欠陥があったため、江戸にやって来て主食を白飯にシフトした人々のあいだに、奇妙な体調不良が多発した。脚気である。

まず、下肢が重くだるくなり、時折ピリピリし、感覚が鈍くなる。なんとなく全身が倦怠感に襲われ、食欲がなくなってひどい便秘を起こす。だんだんと下肢の運動の自由が利きづらくなって、痺れてくる。軽症の場合は下肢だけだが、進むと痺れは全身に及ぶ。また、下肢にはじまって全身がむくみ、尿の量が少なくなる。知覚異常、動機や息切れなどの症状が現れ、爪先が上がらなくなり、つまずいて転びやすくなるなど、歩行に障害が起こる。

ひどくなると手足に力が入らず、起きるのも辛くなる。さらに悪化すると、息切れがひどくなり、胸に圧迫感を感じ、低血圧になり、脈が激しくなる。ついには「脚気衝心」といって心臓機能が急激に低下し、呼吸困難や心臓麻痺で激しく苦悶しながら死んでしまう。床を転がりながら苦しむ様子は激烈で、目も当てられないという。

いま脚気と聞くと、膝下を叩いてピクンと足が跳ね上がるかどうか確かめる、あの検査方法がまず思い浮かび、なんとなくユーモラスなイメージがあるが、実はこんなに怖い病気だったのである。しかも、ビタミンB_1の欠乏による栄養障害病だと判明するまでには、数々の悲喜劇と無数の犠牲者が必要だった。

脚気菌を探せ！　陸軍の「伝染病説」

米のビタミンB_1は表面を覆う糠（果皮・種皮・胚芽）に含まれており、一〇〇グラムの玄米中のビタミンB_1は、〇・四ミリグラムある。アワの〇・五六ミリグラム、ソバの〇・四ミリグラム、小麦の〇・三五グラム、ヒエの〇・二五ミリグラムと比較しても遜色ない含有量だ。ところが精米でまず〇・一ミリグラムに減り、水溶性ビタミンのため洗米・炊飯と減り続けて、白飯では〇・〇二ミリグラム以下になってしまう。

『日本人の食事摂取基準２０１５年版』の一日当たりビタミンＢ[1]摂取推奨量は、成人男性が一・四ミリグラム、成人女性が一・一ミリグラムだ。

ビタミンＢ[1]は、糖質がエネルギーに変わるのに不可欠な栄養素で、欠乏するとブドウ糖の代謝がうまくいかなくなって、末梢神経障害と循環器障害（心不全）が起こる。これが脚気で、劇症型の脚気衝心になると急激に全身状態が悪化して死亡してしまう。膝頭を叩いて反応を見るのは、神経が働いているかどうかを確かめるためだ。

上流階級は早くから白米を食べていたらしく、脚気は奈良時代すでに現れ、平安貴族のあいだで流行したが、鎌倉時代からは激減した。武士は玄米と雑穀主体の食生活を営んでいたのだろう。だが、江戸時代になって復活した。当時最高の医療を受けられたはずの将軍家も例外ではない。質素倹約がモットーだった初代将軍の徳川家康は一生涯、麦飯を食べ続けて七五歳まで長生きしたが、なんと徳川一五代のうち一〇代家治、一三代家定、一四代家茂の三名が脚気で亡くなり、医史学者の酒井シヅは『病が語る日本史』で、脳卒中説が広く受け入れられている三代将軍家光の死因も「明らかに突発的に起こった脚気による衝心であった」としている。

家定が重態に陥ったとき、幕府は藁にもすがる思いで、それまで禁止していた蘭方医を解禁して奥医師に採用したが、脚気名医の誉れ高かった漢方医の遠田澄庵《ちょうあん》も同時に採用した。澄庵の治療は赤小豆と麦飯を中心にした食事療法で、栄養学的に見てビタミンB_1を補給できる正しい処方だったが、ときすでに遅かった。また、二一歳の若さで亡くなった家茂の最後を看取ったのは、牛乳普及に貢献した松本良順だった。最先端の蘭方医学を修めた良順も、脚気には太刀打ちできなかったのである。

地方で玄米や雑穀を食べていれば問題なかったのに、江戸や大阪に出てくると次々と冒され、国元に帰るとけろりと治ってしまうため、この病気は「江戸患い」や「大阪腫れ」と呼ばれた。都市の食事も、いかに副食が少なかったかを物語るエピソードだ。ビタミンB_1欠乏食を続けると、一〇日から四〇日で発病したという。

ビタミンB_1食品として第一に挙がる豚肉は江戸時代には無理として、大豆の含有量は豚肉に匹敵するし、ウナギ、フナ、コイにも豊富だ。魚類と豆類には一概に多く含まれている。だから、主食ばっかり食べていないで、豆か魚のおかずを食べればいいのに、将軍ですら罹ったことには、驚く以上に呆れてしまう。上流階級は菓子や酒による過度な糖質摂取も発病の引き金になった可能性があるとしても、身分の上下にかかわらず、脚気はなにより白米大食が引き起こした贅沢病であると同時に、おかず不足の貧食病でもあった。

明治維新以降、とくに明治一〇年代からは精米法が発達して下層階級も白米に手が出せるようになり、ますます脚気が流行した。

問題だったのは、富国強兵を担うべき若い兵隊と学生に大発生したことだ。松本良順門下の陸軍軍医、のちトップの陸軍軍医総監に上り詰めた石黒忠悳《ただのり》は、一八七八年（明治一一）に『脚気論』を書いている。概略をまとめてみよう。これが当時の脚気に対する最新の知見である。

「この病はヨーロッパ大陸には見られない。アジアの島国に多く、南アメリカのブラジルにも多いという。従って、ヨーロッパの医書に細論は存在しない。アジアの植民地に赴任したイギリス、オランダの軍医たちはそれぞれに脚気を論考しているが、惜しむらくは病原病理に一定の説がない。医学に従事する者として慷慨に堪えないが、我が陸軍では遺体の病理解剖が許されず、表面から観察するだけで原理を探究するしかない状態だ。後年、必ず解剖の機会があることを信じ、症状を長年観察した結果、いま考えている憶説を述べ、識者の意見を待とうと思う。

おそらく脚気の毒質は、一種のピルツ（註：菌類）である。東京や大阪のような人口最多の都会では腐敗汚穢の有機物が地中に多く入り込み、これが大気中に散って飲み水から体の中に入り、まず脳脊髄中枢を侵し、ことに迷走神経が侵襲されるのは明らかだ。

六年前、脚気患者に大量のキニーネ（註：マラリアの特効薬、解熱・鎮痛剤）を用いても効果がなかったことから、私のピルツ説は間違いだという者がいたが、キニーネで死滅しないピルツもある。だが、私もまだ顕微鏡で脚気菌を検出できていないので、断言はできない。

およそ二〇年前までは中流以上の人に多く、貧困者には稀だった。ことに旧幕時代の武士で大阪に赴任した者は一〇人中七、八人が罹り、多くが死んだ。みなじめじめした環境で造りの悪い家に住み、座り仕事が多く、運動不足だったという。

イギリス人医師の某氏は、脚気は貧血の一種だというが、脚気は十分に食事を摂っている者に多いので、私はこの説には反対だ。脚気に罹ったから貧血になるのである。

十年来の観察では、兵隊と書生には脚気患者が非常に多い。兵隊は故郷にいたときより衣食住すべて向上し、規則正しく運動しているにもかかわらず、常に多数が罹っている。号令規律すべてが厳しい軍隊での精神的ストレスによるもの、若くて元気がよい者が耽りやすい手淫が原因という者もいるが、私は違うと思う。

私の考察では、第一に年齢が関係する。この病気は一七、八歳から三〇歳までの若者を侵す。第二が、集団生活だ。兵隊は兵営、書生は塾舎で大勢が群居する。第三が精神的な労役、第四が生活環境の変化である」

つまり、石黒は脚気が病原菌に感染することによって起こり、人から人へと移る伝染症で、それに年齢や集団生活、精神状態や生活環境が影響して、兵隊と学生がとくに罹りやすい病気だと考えたのである。

実際の引き金は、陸軍が豪勢にも一人一日白米六合（茶碗大盛り一二杯）と副食費六銭を支給したことにあった。「白いご飯を腹いっぱい食べられる」のを目当てに志願する地方の若者が多く、現金は副食代には使わず貯蓄するか実家へ仕送りし、江戸時代と同じように白飯ばっかり食べたためにビタミンB_1欠乏を起こしたのである。

明治政府は兵食に牛肉を採用したが、残念ながら牛肉のビタミンB_1含有量は豚肉の一〇分の一しかなかったので、脚気を防ぐには足りなかった。また、学生には副食費を削って、白飯としょっぱい沢庵だけで苦学する者が多かった。

麦類が主食のヨーロッパでは脚気は存在しなかったため、研究は皆無だった。だが一九世紀以降、アジアの植民地における脚気対策が課題になり、現地に派遣された医師や生理学者が研究に着手したばかりの時期だった。

日本では東京帝国大学医学部のベルツ博士と京都療病院（京都府立医科大学の前身）のショイベ博士、ふたりの有力お雇いドイツ人医師が、遺体の解剖検査で神経病変を発見したことを根拠に、「脚気は細菌による多発性神経炎」とする論文を発表したことで権威づけられ、伝染病説は明治の医学界で支配的な位置を占めるようになってしまった。これが被害を拡大させたのである。

脚気の研究を続けていた石黒は、八五年（明治一八）に出した『脚気談』で、兵隊は入隊前より養分に富んだ食事をしているのは明らかで、「普通の人より脚気患者が多い原因が、食物であるとは認められない」と断言し、通風をよくして脚気菌を撲滅するために兵営の大改築を行ったりしている。

これに対し、海軍は食物に原因があると考えた。

真実に近づいた海軍の「たんぱく質不足説」

海軍も陸軍以上に、脚気に苦しめられていた。

一八七八年（明治一一）一月から六月にオーストラリアへ練習航海に赴いた軍艦「筑波」の乗組員一四六名中、脚気患者数四七名。八二年（明治一五）一二月から翌年九月まで南米に練習航海に出た「龍驤《りゅうじょう》」にいたっては、罹病者が多すぎて海上で立ち往生を余儀なくされ、艦長が率先して火を焚いてようやくハワイに達し、海軍省に「ビヤウシヤオホシコウカイデキヌカネオクレ（病者多し航海できぬ金送れ）」と電報で助けを求めた。

また同八二年、漢城（現在のソウル）で、親日的な朝鮮王朝の閔妃《びんひ》政権と、協力者である日本に対する大規模な反乱事件が起こったときも、現地に派遣した「筑波」「金剛」「比叡」三隻すべての兵に多発して艦が動かせず、戦闘能力を完全に失ってしまった。常に海軍兵士の三、四割が罹っていたというから、そんな弱兵では富国どころか、国家の危急存亡時にまるで当てにならない。

そんな深刻な状況下、イギリスに留学していた海軍医、高木兼寛《たかきかねひろ》が八〇年一一月に帰国して海軍病院勤務に就き、脚気との戦いに乗り出した。

旧薩摩藩郷士（ごく下級の武士）の出身だった高木兼寛は幕末に医学を学び、戊辰戦争では新政府軍薩摩藩小銃九番隊付の医者として従軍した。明治維新で海軍省に出仕して七五年からロンドンのセント・トーマス病院医学校に留学し、主席で卒業した。イギリスでもっとも古く、ナイチンゲールが看護学校を設立したことでも知られる由緒ある病院の付属医学校だから、よっぽど優秀だったのだろう。しかし、当時の日本医学界の主流は理論と研究至上主義のドイツ医学だったから、疫学と臨床医療を重視するイギリス医学を修めた高木は、最初からエリートコースから完全に外れていたことになる。

高木は発病と衣食住や気候との関連性を調査するうちに、衣服と住居、気候とは因果関係が見つからず、下級の水兵ほど罹病率が高く、彼らが主食の白飯ばっかり食べていて炭水化物に偏りすぎ、塩辛い漬け物以外ほとんど副食を摂らないため、たんぱく質が極端に欠乏していることに着目した。事情は陸軍と同様である。また、遠洋航海に出たとき、外国の港に停泊中には患者が減少し、航海に戻ると患者が増加することに気づき、その鍵は停泊中に食べる洋食の成分にあると考えた。

脚気の原因は食事にあると焦点を絞った高木は、つぎに食物の成分と量の分析に取りかかった。便利な栄養成分表など存在しない時代だから、苦心惨憺したらしい。その結果、食事中に含有する窒素と炭素の割合は一対一五、栄養素でいえば、たんぱく質と炭水化物の割合が四対一のときがもっとも理想的で、一対六までは脚気は起こらず、水兵の食事は一対七もしくはそれ以上と、炭水化物過多のときに発病していることを確認した。高木は白米の過食、たんぱく質の不足による栄養不均衡で脚気が発症すると推論し、パンが主食で肉中心の洋食に変えて、たんぱく質量を増やし、比率を一対四に近づければ脚気は防げ、治療もできると仮説を立てた。

さっそく海軍病院の入院患者に改良食を試したところ、効果はてきめんだった。これで自信を得て、海軍全兵食の改革と洋食化を提唱したが、海軍上層部から反対論が続出した。高木は主張を実現するため、高位高官を説き伏せようと東奔西走し、伊藤博文のもとに日参してついに八三年（明治一六）一一月、明治天皇との直接対面に成功。脚気が国運を傾けないよう原因究明と予防が不可欠なこと、これまでの調査と分析結果、兵食の栄養不均衡を詳しく説明し、副食不足の元凶になっている食料の金銭支給を廃止して現物支給に切り換え、白飯からパン食、肉食に改良するよう強く願い出た。

天皇自身、前年に発症した脚気がやっと治ったばかりで、問題意識を共有し、しかも麦食の治療効果を認識していたことも高木を助けた。表向きは洋風の食生活を営んでいたはずの天皇だが、脚気病みだったとは意外。甘党で酒豪だったことが災いしたのかもしれないが、貧富と階級の差を超えて、いかに日本人が糖質を食べすぎていたかが伝わるエピソードだ。

高木は天皇の信任を得て、翌八四年一月から現物支給が実施され、肉と魚が増やされるようになった。続いて、二月から練習航海に出る「筑波」に、前年に大量の脚気患者を出した「龍驤」とほぼ同じコースをとらせ、パンと肉中心の改良食の実験を行った。莫大な経費を要するために当初、計画は却下されたが、このときも伊藤や大蔵卿の松方正義などに働きかけて、実現にこぎつけたという。

改良食は、一日一人当たり肉を八〇匁《もんめ》（三〇〇グラム）、魚を四〇匁（一五〇グラム）、コンデンスミルクに野菜や豆類もふんだんに支給し、たんぱく質と炭水化物の比率は一対四・八だった。現代人の食生活より、たんぱく質豊富な豪華メニューだ。もし失敗に終わったら、切腹して詫びる覚悟だったという。

成果は、目覚ましかった。乗組員三三三名のうち、脚気に罹ったのはパンや肉を嫌って食べなかったわずか一四名で、しかも軽症、死亡者は出なかった。自説に確信を得た高木は兵食の完全洋食化を目指したが、食費が数倍に跳ね上がるのと、水兵にはパンを拒否する者が多いなど、洋食に対する壁は大きかった。

それならばと、八五年からパンの原料と共通する麦飯を改良食に導入したところ、郷里でかて飯に慣れていた兵士たちにパンより抵抗なく受け入れられ、劇的な効果を上げた。発症が激減し、八七年にはなんとゼロになった。こうして海軍は、脚気の制圧に成功したのである。

高木兼寛

その後の研究で、高木の「たんぱく質不足説」は間違いだったことがわかった。しかし、食物に原因を求めたのが何より画期的だったし、白米の欠陥に目をつけ、米とは違って外皮を取り除いてもビタミンB_1豊富な胚芽が残る麦類を採用したところは、鋭く核心を突いていた。

高木はビタミン発見のきっかけを作った開拓者として国際的な評価も高く、「ビタミンの父」と呼ばれている。一九五九年（昭和三四）、英国南極地名委員会が五人の著名なビタミン学者の業績を顕彰し、南極の地名に名前を冠したときも、ビタミンBの抽出に成功した鈴木梅太郎を差し置き、「高木岬」が命名された。また「筑波」の実験は日本最初の疫学研究といわれ、「疫学の父」とも呼ばれている。

だが、知っている人が意外に少ない。北里柴三郎、志賀潔、野口英世の知名度とは歴然の差がある。当時の科学・医学界は、細菌学者がスターの時代だったのである。

東大学派の反撃からはじまった「脚気論争」

どんなに実績を挙げても高木の説は認められなかった。それどころか、陸軍軍医部と、陸軍軍医の出身母体である東京帝国大学医学部から激しい反論が押し寄せ、「脚気論争」がはじまった。

一八八五年（明治一八）三月、研究結果をまとめた論文「脚気予防説」を『大日本私立衛生会雑誌』に発表した一ヶ月後に東京帝国大学の細菌学教授、緒方正規は弟子の北里柴三郎を伴って、脚気の原因は食物ではなく細菌であるという公開演説を行った。緒方はまた、脚気菌を発見したと同誌に発表したが、ドイツに留学中の北里は現地で追試実験を行い、緒方の実験には不備があり、実際はたんなるブドウ球菌だったと完全に否定した。

後日談だが、緒方の後継者と目されていた北里は、このことから東大学派の恨みを買って軋轢《あつれき》が生じ、破傷風菌純粋培養と血清療法発見という輝かしい業績を引っ提げて帰国しても東大から排斥され、活躍の場を失ってしまった。

窮状から北里を救ったのが、肉と乳の普及でも活躍した福澤諭吉である。「優れた学者を擁しながら、これを無為に置くのは国家の恥」と、日本初の私立伝染病研究所設立を強力に援助した。その後、北里は研究所を国に寄付して内務省所管の国立に変わったが、東大学派の反撃で突如、所管を文部省に移して東大医学部付属研究所にすることが決まった。怒った北里と所員は総辞職し、私財を投じて北里研究所を設立。その後、福澤の恩に報いるために慶応義塾大学医学部を設立して初代学部長、初代付属病院長をつとめた。いまに続く東日本医学界の二大学閥の対立は、脚気がきっかけだったのである。

緒方に続いて五月、ドイツ帰りの生理学教授、大澤謙二が「麦飯の説」と題した講演を行って「麦飯のたんぱく質はたしかに多いが、白飯より消化吸収率がはるかに劣る。そのため大量に食べねばならず、牛や馬ではあるまいし、人間の胃袋はそんなに摂取できるものではない。また、高木は肉食しない者は豆類や豆腐を食えというが、それは途方もない誤りだ」と酷評した。

これも後日談だが、それから一年あまり経て高木と会った大澤は、脚気に罹った自分の書生が麦飯で完治した事実を語り、「試験管の先ばかりで、うっかりものを言うべきではない」と詫びたという。

また、陸軍軍医本部の石黒が先述の『脚気談』を出して高木説の欠陥を論じ、ドイツに留学中の陸軍軍医、森林太郎が『日本兵食論大意』を発表し、「白米を主とした陸軍の兵食は、ドイツ陸軍の兵食と比較しても、いささかも劣らない」と、石黒を強力に擁護したのも同じ年。森は脚気伝染病説の急先鋒で、八八年の帰国直後に帰朝演説を行い、一二月にその演説録『非日本食論将失其根拠（非日本食論はまさにその根拠を失わんとす）』を自費で出版した。森林太郎とは、文豪の森鷗外である。

森の定義によると、非日本食論とは、ドイツの栄養学者フォイトの設定した栄養摂取標準よりたんぱく質が少ないという理由だけで、日本食の名声を地に堕とそうとする言説。

「今や日本食は健康に害があり、その主体である米は病原的な作用をなすと唱えられる世の中になってしまったが、中には取るに足らない論者がある」「我同胞はどうして、みだりに『ロウスビーフ（註：ローストビーフのこと）』に飽くことを知らない英吉利流の偏屈学者の轍を踏んで非日本食論を唱えるのか」

さすがに鷗外、格調高い演説だったというが、そこかしこで高木を標的に批判を浴びせ、フォイトよりかなり少なめにたんぱく質量を修正したドイツの新しい栄養摂取標準を根拠に、日本食の栄養分は十分だと断言している。演説録では巻末にドイツ語の学術論文出典リストをずらりと並べ、ものすごく権威主義的な印象だ。最新の栄養生理学を学び、自信満々なエリートだった森は、高木の調査結果は非科学的で、理論的裏付けに欠けると軽視していたのがわかる。

たしかに脚気の本当の原因は、たんぱく質と炭水化物の不均衡ではなく、ビタミンB_1不足だったわけだから、高木の理論武装は脆弱で、なぜ麦飯がよいかは説明できず、麦飯と洋食で実際に脚気が絶滅したという事実だけで伝染病説に反論する以外はなかった。高木は「病気を診ずして病人を診よ」という名言を残しているが、象牙の塔に立ちはだかる東大学派への憤懣や嘆きはさぞや大きかったろう。

たんぱく質不足説、伝染病説だけでなく、脚気には各種の原因説が入り乱れた。

陸軍の兵食献立表を分析し、青魚が副食から減ると脚気も減少することに目を付けた東大医学部教授、病理学者の三浦守治は八九年に「青魚中毒説」を、輸入米の増加と脚気患者の増加が一致することに気づいた東大出身の産婦人科医、榊順次郎は九二年に、保存状態の悪い米に繁殖した黴菌から発生する有毒成分を原因とする「黴米中毒説」を発表した。

明治時代に白米が安くなったのは、玄米に金剛砂または房州砂を混ぜて精米する「混砂法」が普及したおかげだった。明治初期まで上白米は都市部に限られ、田舎は半搗き程度だったから、江戸時代と変わらず脚気は都会病だったが、半分以下の時間で胚芽もろとも糠を剥ぎ取れる混砂法の流行で全国的に精米度合が進み、脚気が全国に広がってしまった。明治二〇年代中盤には混砂機械搗きが導入され、さらに米は白くなった。混砂法は打ち水を大量にするので湿気が多く、化粧砂にまみれ、精米後に黴菌が繁殖しやすくなるところに榊は着目したのである。

脚気の原因究明が、劣悪な精米による黴菌から、精米そのものに行き着くまでもう一歩だった。

日清戦争と日露戦争の悲劇

日清戦争（一八九四〜九五年）と日露戦争（一九〇四〜〇五年）は、白飯派の陸軍と麦飯派の海軍の、壮大な疫学調査の場になった感がある。

副食の栄養にも気を配り、麦飯を実践していた海軍は、日清・日露ともに脚気発生を最小限に抑えることに成功した。対して、陸軍の石黒は伝染病説に固執し、白米を堅持したのである。

陸軍省医務局の公式記録『明治二十七八年役陸軍衛生事蹟』によると、日清戦争における脚気入院患者は四万一四三一名、銃砲の傷による入院患者の約一一倍だ。そのうち四〇六四名が死亡している。戦傷死九七七名の四倍以上という異常な数だ。公式記録だから、実際はもっと多かった可能性もあるが、「古今東西ノ戦役記録中殆ト其ノ類例ヲ見サル最モ注目スヘキトコロトス」と、記述はあくまでクールである。

実は、日清戦争時の兵站最高責任者だった寺内正毅は、二〇年来の脚気を麦飯で完治させたという経験から、麦飯の支給を主張した。また、陸軍でも平時は麦飯を採用して脚気を減らすのに成功していたのである。ところが、医務局に猛烈に反対され、石黒からは「麦飯に本当の効果があるか学理的に証明しろ」と詰め寄られて断念した経緯があった。

日露戦争の被害は、もっと悲惨だった。石黒が九八年（明治三一）に退役し、次の医務局長の小池正直は、ついに脚気と麦飯とは原因上関係があることを公式に認めていた。にもかかわらず、大本営は白米を戦地に送ったためだ。その背景には、一九〇一年（明治三四）に「脚気減少は果たして麦を以て米に代えたるに因する乎」を医学衛生関係の七誌に発表するなど、またしても森の執拗な反論があったといわれる。

この論文は、脚気減少は伝染病特有の流行期の変動によるものとして、食事との関係を否定している。森はどうしても、麦飯と脚気の学術的な裏付けにこだわったのである。

実は、日露戦争では公式記録の『明治三十七八戦役陸軍衛生史』に、脚気患者数と死亡者数が書かれていない。「軍事上の関係」から比例値だけが記され、実数が載っていないのである。そのため資料によって数字は異なるが、動員された約一〇〇万人の将兵のうち、脚気患者は控えめに見積もって二一万二〇〇〇人、少なくとも二五万人は発症したといわれ、三〇万を超えたと推定する研究者もいる。

戦病死者三万七〇〇〇人中、脚気によるもの二万八〇〇〇人。目を疑う数字だ。ふらつきながら突撃する日本兵の姿を見て、酒に酔っていると誤解した外国人もいたという。バルチック艦隊撃滅の日本海海戦に浮かれ、日本が勝利に沸いた裏で起こっていた悲劇を、当局としてはなんとしても隠蔽したかったのだろう。

四人に一人が脚気を発症し、患者の一〇人に一人は死亡。日清戦争で結果が出ていたのに、まったく理解に苦しむ。懲りずに白米を選んだのは、殺人に近い行為だ。

さすがに世論は厳しく、戦後三年目の〇八年（明治四一）に「臨時脚気病調査会」が発足した。発案し、会長に就任したのは、前年に陸軍軍医総監、陸軍省医務局長に昇進していた森だった。委員には陸軍軍医を中心に、麦飯派の海軍軍医、東大から三名、京大から一名、伝染病研究所から三名、臨時委員に北里柴三郎など、そうそうたるメンバーが揃っていた。大半が伝染病説を採っていたが、調査会は閉塞状況にあった脚気論争に活路を開いた。

それでもなかなか認められなかった栄養欠乏説

調査会は、日本と同様に脚気が多発するオランダ領東インドのバタヴィア（現インドネシアのジャカルタ）に三名の委員を派遣した。そこで、オランダ軍医のエイクマンが「ニワトリを白米で飼うと脚気になり、糠か玄米を与えるとすぐに治る」ことを一八九〇年に発見し、糠の中に含まれる抗脚気物質の抽出にまで研究が進んでいる現状を見聞した。

エイクマンははじめ、脚気は白米の中毒症で、糠には毒素を中和する物質が含まれていると考え、それは高木の唱えたたんぱく質ではなく、未知の物質であることを突き止めていた。その後、研究はさらに進展し、脚気は白米の中毒ではなく、白米には欠如していて、糠には含まれる何らかの物質によって起こり、予防できることが判明していたのである。ここから脚気は一気に解明されていく。

委員三人のうち、陸軍軍医の都築甚之助は、それまで信じていた伝染病説が間違っていたことを認め、帰国後に動物実験を繰り返し、糠成分の研究を開始した。このことを一九一〇年（明治四三）に調査会で発表したところが、伝染病説を堅持する体制派の反発を招き、委員を罷免されてしまったのである。

都築はめげずに私立の「都築脚気研究所」を設立して研究を続け、糠から有効成分のアルコール抽出に成功し、一一年に脚気特効薬として売り出した。この「アンチベリベリン」と名づけられた内服薬と注射液は、後述の「オリザニン」より純度は低かったが人気を博し、都築は『かつけ談叢』などの著書も出して、「脚気のドクトル」として活躍した。

ほかにも、東京市衛生試験場初代所長の衛生学者、遠山椿吉《ちんきち》の「うりひん」、細菌学者の遠城兵造による「銀皮エキス」などの市販薬が登場したが、「世界に先駆けたビタミン抽出」の栄誉は、農芸化学者の鈴木梅太郎に与えられている。

脚気の原因を突き止め、ビタミンB_1発見への扉を開いたクリスティアーン・エイクマン

「乳」の章で先述したように、鈴木はドイツ留学中に味わった肉体的コンプレックスから主食の栄養価に疑問を抱き、〇六年（明治三九）に帰国後、白米、玄米、糠の成分の分析を開始した。帰国間もない鈴木のたんぱく質に関する講演には、高木兼寛が現れて激励したという。

並行して動物実験を行い、糠が特殊な成分を含み、配合飼料に加えて与えると動物がよく成育し、アルコール浸出液にして与えても同じ効果を発揮することを確認した。そしてついに、糠のアルコール浸出液の分離抽出に成功。この物質が、いままでにはない栄養成分であることがわかった。これが「オリザニン」、現在のビタミンB_1である。

一〇年一二月、東京化学会で鈴木が動物実験の結果を報告し、白米のみを与えると脚気を起こすのはオリザニンの欠乏が原因で、オリザニンはすべての動物の生育に欠かすことのできない未知の新栄養素だと発表した。動物の生命維持には三大栄養素と無機質（ミネラル）だけでは足りず、第五の必須栄養素が必要なこと、つまりビタミンの存在を示唆した革命的な内容だった。

ポーランド出身の生化学者、フンクが糠から抗脚気因子を分離抽出し、ビタミンと命名したのは一二年二月、約一年後だったが、鈴木ははじめ学会誌に日本語だけで発表したため世界で認められず、フンクに先んじられた格好になってしまったのである。

ところが、鈴木の回顧録によると「その頃の化学者も、医学者も、栄養についての認識を持ったものが少なかった為」、オリザニンはまったく注目されなかった。翌年、三共から市販薬として発売されても、治療に採用する医者は少なかった。鈴木は医者ではなかったため、人間の臨床試験ができないことも問題だったし、日本の権威ある学者の大半は、「動物の脚気と人間の脚気は違う疾患」であり、「糠は人間の脚気には効かない」という見解を採ったからだ。

当時、糠は家畜の飼料か肥料に用いられるだけで、人間の食料として認められていなかった。内容を知った脚気伝染病説の権威、東大医学部長の青山胤通《たねみち》は、「馬鹿げた話だ、鰯の頭も信心からだ、糠で脚気が癒るなら、小便を飲んでも癒る」と、罵倒したそうだ。

やっとオリザニンが認められたのは、ビタミン研究が欧米で盛んになっていた一九年（大正八）、京都帝国大学医学部教授の島薗順次郎が、衝心性の重症を含む患者にオリザニンを使った治療試験を行い、高い効果を上げたことを発表したときから。島薗は伝染病説と中毒説を否定し、「脚気はビタミン欠乏症にすこぶる類似した状態」だと主張した。

しかし、鈴木が発見してからすでに九年。どうしてこんなに長く時間がかかったのか、またもや理解に苦しむ。この九年間で、純度の高いオリザニンは他の市販薬とは比較にならないほどの治療効果で、脚気に苦しむ多くの人々を救えただろうにと思う。しかも、伝染病説にとらわれていた医学界の教条主義を突き崩したのは、欧米の最新研究とその後追いだった。近代日本の精神性は、いつもこうだった。

その後、ビタミン学の隆盛とともに脚気ビタミン欠乏説の支持者が増え、二四年（大正一三）にほぼ確定。臨時脚気病調査会は「脚気は主としてビタミンBの欠乏によって起こる」と結論して解散した。森は会長退任後も調査会に出席し、みずからの説が覆されるのを見届けたという。

その年、鈴木はオリザニンの発見に対して帝国学士院賞を、二六年にはオリザニン製造法に対して帝国発明協会から恩賜記念大賞を受賞した。

脚気論争に決着がつく四年前、高木は亡くなった。ビタミンの存在がわかったあとも、あくまでたんぱく質にこだわって、たくさん書いた一般向けの衛生啓蒙書でも、麦飯に味噌汁と豆類を欠かさなければ身体が丈夫になると説き、「麦飯男爵」と渾名された。エイクマンは「ビタミン発見の端緒を拓いた」功績で、一九二九年ノーベル医学・生理学賞を受賞し、受賞講演で高木の業績を高く評価したという。

ちなみに、欠乏すると夜盲症を引き起こすビタミンAの発見は、ビタミンBより遅い一四年。ビタミンC（壊血病の予防因子）は一九年、ビタミンD（くる病の予防因子）は二二年、ビタミンBは単一ではないことがわかってB1、B2、B6というように順番で呼ばれるようになった。

節米に代用食、国家的課題になった主食改善

原因が判明しても、脚気は国民病であり続けた。

一九二三年（大正一二）の死亡数は、二万六七九六人。この年をピークに減少していったが、四〇年（昭和一五）までは年間一〜二万人の死亡者をコンスタントに出した。太平洋戦争末期からは、ビタミン欠乏症どころか栄養失調症が急増したが、脚気も減らなかった。四七年の死亡数は八五九六人で、栄養失調症による死亡数より多い。

従来の天然型ビタミンB1より吸収がすぐれ、血中ビタミンB1濃度が長時間持続する特効薬、ビタミンB1誘導体製剤の「アリナミン」が五四年（昭和二九）三月、武田薬品から発売され、普及するにつれて脚気は根絶に向かっていったが、それでも死亡者が一〇〇〇人を割ったのが五六

年、やっと二桁台まで減ったのは高度経済成長真っ只中の六五年（昭和四〇）というから驚いてしまう。

いまでも、糖質過多のインスタント食品を食べすぎたり、酒や清涼飲料水を飲みすぎたりする人には、脚気予備軍の心配がある。偏食せず、おかずをきちんと食べていれば心配ないとはいえ、とくにアルコールの分解には多量のビタミンB$_1$を消費するため、酒飲みは要注意だ。甘党やジャンクフード好きも気をつけたほうがいい。B$_1$は吸収しにくく、吸収したあとも体外に排泄されやすいという厄介なビタミン。現在、インスタント麺に必ずB$_1$が添加されているのは、脚気予防のためなのである。

予備軍になると、体がだるく、疲れやすくなって足がむくみ、動悸や息切れを感じるようになる。ここで手を打たないと、本格的な脚気が発症する。この状態を、島薗順次郎（二四年より東大医学部教授）は「潜在性ビタミンB欠乏症」と名づけ、三四年（昭和九）に学説として発表した。忘れ去られた古い病気のように見えて、潜在性を含めれば、いまも脚気は身近な病気なのである。

鈴木梅太郎がオリザニンを発見し、島薗が脚気の原因はビタミンBの欠乏だと証明してからは、どうやってビタミンBを摂るかが国家的な課題になった。白米に問題があることがわかった以上、求められたのはどう米を食べるべきか、主食の改善である。

明治初期に米は重要な輸出品だったが、急激な人口増加で次第に国内供給量では需要を満たせなくなって、二〇世紀のはじめ（明治三〇年代）から外米の大量輸入がはじまり、貧しい農民や労働者の主食になった。

産業革命で工業化が進展し、資本主義が確立したこの時代、都市だけでなく、雑穀主体の食生活を営んでいた農村でも、米の消費が急ピッチで上昇していったのである。また、台湾と朝鮮を植民地化してからは、日本のジャポニカ種に近い品種の増産が進められ、台湾米、朝鮮米として大量に移入（植民地からの場合は輸入米ではなく移入米と呼ばれた）されるようになった。日本人が歴史上、いちばん米を食べていたのは、明治後期から大正時代である。

一人当たりの年間消費量は、約一七〇キロ（一八〇〜二〇〇キロという説もある）。一日換算すると三合強になり、驚くほどの量ではないが、この数字はあくまで全国民の平均値で、成人男性は軍隊並みの一日五、六合は食べていたらしい。それでも、労働者階級からは「日本人は日本米を食べなければ働けない、外米や麦飯は腹に力が出ない」「日本米を八合ないし一升を食せねば過酷な労働に従事することはできない」「普通の労働でも少なくとも一日六合以上食べなければ堪えられない」と、苦情の声が大きかった。

白米一升は、それだけで五三四〇キロカロリーにも達する。どんなに労働量が多くても、いくらなんでも食べすぎだ。また、外米は東南アジアから輸入したインディカ種だったため粘り気がなくパサパサし、九三年の「平成米不足」のときも散々タイ米が叩かれたように、独特の匂いが「臭気」と嫌われた。瑞穂の国といいながら、こんなに早く米が自給できなくなって、日本の輸入食料依存体質がはじまっていたのである。

この頃の米は自由取引だったため投機対象にもなり、米価は騰落を繰り返した。日露戦争後の大戦バブルで米価は上昇していたが、一八年（大正七）のシベリア出兵の前後、政府の軍用米購入を当て込んだ米商人の買い占め、売り惜しみで米価が戦前の四倍に暴騰。七月、富山県の漁村の主婦からはじまった抗議行動は急速に全国に広がって、大々的な民衆蜂起が二ヶ月間続いた。

政府は警察と軍隊まで出動させ、直接輸入した外米を廉売して蜂起を鎮めたが、責任を取って内閣は総辞職、このときの総理大臣は日清戦争時に麦飯支給を主張した寺内正毅だった。

この米騒動は、政府に一大ショックを与えた。主食改善は国民の衛生問題のみならず、国家経済や思想にまで直結した大問題になり、食糧政策に変革を促すことになった。主食改善の方向も、米自体の質的改善以外に、米を節約するため豆粕（大豆から油を搾り取ったあとのカスで肥料や飼料の原料）、コーリャン、トウモロコシ、ジャガイモなどを使った代用食や人造米研究も盛んになった。寺内の次の総理大臣、原敬は一九年に「米麦混食の奨励」を発表している。

あれほど白米にこだわった陸軍の糧秣本廠《りょうまつほんしょう》は、日本人の米に執着する習慣をパン転向によって打破すべく、パン食普及運動を展開。一八年一二月の「家事科学展覧会」で、「パンのお殿様」として有名だった土岐章子爵の講演会や、近代的製パン法のパイオニアだった田辺玄平の実習会を開催した。二五年（大正一四）には、国の食料問題の宣伝と啓発を目的に、陸軍糧秣本廠の外郭団体として「糧友会」を設立し、機関誌の『糧友』を通して一般国民への栄養知識の普及、主食改善のキャンペーンを行った。

実は明治時代、軍隊以外にも主食改善の言説を見ることができる。ひとつは混砂法による精米の健康に与える悪影響を説く「混砂米禁止論」、もうひとつは「乳」の章でも登場した石塚左玄の「玄米正食論」で、結果的にふたつとも脚気問題に直結することになった。

石塚は、幕末に福井藩で漢方医の家に生まれ、明治維新で上京して当時最先端の化学、植物学、薬物学を学び、陸軍薬剤監まで出世した医師・薬剤師。ドイツ医学一辺倒の陸軍で医療にあたるなかでその欠陥に気づき、退役後の一八九六年（明治二九）に出した『化学的食養長寿論』で、心身の病気はすべて食事が原因で起こり、化学の目で見た正しい食事、すなわち「正食」で体質を改善すればすべての病気の予防と治療ができると提唱。この食事療法を「食養（食物修養の略）」と名づけ、食養運動を全国的に展開した。

食養では、「人類は本来、穀物食動物であり、肉を食べる必要はない」と考える。主食は「白い米と書いて粕《カス》」と白米を否定し、糠は米偏に健康の康の字を書くように、皮も胚芽も捨てずに玄米を食べれば健康になるとした。「入郷従郷（人は風土に合ったものを食べるべきとする）」など、石塚が唱えた食の思想は、マクロビオティックをはじめ、自然食や粗食など、現代の多くの食事療法に受け継がれて健康言説に大きな影響を与えている。あまり健康食に興味がない人でも、玄米がなんとなく体によさそうに感じるイメージも、正食論が出発点だ。

ビタミン学説の確立以前、明治の終わりに糠の有効性が明らかになってからは、まず玄米が理想的主食だと推奨されたが、一度おいしさを知った日本人の白飯志向を変えることはできなかった。脚気の恐怖より、白飯への愛着が勝ったのである。

糧友会の責任者、陸軍糧秣本廠主計少将の丸本彰造は三六年（昭和一一）の『最近に於ける胚芽米の研究』で、当時をこう回想している。

「玄米食提唱時代にしても半搗米時代にしても或は混食代用食奨励時代にしても、いづれも嗜好上なかなか一般に普及せず、その経緯は混砂白米常食の大勢を微動だにすることが出来なかった。この事実は吾々《われわれ》主食改善運動に携っているものにとって貴重な教訓である。不味なものは普及しない——これは動かすべからざる鉄則として、昭和時代の主食改善運動に携わる者に信ぜられた」

玄米か七分搗きか胚芽米か？　今度は「主食論争」勃発

大正時代には、それまでは医学や生化学の一部だった「栄養学」が独立した学問として確立し、食べ物をエネルギーと栄養素に還元し、合理的に摂取して健康増進を図るという考え方が広まっていった。

日本の「栄養学の父」と呼ばれる佐伯矩《ただす》は、アメリカ東部アイビーリーグの名門、イェール大学で栄養学の博士号を取得して帰国後の一九一四年（大正三）、世界初の栄養研究機関である「私立栄養研究所」を設立し（二〇年より国立）、大衆への実践による食生活の改革を目指した。

「栄養（従来の「営養」から改訂）」「栄養食」「栄養指導」「栄養能率」「偏食」などは、佐伯の創作した新語である。米価上昇のさなか、脚気対策の保健問題としてだけではなく、経済問題、社会問題としても重要な米の研究は、佐伯の主要テーマのひとつになった。

栄養研究所は、パンの製造販売も行った。牛乳、卵、糠エキスを混ぜて鉄分、リン、カルシウムを強化した「全功パン」、ふすまと胚芽を使った「標準パン」、コーリャン粉を加えた「保健パン」の三種で、発売は一七年。佐伯は「西洋にては白パンが流行し出したが、其の栄養分は褐色のパンに較べると甚だしく劣等である」と、精白粉のパンを批判している。

栄養失調対策のため、アメリカ政府がビタミン類を添加した小麦粉をパンに使うようキャンペーンをはじめたのは四一年だから、もしかしたら世界初の栄養強化パンだったかもしれない。

『中央公論』一九一八年九月号に発表した「米の節約と其代用食品の研究」で、佐伯は「米は栄養品であると同時に、米食人種に対する一種の嗜好品である」と述べている。鋭くて、もっともな見解だ。主食の急転換や米の節約はきわめて難事と認めつつ、栄養学上では平均体重五二キロの日本人は一日当たり二〇〇〇キロカロリー、米に換算すれば一合七勺で所要量に十分で、一般人は日常的に必要以上の米大食を行っており、米少食法を試みれば新陳代謝が円滑に進み、しかも優秀な健康を得られると勧めている。これも、もっともな計算だ。

栄養研究所は副食の研究にも力を入れ、安価で手に入りやすい材料を献立に組み合わせた「経済栄養法」を提唱し、新聞各紙に発表した。

米の大食は、本当に国家的な大問題だったらしい。

『日本及日本人』一九二〇年一月一日号に、医学博士額田豊（東邦大学の設立者）の「胃腑の改造と科学の奨励」が載っている。「一升だの八合だのと飯を食わねば働けないという日本人は無益な大食国民」「悪習慣によって異常に膨張した胃腑の所有者」であり、「健康上に有害、個人経済上に不利益、国家食料上の不経済」だから、「食料問題の解決には胃腑の習慣を打破して学理的に改造する必要がある」と熱く説く論文だ。

しかし、具体的には佐伯と同様にカロリー所要量を説明し、一升食べていた者は八合に、八合は六合に、六合は五合に減らして少しずつ胃腑を慣らし、かわりに魚類と豆類の副食を勧めるという穏健で、かつ真っ当な内容である。

佐伯の米少食法、額田の胃腑の改造とも、これぞ原点的なダイエットと呼びたいような方法。一七年創刊の『主婦之友』も、「粗食は健康の友」「粗食をしても健康は保てる」などの記事を載せている。だが、当時は資本主義の発展によって都市労働人口が増大し、貧富の差が拡大していき、同時に労働運動が盛んになった時代でもある。飯を腹いっぱい食べることこそが、労働者にとっての権利であり生活改善でもあったのだろう。

佐伯は混砂法と淘洗《とうせん》（米を研ぐこと）による栄養損失防止の研究を進め、一九年（大正八）に実験結果を公表して「無砂無淘洗米」を推奨し、無砂で搗ける理想的な精米機として、米穀研究家の佐藤長平が発明した「タイム式精米機」を紹介した。無淘洗米とは、研がずに炊ける米、いまの無洗米の先駆けである。

続けて、脚気の権威である島薗順次郎がこの精米器に注目し、胚芽を残せる精米機を佐藤に依頼した。島薗が目指したのは、十分に精白して糠を全部落とし、なおかつビタミンBを多く含む胚芽だけを保有する無砂搗き米。白米のおいしさのまま、見かけも白く、なおかつビタミンBの欠乏しない「胚芽米」である。

陸軍は糧秣本廠で栄養学的試験を行い、二八年（昭和三）から胚芽米を支給米として採用。同年、島薗は『糧友』に「本邦人食物の栄養価」を発表し、ビタミンBの欠乏を補うには胚芽米がもっとも適当だとする「胚芽米常用論」を唱え、脚気予防運動を展開した。

一方、新種の赤痢菌や鼠咬《そこう》症スピロヘータ発見の功績で知られ、明治期から玄米菜食論者、少食論者としても有名だった細菌学者の二木《ふたき》謙三は、玄米を完全栄養食として奨励。三二年（昭和七）の『完全営養と玄米』、三四年の『なぜ玄米でなければならぬか』などを通して、不味くて食べづらいと思われている玄米のおいしい炊き方、食べ方を説き、玄米を食べれば栄養のみならず、莫大な経済的利益を生むと主張した。二木の玄米完全食論は、玄米正食論の発展型である。

これらに対して、栄養研究所の佐伯は大正末に世界ではじめて行った精白度による消化吸収率の比較試験の結果、玄米はビタミンB_1だけでなくB_2、E、ミネラル、脂質、たんぱく質を糠として含むが、消化吸収率が著しく劣り、貴重な栄養分が糞便に出てしまうもっとも不経済な食べ方で、しかもビタミンA欠乏症を起こすこともあるため、粉に挽いて玄米パン、玄米煎餅、玄米

餅、玄米団子などで食べるのが適当で、主食として玄米万能の思想は危険だと批判した。

また、胚芽に関しても、消化吸収率が悪いと指摘。胚芽だけでなく栄養豊富な糠を三割残した「七分搗き米」が消化吸収率も高く、いちばん健康的で経済的な食べ方だと結論し、「七分搗きを日本の精米の標準に」と提唱した。

三つ巴になった主食論争では、とくに七分搗き派と胚芽米派の争いが激化し、三〇年一〇月には佐伯と島薗の主張が対立的に新聞で報じられ、センセーションを巻き起こした。胚芽米派の糧友会編纂の『最近に於ける胚芽米の研究』で、戦後はマスコミで活躍した栄養学者、陸軍糧秣本廠の川島四郎はこんな悪口を佐伯に投げかけている。

「自己陶酔の理論のみを言って、国民に七分搗米を強制しようとするある論者がある。その七分搗米に『標準精米』と言うが如き独り良がりな名称さえ附している。七分搗米の普及の如きは、それはあたかも生地がいいからといって、地味な古っぽい柄の着物を溌溂なる若い娘に着せ様とする様なものである。着せられる娘こそ有難迷惑であり、娘は到底着るものではない」

佐伯の陣営は栄養研究所と、栄養学校で育成した創生期の栄養士が主体だったのに対し、島薗のほうはなんといっても陸軍と東大医学部がついていて、しかも島薗研究室で胚芽米にビタミンB_1が多く含まれることを証明した香川昇三、香川綾夫妻が設立した女子栄養大学まで連なり、勢力の差は明らか。両派の対立は感情的なしこりを長く残したそうだ。

現在の『七訂日本食品標準成分表2015年版』を見てみると、カリウムは胚芽米（現在は

「はいが精米」という名称）が多く、リンと鉄は七分搗きに多いと微妙に違うが、大差はない。ビタミンB_1の含有量もほぼ同一。炊き上がりはやや黄色いが、味と食感、食べやすさとも七分搗きは白米に近いので、胚芽米派から「栄養はあるが不味い」と叩かれても、実際は大同小異だったのではないだろうか。

ついに白米が禁止された決戦食生活

ところが、日中戦争が拡大し、経済や国民生活を統制できる大幅な権限を政府に与える「国家総動員法」が一九三八年（昭和一三）に制定されてから、がらりと雲行きが変わってきた。

銃後の人々も一致団結して戦うことを求める総力戦体制は、当然ながら食生活も支配する。翌三九年一一月に公布された「米穀搗精《とうせい》等制限令」、いわゆる「白米禁止令」によって精米後の重量が玄米の九四パーセント以下に減らないよう、精米は七分搗きに定められた。これで主食論争は、一応の決着を見ることになったのである。

栄養知識が普及したおかげで、昭和になると動物性たんぱく質を使った副食が増え、一人当たりの米消費量は大正期のピークからは減ってはいたが、主食論争をよそに実際は白米食をやめられないでいた日本人は、ついに戦争で愛する白いご飯との別れを強制されることになったわけだ。

ここでも政府は、白米食の害が科学的に立証されている事実を利用して、国民が納得するよう宣伝工作をしたようだ。

「ぜいたくは敵だ！」「足らぬ足らぬは工夫が足らぬ」と、国民に倹約を強いた国民精神総動員運動の一環で、四〇年から米不足対策の節米、代用食の奨励も一段と強化された。

戦争で、米は国に統制されるようになった。三九年の「米穀配給統制法」で米穀取引所は廃止され、農家は決まった価格で政府に供出させられ、決まった価格で国民に売られるようになった。四二年には「米穀配給統制法」をより厳格化し、政府が食糧の管理、需給と価格の調整、流通の規制を行うことを定めた「食糧管理法」が制定された。流通経路を生産者→政府→消費者に限定してそれ以外の流通を禁止し、米穀を取り扱う業者は、公平・効率的に配給制度を実施するための機関と位置づけられた。この法律は九五年に廃止されるまで、五〇年以上も生き延びた。

米の配給制は、四一年四月、まず六大都市からはじまり、全国に広がった。配給量は、成人男子一日一人当たり二合三勺が基準である。「六合以上食べなければ堪えられない」時代の半分以下。日本人の米大食も、これで終わりを告げた。米少食からすべての食べ物が不足する窮乏生活まで、あとはまっしぐらだった。

配給米は当初、七分搗きだったが、四三年から五分搗き、まもなく玄米に変わった。名目は健康のためだったが、五分搗きでも四パーセントの糠が無駄になるのが理由だったらしい。しかも、配給米の枠内に麦や豆類が組み込まれた。それくらい食糧の欠乏は逼迫《ひっぱく》していた。総理大臣の東条英機は国会で「日本国民は白米をやめて玄米を食うべし」と演説するなど、率先して玄米食運動を唱導した。

だが、玄米は先述したように消化吸収率が非常に悪いうえ、よく噛んで食べないと下痢をしやすい。しかも炊飯に白米の二倍以上の時間、したがって燃料も二倍は必要で、食事時間も三倍から四倍かかる。ゆっくり炊いて、ゆっくり食べる玄米は、時間に余裕がある平和な時代の健康食だ。ましてや軍隊で、従来の飯盒《はんごう》では炊飯不可能。総力戦の時節に、玄米はまさに机上の空論で、栄養面でも経済合理性からいってもマイナス面が多すぎた。

各家庭では、玄米を一升瓶に入れて棒で搗き、糠を落としてから食べた。どんなに重労働でも、時間がかかっても、やっぱりみな白飯が食べたかったのだ。

だが、『改造』一九四四年六月号の「決戦食生活」で、国民精神文化研究所科学文化部主任の医学博士、杉靖三郎は「この決戦下に於て、保健、勤労、節約その他あらゆる面からの優れた戦力増強的な価値は大いに省みられなければならない。全国民が玄米二合にすればわが国の米はたちまち六百万石も余るのである」と、玄米の効果を強く主張している。

杉は戦後、公職追放されたが、のちに玄米や菜食の長所を科学的に説き、成人病をはびこらせた元凶として肉食を排撃する論客としてテレビや雑誌で大活躍。石塚左玄の食養の継承を目的に、五四年（昭和二九）に設立された「日本綜合医学会」三代目の会長をつとめたほどだから、本気で玄米を信奉していたのだろう。初代会長は、主食論争で玄米を主張した二木謙三である。杉は九六歳、二木は九三歳まで長生きして玄米パワーの生きる見本になった。

「米よこせ！」「働けるだけ食わせろ！」怒れる民衆が動いた

一九四五年（昭和二〇）八月にポツダム宣言受諾、戦争は終わった。空襲の恐怖がなくなったのはよいが、敗戦後には戦争中よりもさらに過酷な食糧難に苦しむことになった。

敗戦の年、日本は空前の大凶作に見舞われ、二合三勺だった米配給量は二合一勺に減ってしまった。しかも、遅配（配給が遅れること）と欠配（配給がなくなること）が常だった。肉や乳製品の配給はほぼゼロ。これでは所要カロリーの半分くらいしか摂れない。

1946年5月19日、皇居に人々が押し寄せた。
藤原彰編『日本民衆の歴史10』より

四六年の「国民栄養調査」によると、都市部住民の一日一人当たりの摂取熱量は一五一〇～二〇〇〇キロカロリー、農村部で一九七〇～二三三〇キロカロリーだが、配給の食料だけでは一五〇〇キロカロリーがやっと。『絶対やせる　ミコのカロリーBOOK』の標準量と同じだ。実際は一一〇〇キロカロリー程度だったという試算もある。そんなダイエット食では、なにからなにまで重労働の体には、絶対的に足りない。

都市部の住民は残った着物や家財を売っては、農村への買い出しとヤミ市で食いつなぐ「タケノコ生活」を強いられ、一〇月に米のヤミ価格は、公定価格の一三二倍にまで跳ね上がったという。戦前からの人気女優、原節子でさえ満員列車で農村に買い出しに行っては米を担いで帰る生活を送り、栄養失調症による体調不良に悩まされたそうだ。

四三年（昭和一八）から流行がはじまった栄養失調症は四五〜四六年にピークに達したが、この二年間の死亡者数の記録は存在しない。四七年の死亡者が七四七六人だから、いったいどれだけ多くの人々が亡くなっただろうか。敗戦直後に発足した幣原《しではら》内閣の大蔵大臣、渋沢敬三が「米が一〇〇〇万人分不足で、このままでは一〇〇〇万人が餓死する」と語り、国際的ニュースにもなったほどだ。栄養失調症は戦争で出現した新しい疾病で、特異的症状や病理学的特徴が乏しく、発生のメカニズムも解明されていなかった。

都市部の栄養不足はとりわけ深刻で、上野駅付近の餓死者は一日平均二・五人、大阪では一月に六〇人以上が亡くなったという。白米一〇〇パーセントの白飯が「銀しゃり」と呼ばれ、流行語になった。かつては大食できた米が、宝石並みに遠い存在になったのだから、切ない話だ。

戦後のハイパーインフレで、米価の高騰は凄まじかった。四六年五月一二日、世田谷区下馬で開かれた「米よこせ区民大会」をきっかけにして各地に「米よこせ運動」が広がり、五月一九日の「飯米獲得人民大会」、通称「食糧メーデー」には宮城（皇居）前広場になんと二五万人が結集し、「働けるだけ食わせろ」と叫んだ。破壊された国土を復興し、新しい国づくりに頑張ろうと思っても、ひもじくては力が出ない。「欲しがりません勝つまでは」と堪え続けてきた庶民が、堂々と天皇と政府にものがいえるようになったのである。戦後民主主義の夜明けだ。

連合国軍最高司令官のマッカーサーは「暴民デモ許さず」と声明を出したが、ただ運動を禁止するだけでは事態の収拾は不可能と見て取ったGHQは、同時に小麦を中心とする輸入食糧の放出を許可した。

四六年（昭和二一）から五一年（昭和二六）までの六年間、ガリオア資金（占領地域救済政府資金）、エロア資金（占領地域経済復興資金）による経済援助、約一八億ドル（うち一三億ドルが無償援助）の六割以上が小麦などの食糧輸入に充てられた。援助が打ち切られた五二年からは、記録的大豊作でアメリカでは小麦が余りはじめ、外米の半分の値段で買えるようになった。

現在、戦後の栄養改善運動と食の西洋化の裏には、余剰農産物の捌け口として日本をターゲットにした「アメリカ小麦戦略」があったとする陰謀論が広く行き渡り、根強く信じられているが、少なくとも日本人が援助食糧に救われたことはたしかな事実だ。米の生産量が戦前以前の水準に回復したのは、やっと五五年なのである。

政府は配給の主食のうち米の比率を一定水準に維持するよう努めていたが、なんといっても量が圧倒的に足りない。敗戦で二大穀倉地の台湾と朝鮮を失い、農家は働き手を戦争に取られ、農地は荒れて肥料も資材もない。大減産となる一方で、海外からの引き揚げ者や復員兵が大量に帰国して人口は増大していた。日本は、米食依存型から脱却し、粉食利用率を高める必要に迫られていたのである。

主食を米からパンへ、「粒食粉食論争」

この頃、主食を粒食（米）から粉食（パンや麺）に転換しようという動きが起こった。

実は、明治維新で食の西洋化が国策になって以来、パン食米食論争が繰り返されてきた。一八七四年（明治七）発行の『馬鹿の番附』の東大関に、早くも「米穀を喰わずしてパンを好む日本人」が挙がっている。維新から一〇年も経たず、牛肉と牛乳と並び、西洋文明の象徴であるパン食を崇拝する欧化主義者と、それを揶揄する国粋派の対立がはじまっていたのである。

その後も論争は続き、粒食（米）と粉食（小麦）のどちらがすぐれているかという対立論争に発展した。

京都帝国大学教授の農業経済学者、大槻正男の「粒食粉食優劣論」（『文藝春秋』一九四四年一月一日号）で、戦前までのパン食論者の主張がわかる。論争では、つねに米食論者の旗色が悪かったという。

「米粒食は、穀粒のまま未加工の状態で食べるのであって、粉食であるパン食に比較して極めて原始的な幼稚な――極端的に云ふと非文化的野蛮的な――たべ方である。そのために米粒食を主食物とする我が国の食事には栄養上欠陥があり、我が国民の体格の、欧米国のそれに比較して貧弱なのもまた体力、活動力に於て劣っているのも更に進んで東洋文化の――殊に科学の――停滞して発達しなかったのも、一に米粒食（野菜を副食物とせる）に原因せる満腹重厭感（註：重苦しい気分）のためである。我が国をして真に欧米同等の文化水準に進めるためには、国民の主食物をパン食に改め肉食を普及することが先決問題であると主張し、之を実現するために我が国の農業は、稲作を廃して欧米同様、小麦作及び採草放牧地を根幹とせる大農経営に之を改むべし」

たしかに世界の粉食を見てみると、パンだけでも無数の種類があるし、パスタや麺、クスクス……と、そのまま未加工で食べる粒食より文化度は高いような気がするが、体格や体力はともかく、知力まで米粒のせいにするのは、あまりに非科学的だ。ところが、この言説は根強く、戦後にも引き継がれ、再強化されたのである。

農林省農業総合研究所（現農林水産政策研究所）初代所長、アジア経済研究所初代所長などを歴任し、戦後の農政に大きな役割を果たした東大教授の農業経済学者、東畑精一は五〇年（昭和二五）の『文藝春秋』で、「米作・米食罵倒論」を展開している。読み物として実におもしろいので、長くなるが抜粋して引用してみよう。

「ぼくの胃袋は米食を欲すること限りがないが、それにも拘らずぼくの頭はどうしても米の礼賛をなすようには中々なれない。米食には少なからず芳しくない要因が伴っている。そんなわけでぼくの胃袋と頭が常に反目しているのを感じる。

米が単一物でもって食物の全機能を果し得るという事実は、便利なことではあるが同時にわれわれ日本人に対して、その消費生活の日常を通じて、甚だマイナスの効果をもたらした。それは日常的な頭脳の訓練の機会をよほど制約したことである。実際米だけ食って居れば夫れで万事O・Kであることのために、米さえあれば食物に就いては、人は何事も考えるの要がない精神的怠惰をもたらす。（中略）

実際一人の不器用無精のものが、頭を働かさずとも食えるのが米食である。其の単一性、淡白性、単調性は同時に無思考、無思想、ひいてはイージー・ゴーイング的不活発を伴って来るのである。さらに進んでは働かさない頭の硬化、停滞、思考的不敏性に至らざるを得ない」

書き方はおだやかだが、内容は過激だ。この米への罵倒に対して、麦への誉め称え方もすごい。

「麦類は幸か不幸か食物として其の独自性、自足性を維持し孤立することがどうしても出来なく、その補完物、補充物である友を探さなければならないのである。（中略）米食が常に唯我独尊、自足自満、孤立無援に堪え得るのに反して、麦食は他のものとのコンビネーションを求めざるを得ないとの意味では、連帯的であり連立的である。

それのみではない。麦食に於ける主食副食のコンビネーションの方法には無限の可能性がある。（中略）ここからして始めてわれわれが行動の受動性、単純なる適応性を破って一歩を踏み出していく能動的・積極的性格が生まれて来るのではないか」

つまり民主主義社会に適合するのは麦食というわけだが、根幹にあるのは、やっぱり副食の比重が少ない米大食への批判だろう。

論点は農業問題に及び、要約すると「米さえ作っていれば安心、という依存的な気分が支配する米作に対し、畑作はつねに頭脳の働きを要求する。その意味で、米作は精神の貧乏の象徴、畑作は自由の表現で、人間の頭と腕の差が現れやすいのは畑作。農地改革が行われても頭の訓練をしない限り、水田社会では昔ながらの階級差が残されるだろう。日本の農業は胃袋より、頭を重んじるほうに進みたいものである」と結ばれる。

古い因襲を打ち破って新しい平等社会を目指そうという気概は伝わってくるが、これでは米作農民があまりに気の毒。とはいうものの、日本の気候風土はグルテン含有量の多いパン用小麦の栽培には適さない。国内産の小麦は「うどん粉」と呼ばれるように麺類向けだ。それに手間のかかる粉食のうどん、そうめんなどの麺類は、歴史的に見ればハレの食べ物で、主食化には無理があった。

戦前の主食改善は、米大食と白米食からの脱却が目標だったのに対し、深刻な米不足から出発した戦後の栄養改善は、副食をより必要とする粉食、とりわけパン食を奨励し、動物性たんぱく質、油脂、ビタミンやミネラル類の量を増やして健康増進と体位向上を図ることを目標にした。

その背景には、先述したように輸入小麦は外米より安くつくという経済的な理由も大きく、そのうえ精白で得られるふすま（小麦の糠）を家畜の飼料に利用すれば肉や牛乳、バターが増産でき、栄養改善もより円滑に進むという期待もあった。

大槻正男は「パン食亡国論」（『文藝春秋』一九五三年一一月一日号）で、もし主食がパンになったら「国民食糧は全部輸入で賄われるということとなり、食糧の自給率は顕著に減じ、日本の食糧問題と国内農業とは関係が希薄化」すると問題提起し、「米食にパン食にかえようとする如きは我が国の風土に無知か又は我が国の庶民大衆が現在如何なる生活条件の下にあるかをしらない者の所論であり、主張であるように私は思うのである」と嘆いている。

だが、実際にはパンは日本の主食にならなかった。五五年（昭和三〇）以降、米の増産は順調に進み、再び日本人は米をたらふく食べるようになっていった。

粉食奨励が生んだ徒花《あだばな》に、「人造米」というのがある。小麦粉や澱粉を水で練って米粒の形に加工したもので、凶作の五三年に華々しく登場し、「食糧問題を解決する唯一の方法」と脚光を浴びた。粉食の粒食化である。そこまで米にこだわったと思うと涙ぐましいが、値段は配給米より高く、「メリケン粉臭い」と評判は散々で、あっという間に姿を消した。同じコピー食品でも、絶大な人気を獲得した魚肉ソーセージとは大きな違いだった。

疫学調査で証明された「白米大食短命説」

戦後、「白米の大食は短命のもと」という説が広く知られるようになった。

日本人の平均寿命は、戦前まで男女とも四〇歳代で、二〇世紀初頭から五〇歳代を超えていた欧米諸国よりずっと短かった。しかも、老人病と呼ばれる脳溢血が若い年齢層にも多く、老衰が来るのが早かった。敗戦の年の平均寿命は史上最低を記録し、推定で男二三・九歳、女三七・五歳。四七年（昭和二二）にはじめて五〇歳を超えたが、これは寿命の伸長というよりは、乳幼児死亡率の低下が理由だった。

短命なのはなぜか、その原因を突き止めるため、東北帝国大学教授の衛生学者、近藤正二が一九三七年（昭和一二）から全国の村を訪ね歩いて衣食住、気候条件、労働状況などを調査し、七〇歳以上の長寿者の多い長寿村と少ない短命村とに選り分け、長寿と短命の原因を探るという地道なフィールドワークをスタートした。

終戦までに三〇〇ヶ所近くを調べ上げるうちに、食生活が寿命の決定権を握っていることに気づき、しょっぱい漬け物で白米ばっかり大食している村は例外なく短命村で、長寿村は米食に偏らず、イモや雑穀の混食を主食に、魚と大豆、野菜、海藻をよく食べていることを確信した。そして四六年（昭和二一）末、「白米大食が寿命を縮める」とする論文を発表、主食の米が寿命を縮めるという事実に、国民は衝撃を受けた。

近藤は『文藝春秋』などの論壇誌や、『地上』などの農業誌に、読みやすいエッセイ調の文章で解説して白米の大食は絶対にやめるよう注意し、たんぱく質食品の肉または魚、大豆を毎日必ず食べ、牛乳を飲み、少量の油脂を毎日欠かさず、野菜と海藻を常食することを勧めた。糖質過多の白米の比率を減らすという意味で、現在の糖質制限のルーツだといえるだろう。

難しい栄養学や医学の理論が中心だった戦前の佐伯論文、島薗論文とは違って、なんといっても実地調査の報告だから、説得力があった。近藤は、アメリカからの援助物資は「子どもたちの成長のためにミルクがほしい」とGHQに進言し、学校給食で脱脂粉乳が採用されるきっかけを作った人でもある。その後も調査を続け、七九歳になる七二年まで九九〇ヶ所を訪ね歩いた。前例のない疫学研究だった。

戦後の栄養改善運動が副食主体の欧米型食生活をモデルにした背景には、白米の過食が脚気の復活を招くことへの警戒があった。だが、ビタミン剤を飲めば治るとわかった脚気ならまだしも、短命の原因になるのは、はるかに恐ろしい。それぞれ思い当たることも多かったのだろう。白米人食短命説は、なかば常識になった。

だが、五五年（昭和三〇）からの豊作続きでようやく米が十分供給されるようになり、街の盛り場には握り飯屋、お茶漬け屋、釜飯屋、茶飯屋、立ち食い寿司屋など、おいしい米料理の店が氾濫するようになった。電気炊飯器の登場で、飯炊きという手間がかかる家事が簡便化したことも大きかった。経済白書に「もはや戦後ではない」と書かれた五六年の厚生白書は、国民の栄養状態はおおむね戦前に近づいたが、動物性たんぱく質の摂取量はアメリカの二〇パーセントとははるかに低水準にあると、米食依存による栄養不足を指摘している。

パンを健脳食にまつりあげた「米食低脳論」

こうしたなか、今度は「米を食べるとバカになる」という説が登場した。

戦前のパン食論者も、前述の東畑論文も似たようなことをいっているから、このタイプの言説自体は目新しいものではなかったが、脳に関する研究が進むにつれて、科学的見地に立って、米は脳の働きを阻害すると主張する科学者が現れたのである。

先述したように、「アメリカ小麦戦略」が食生活の西洋化を牽引した結果、脂質と動物性たんぱく質の摂りすぎでがん、糖尿病、動脈硬化などの生活習慣病、アトピー、花粉症などのアレルギー疾患が増大し、そのうえ食料自給率が著しく低下し、伝統的な食文化が破壊されてしまったと考える人は少なくない。

現代のアメリカ小麦戦略論者の主張するところでは、栄養改善運動が推進された時代、産（とくに製粉業界と製パン業界）、官（厚生省と農林省）、アカデミズムとジャーナリズムが一体となって米を叩くキャンペーンを大々的に張って国民に「米は頭に悪い」と信じこませ、日本人の米離れとパン食化を促したという。

その象徴とされるのが、一九五八年（昭和三三）刊行の『頭脳――才能をひきだす処方箋』である。

「内容は一言でいうと、米を食べるとバカになるという本で、それが米食低脳論として広まり、内容はまったくのデタラメであるにもかかわらず、高名な学者の説なのでマスコミが無責任に宣伝し、多くの日本人が洗脳された」と、六〇年近く前の本なのに、いまだに激しく糾弾されている。「米食低脳論」でインターネット検索すると、ものすごい数の批判言説が出てきて、アメリカの陰謀説が支持されていることがわかる。

しかし、不思議なことにこの本のなかには「米を食べるとバカになる」という一文はどこにも見当たらない。著者である慶応大学医学部教授、林髞《たかし》の専門である大脳生理学の話題が大半を占め、当時としては最新の脳の知識を得られる一般啓蒙書である。

「頭のための栄養」の章で「ビタミンB類が不足すると、脳髄の働きが悪いまま発育していくので、精白でビタミンB類が失われた米を食べるのは、少年少女の将来のためにならない。これに対し、小麦は胚が内側にあるので精白してもビタミンが失われない。大人は難しいだろうが、せめて子どもの主食だけはパンにして、頭脳のよく働くアメリカ人やソ連人と対等に話ができるように育ててやるのがいい」というようなことが書いてあるだけ。しかも、全二〇六ページ中で米に言及しているのは、たったの四ページ強だ。だが、林が「米食有害論」を唱え、マスコミから「パン食い博士」ともてはやされていたのは事実。

いろいろ探してみたところ米食低脳論のもとになったのは、六〇年に製粉協会が発行したパンフレット『小麦粉により左右される日本の将来』らしい。ここに林が「白米食によるビタミンB類欠乏からエンセハロバチヤ（脳髄変質症）という精神病に罹り、判断力が鈍り、排外的になり、現実と希望との区別がつかなくなる」という仰天するような話を書き、「日本人は米の食べすぎのため一億エンセハロバチヤ。米はうまいばかりでいいところがない。脚気の原因になり、脳充血、胃ガンを助け、短命のもとになる。せめて子供たちだけでもパン食を徹底させたい」と、週刊誌でたびたび発言していたことだと思う。

パンフレットは「日本人は米を食べている民族の中では、図抜けて頭がよいようです。その日本人が、もし米をやめて、全部小麦にした場合、どれほど頭がよくなるでしょう。（中略）この点があってこそ、私どもは日本の前途に希望がもてる」と結ばれている。パンが健脳食で米が低脳食という主張以前に、ここにある優生学的な発想に驚かされる。六〇年代に、明治の脱亜入欧や人種改良論を彷彿とさせる、こんな言説がまかり通っていたのである。

林はロシアのパブロフ門下の権威ある大脳生理学者。と同時に、木々高太郎のペンネームで活躍する直木賞作家だった。そんな有名学者の発言は、世間の注目を集めやすかった。六〇年に出した『頭のよくなる本——大脳生理学的管理法』は、その年のベストセラー総合二位、翌年も四位にランクインした。戦後一五年、すでに飢餓から脱出して高度経済成長を突っ走っていた当時の日本人の関心が、なにに向かっていたのかがよくわかる。受験戦争と学歴社会が、すでにはじまっていた。

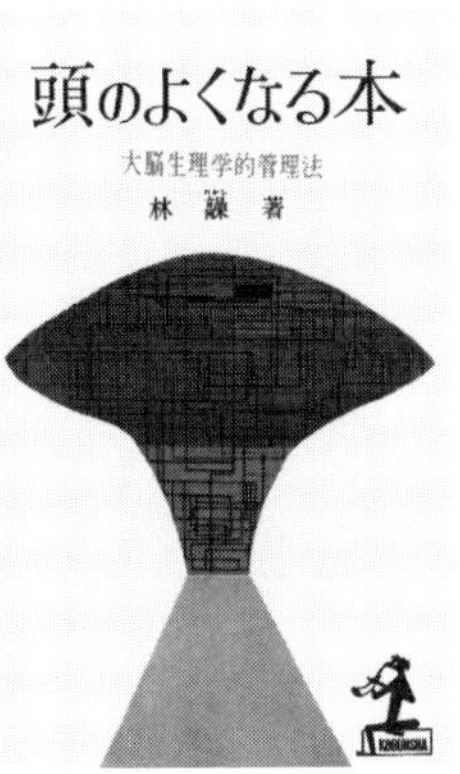

『頭のよくなる本——大脳生理学的管理法』光文社

米の増産は順調に続いて五九年（昭和三四）に過去最高の一二五〇万トンに達し、そのまま数字を伸ばして六七年（昭和四二）には史上最高の一四四五万トンを記録、ついに完全自給を達成した。

ところが、増産と足並みを揃えていた一人当たり年間消費量は六二年の一一八・三キロをピークに、降下がはじまった。生活が向上するにつれ、日本人は栄養価がより高い食品を求めるようになり、ご飯食いからおかず食いへと変わっていった。明治維新から、そのときどきの医師や栄養学者が夢見た食生活改善が、約一〇〇年かけてやっと実現したのである。

それ以降は生産量が伸びるのとは反比例して需要は右肩下がりで、六七年から余りはじめ、六九年には減反政策と自主流通米制度が導入された。

ちょうど米が余りはじめた頃、米食派の学者陣とパン食派の林とのあいだで論争が再燃した。高度経済成長の後半期は食品公害や環境破壊が問題化し、玄米菜食を中心とした「自然食」が台頭した時期だ。今度は「高カロリーのパンと肉食は万病のもと」「パン食は肥満症をもたらす」「ご飯こそ抜群の栄養食」と反撃されて、パン食の旗色は悪かった。

林は『週刊現代』一九六七年三月二三日号の特集「米を食べない日本人は短命になる!」で「〝コメを食うとバカになる〟――こんなことをいったものだから、脅迫状がしきりに舞い込んでね。いまでも来ますよ。〝日本古来の米にケチをつけるとは国賊も同然〟というわけらしいですな」と語っている。やっぱり本当に、いったのだ。

この論争で、当時は東京教育大学教授をつとめていた杉靖三郎は、「日本人の腸は白人の三倍以上長く、澱粉や繊維質の消化吸収率が高いため、米がいちばん体質に合っている」と反論している。この説は食養や自然食の信奉者に長年信じられ、いまだに日本人には肉食が適さないことの根拠によく使われるが、研究によって現在は完全に否定されている疑似科学である。

七〇年代以降、米の消費量はますます減っていき、ことさらに米の害悪は語られなくなった。その必要がなくなったということだろう。逆に、成人病（九六年「生活習慣病」に名称変更）が社会問題になった八〇年代からは、「日本型食生活」を見直して、主食の米飯を基本に、副食で他品目の食材をバランスよく食べることが推奨されるようになった。

なお、日本型食生活とは、昔の伝統的な食事スタイルのことだと誤解されがちだが、ぜんぜん違う。五〇年代までの主食に偏った食生活ではなく、三大栄養素のバランスが理想的だった七五年前後の食生活を指す言葉だ。

ところが、ここにきて米もパンもひっくるめて、主食の存在を脅かすようなダイエット言説の台頭がめざましい。

糖質制限論者は、糖質は人体にとって最悪の毒物、糖質を求めるのは体ではなく心であり、でんぷん食品や甘いものを好きな人を「糖質中毒」と呼ぶ。最近では、糖質制限のバージョンアップ版、ケトン体ダイエットが人気急上昇中だ。糖質を控えて脂質を積極的に摂ると、がんや認知症の予防にまで効果があるという。アメリカでは、小麦の糖質にはヘロインと同様の依存性があり、中毒症状を引き起こすとか、小麦に含まれるたんぱく質のグルテンは脳の血流量を減らして知的能力を低下させ、全身の不調を誘発させると、小麦に対する風当たりが強い。「グルテンフリーダイエット」が日本に上陸するのも、時間の問題だろう。

一方で、『おやじダイエット部の奇跡』などの著作を通し、糖質制限のカリスマ・ダイエッターとして知られたノンフィクション作家の桐山秀樹が一六年二月、六二歳で急死するなど、原因は糖質制限ではないだろうかと疑わずにはいられない健康被害が報告されて、危険性を問題視する声も大きくなっている。

国民病だった脚気の原因が、偏愛する白米だったことがわかったときから、日本人は米に対してトラウマを背負い、主食はどうあるべきか、論争を繰り返してきた。糖質制限も、そのなかのひとつであって、決着をつけるものではないだろう。体と頭に悪くても、ダイエットの敵でも、中毒するのはそれだけ魅力があるからだ。

主食が白米に転換しはじめて、まだたったの一五〇年。その間にはいろいろあったが、米は主食の座を守り続けている。いまは糖質が体にいいか悪いかの議論が世間をにぎわせているが、このさき主食の質と量を決めていくのはなんなのだろうか。肉も牛乳もそうだったが、なかでも主食は国の健康政策や経済状況に左右されやすい。米は社会を映す鏡なのである。

あとがき

本書の出発点は、春秋社編集部の篠田里香さんから届いた「健脳食について書いてみませんか？」という提案だった。拙著の『ファッションフード、あります。』（紀伊國屋書店）に書いた、文明開化で肉と牛乳が「頭がよくなる食べ物」として導入された話や、第二次大戦後に「米食低脳論」が広まり、パン食が健脳イデオロギーをまとってもてはやされた、などのエピソードから閃かれたのではないかと思う。

そのときは、健脳食という突飛なテーマに驚き、しかもそれだけで丸ごと一冊なんてとても無理と、聞いた瞬間からギブアップした。その結果、肉と牛乳と米の近現代をたどるという大風呂敷を広げることになってしまった。

明治維新から今日までの一五〇年に起こった日本の食の目を見張る変化と、めまぐるしい流行の移り変わりを、この三つのシンボリックな食べ物を通して眺めてみると、絶対におもしろいはず。日本人が食に求めているものが鮮明にわかり、これから日本の食がどうなっていくかも見えてくるだろう。そんな思惑ではじめたが、古い書籍や雑誌を読んでいるだけで多くの発見があり、とてつもなくエキサイティングだった。

日本人は外来の食べ物に弱い。いや、和食がユネスコ無形文化遺産に登録され、海外で日本料理のブームが起こり、官民挙げての「伝統的な食文化の保護・継承」が推進されている今日では、かつては弱かったというべきかもしれない。いまや「世界に誇る日本の食」の時代である。

だが、少し前まで世間を騒がせてブームになった食べ物は、たいがい海外、多くはヨーロッパとアメリカからやって来た。一九七〇年以降をふりかえってみても、ハンバーガー、ピザ、ティラミス、チーズケーキ、イタ飯……と、華々しく登場して大ブームを巻き起こしたファッションフードはカタカナ名ばっかりだ。

西洋からの新しい食べ物に思わず飛びつきたくなる気持ちの背景には、欧米に対する熱すぎるほど熱い憧れがあり、そのまた根底には欧米へのコンプレックスと、その裏返しである「追いつけ、追い越せ」の敵愾心があった。

それが身も蓋もないないかたちで実行されたのが、明治維新の食の欧化政策だ。ときの権力者とオピニオンリーダーたちが口を揃えて、これからの日本は西洋の文明国と肩を並べるため、肉を食え、牛乳を飲め、西洋料理を食べろと主張しはじめたのである。

なによりすごいのは、肉と牛乳には、体を元気にして体格を向上させる健康効果だけでなく、万病を治して寿命を延ばす薬理効果と、頭がよくなる健脳効果があると信じられたことだ。

この頃の肉と牛乳をめぐる論考や言説は、礼讃ぶりがあまりに過剰で、大真面目なだけに、読んでいると何度も苦笑してしまう。現代の「あやしい健康食品」の宣伝など、目じゃないほどだ。いまとなってはただの肉と牛乳が、食べ物を超えた奇跡的な存在に祭り上げられたことからは、一等国になりたい、ならねばという上層部のモチベーションがいかに強かったか、ひしひしと伝わってくる。

政治体制が変わっただけでも混乱するのに、ついこのあいだまで御禁制だった肉と牛乳を上から押しつけられて、庶民はいい迷惑だったと思いきや、抜け目なく時代の波に乗って牛鍋やカツレツといった和洋折衷の流行食を花開かせていった。以来、食べ物の激しいはやりすたりが繰返され、日本は世界に冠たるファッションフード大国となったが、その裏側にはいつでも欧米に対する屈折した感情があった。

私の専門テーマは現代のファッションフードだが、そのルーツを溯ると明治の肉と牛乳にたどり着いてしまう。肉と牛乳を人々はどう受け入れ、流行をつくったのか、日本の食の近代化はどのように進展したのかを、この目で見たように追体験したいという気持ちが、本書を書く動機になった。

一方で、米も近代化の波にさらされた。紆余曲折の歴史を刻み、主食をパンに変えようという運動があっても、体と頭の両方に悪いとバッシングされても、いまも昔も米が日本人のソウルフードなのは変わらない。全国調査の膨大なデータを社会学者が解析した『平成の家族と食』（野田潤・畠山洋輔著、品田知美編、晶文社）によると、夕食における主食は現在でも圧倒的に米飯の一人勝ちで、どの年代でもほぼすべての人がよく食べている。日本人の米離れは、ただ量が減っただけで、たんなる思い込みかもしれない。

明治から昭和前期の資料を読んだり、戦前の古い映画を観たりしているうちに、どっぷりと昔の日本に浸かって、二一世紀に生きている気分がしなくなってしまった。

そろそろ頭を現代に戻さなければならないが、流行食はそれぞれの時代を鮮やかに映し出す。時代にかかわらず、食から社会を見るのは、やめられないほど楽しい作業だ。

ところで、「ファッションフード」は、流行の服や音楽、アートなどのポップカルチャーと同じ次元で消費される食べ物を指す私の造語。今回の「カリスマフード」は、食べ物を超えたカリスマ的パワーを付与され、つねに国の食料政策と深くかかわってきた肉、牛乳、米にふさわしい呼び名だと思う。この絶妙なネーミングは、篠田さんによるものだ。お世話になり、ありがとうございました。そして出版にご尽力いただいたみなさまに、心より感謝します。

二〇一六年一二月

畑中三応子

主な参考文献・サイト一覧

◆第1章

『日本畜産史〈食肉・乳酪篇〉』加茂儀一（法政大学出版局、一九七六年）
『日本食肉文化史』（伊藤記念財団、一九九一年）
『日本食肉史』福原康雄（食肉文化社、一九五六年）
『日本食肉小売業発達史』（全国食肉事業協同組合連合会、一九七一年）
『食肉加工百年史』日本食肉加工協会（日本ハム・ソーセージ工業協同組合、一九七〇年）
『動物たちの氾濫』河合雅雄・林良博編著（ＰＨＰ研究所、二〇〇九年）
『江戸料理読本』松下幸子（ちくま学芸文庫、二〇一二年）
『増補改訂　明治事物起源』石井研堂（春陽堂書店、一九四四年）
『木の実とハンバーガー』原田信男（日本放送出版協会、一九九五年）
『歴史の中の米と肉』原田信男（平凡社ライブラリー、二〇〇五年）
『牛と日本人』津田恒之（東北大学出版会、二〇〇一年）
『食卓を変えた肉食』宮崎昭（日本経済評論社、一九八七年）
『牛肉と日本人』吉田忠（農山漁村文化協会、一九九二年）
『幕末日本探訪記』ロバート・フォーチュン（三宅馨訳、講談社学術文庫、一九九七年）
『福翁自伝』福澤諭吉（時事新報社、一八九九年）
『ベジタリアンの文化誌』鶴田静（晶文社、一九八八年）

『肉食之説』福澤諭吉（牛馬会社、一八七〇年）
『安愚楽鍋』仮名垣魯文（誠至堂、一八七一年）
『西洋料理通』仮名垣魯文（萬笈閣、一八七二年）
『東京新繁昌記』服部誠一（山城屋政吉、一八七四年）
『日本人種改良論』高橋義雄（石川半次郎、一八八四年）
『食肉衛生警察』津野慶太郎（長隆舎、一九〇六年）
『日本三大洋食考』山本嘉次郎（昭文社出版部、一九七三年）
『田中式豚肉調理法』田中宏（東京出版社、一九一六年）
『明治文化史13　風俗論』柳田國男（原書房、一九七九年）
『美味求真』木下謙次郎（五月書房、一九七九年）
『銀座細見』安藤更生（中公文庫、一九七七年）
『東京名物食べある記』時事新報社家庭部（正和堂書房、一九三〇年）
『大東京うまいもの食べある記』白木正光（丸ノ内出版社、一九三三年）
『西洋料理の典型研究記録』（糧友会、一九三九年）
『手軽西洋料理』クララ・ホイトニー（江藤書店、一八八五年）
『実地応用軽便西洋料理法指南』マダーム・ブラン（久野木信善、一八八八年）
『商売うらおもて』大阪朝日新聞経済部編（日本評論社、一九二六年）
『ビフテキの王様』石原仁太郎（講談社、一九八六年）
『戦下のレシピ』斎藤美奈子（岩波現代文庫、二〇一五年）
『戦時家庭経済料理』日本女子大学校家政学部編（桜楓会出版部、一九三八年）
『決戦下の食生活』井上兼雄（大日本婦人会、一九四四年）

『味』秋山徳蔵（東西文明社、一九五五年）
ジビエ振興協議会　http://www.gibier.or.jp/
狩猟の魅力まるわかりフォーラム　https://www.env.go.jp/nature/choju/effort/effort8/
目指せ！狩りガール　http://kari-girl.com/

◆第2章

『日本酪農史』窪田喜照・全国酪農協会編（中央公論事業出版、一九六五年）
『日本畜産史〈食肉・乳酪篇〉』加茂儀一
『大日本牛乳史』牛乳新聞社編（牛乳新聞社、一九三四年）
『牛乳と日本人』吉田豊（新宿書房、二〇〇〇年）
『東京牛乳物語』黒川鐘信（新潮社、一九九八年）
『江戸・東京　暮らしを支えた動物たち』（JA東京中央会、一九九六年）
『ミルクロード』松尾幹之（日本経済評論社、一九八六年）
『病気にならない生き方』新谷弘実（サンマーク出版、二〇〇五年）
『新版　日本の長寿村・短命村』近藤正二（サンロード、一九九一年）
『白牛酪考』桃井寅（一七九二年）
『暁の旅人』吉村昭（講談社文庫、二〇〇八年）
『肉食之説』福澤諭吉
『御馳走帖』内田百閒（中公文庫、一九七九年）
『牛乳考』近藤芳樹（日新堂、一八七二年）
『長生法』石黒忠悳（有喜書屋、一八七三年）

『日本牧牛家実伝』金田耕平（丸屋善七、一八八六年）
『市乳警察論』津野慶太郎（東京獣医新報社、一八九二年）
『牛乳飲用の栞』角倉邦彦（愛光舎、一八九九年）
『明治商売往来』仲田貞之助（青蛙房、一九六九年）
『明治少年懐古』川上澄生（ウェッジ文庫、二〇〇八年）
『独立自営営業開始案内』石井研堂（博文館、一九一四年）
『たべもの世相史』玉川一郎（毎日新聞社、一九七六年）
『健全論　上』エドワード・スミス（文栄堂、一八七九年）
『はゝのつとめ　子の巻』三島通良（丸善、一八九二年）
『ヴィタミン研究の回顧』鈴木梅太郎（kindle版、一九四三年）
『栄養読本』鈴木梅太郎・井上兼雄（日本評論社、一九三六年）
『自然育児法』井上正賀（大学館、一九一四年）
『効験如神　胃腸病食事療法』井上正賀（大学館、一九一四年）
『食物論』井上正賀（博文館、一九〇四年）
『肺と健康』志賀潔（三省堂書店、一九一四年）
『食養の枝折』佐々木吉四郎（山陰正食普及会、一九一七年）
『不老長寿論』エリー・メチニコフ（大日本文明協会事務所、一九一二年）
『不老不死』青柳有美（実業之世界社、一九一五年）
『牛乳を飲むとガンになる⁉』森下敬一（ペガサス、一九八四年）
Jミルク　https://www.j-milk.jp/

◆第3章

『コメを選んだ日本の歴史』原田信男（文春文庫、二〇〇六年）
『お米と食の近代史』大豆生田稔（吉川弘文館、二〇〇七年）
『東京牛乳物語』黒川鐘信（新潮社、一九九八年）
『体にいい食べ物はなぜコロコロと変わるのか』畑中三応子（ベスト新書、二〇一四年）
『絶対やせる　ミコのカロリーBOOK』弘田三枝子（集団形星、一九七〇年）
『やせたい人は食べなさい』鈴木その子（祥伝社、一九八〇年）
『「空腹」が人を健康にする』南雲吉則（サンマーク出版、二〇一二年）
『主食をやめると健康になる』江部康二（ダイヤモンド社、二〇一一年）
『世にも美しいダイエット』宮本美智子（講談社、一九九四年）
『低インシュリンダイエット』永田孝行（新星出版社、二〇〇一年）
『ケトン体が人類を救う』宗田哲男（光文社新書、二〇一五年）
『炭水化物が人類を滅ぼす』夏井睦（光文社新書、二〇一三年）
『日本のコメはどこから来たのか』渡部忠世（PHP研究所、一九九〇年）
『病が語る日本史』酒井シヅ（講談社学術文庫、二〇〇八年）
『脚気の歴史』板倉聖宣（仮説社、二〇一三年）
『脚気論』石黒忠悳（島村吉松、一八七八年）
『脚気談』石黒忠悳（英蘭堂、一八八五年）
『国手伝』（玉風会、一九三八年）
『非日本食論将失其根拠』森林太郎（橘井堂、一八八八年）
『脚気病ト米穀トノ原因上関係』榊順次郎（英蘭堂、一八九二年）

『明治二十七八年役陸軍衛生事蹟』陸軍衛生事蹟編纂委員会編（陸軍省医務局、一九〇七年）
『明治三十七八年戦役陸軍衛生史』陸軍省編（陸軍省、一九二四年）
『都築ドクトルかつけ談叢』都築甚之助（毎月新聞社、一九二二年）
『ヴィタミン研究の回顧』鈴木梅太郎
『脚気』島薗順次郎（克誠堂書店、一九二七年）
『最近に於ける胚芽米の研究』糧友会編（糧友会、一九三六）
『栄養之合理化』佐伯矩（愛知標準精米普及期成会、一九三〇年）
『戦下のレシピ』斎藤美奈子
『新版　日本の長寿村・短命村』近藤正二
『頭脳』林髞（光文社、一九五八年）

著者紹介

畑中三応子（はたなか・みおこ）
1958年生まれ。編集者・ライター。編集プロダクション「オフィスSNOW」代表。『シェフ・シリーズ』と『暮しの設計』（ともに中央公論新社）編集長を経て、プロ向けの専門技術書から超初心者向けのレシピブックまで幅広く料理本を手がけるかたわら、近現代の流行食を研究・執筆。著書に『ファッションフード、あります。——はやりの食べ物クロニクル1970—2010』（紀伊國屋書店）、『体にいい食べ物はなぜコロコロと変わるのか』（ベスト新書）、『ミュージアム・レストランガイド』（朝日新聞出版）、『七福神巡り——東京ご利益散歩』（平凡社）、『おやじレシピ』（オフィスSNOW名義、平凡社）、共著に『東京バスの旅』（文春新書）がある。

カリスマフード——肉・乳・米と日本人

2017年1月20日　初版第1刷発行

著者©＝畑中三応子
発行者＝澤畑吉和
発行所＝株式会社 春秋社
〒101-0021　東京都千代田区外神田2-18-6
電話（03）3255-9611（営業）・（03）3255-9614（編集）
振替　00180-6-24861
http://www.shunjusha.co.jp/
印刷所＝萩原印刷 株式会社
装　丁＝野津明子

ISBN 978-4-393-75124-4　C0039
定価はカバー等に表示してあります

JASRAC 出 1614433-601